Roman Stumm

Entwicklung eines objektorientierten Öko-Controlling-Systems

Mit Software ECoSys, lauffähig unter Windows 3.x, Win-OS/2, Windows NT 3.51

Roman Stumm

Entwicklung eines objektorientierten Öko-Controlling-Systems

Mit Software ECoSys, lauffähig unter Windows 3.x, Win-OS/2, Windows NT 3.51

diplom.de

Bibliografische Information der Deutschen Nationalbibliothek:

Bibliografische Information der Deutschen Nationalbibliothek: Die Deutsche Bibliothek verzeichnet diese Publikation in der Deutschen Nationalbibliografie; detaillierte bibliografische Daten sind im Internet über http://dnb.d-nb.de/ abrufbar.

Druck und Bindung: Books on Demand GmbH, Norderstedt Germany
ISBN: 978-3-8386-3995-6

http://www.diplom.de/e-book/219631/entwicklung-eines-objektorientierten-oeko-controlling-systems

Roman Stumm

Entwicklung eines objektorientierten Öko-Controlling-Systems

Mit Software ECoSys, lauffähig unter Windows 3.x, Win-OS/2, Windows NT 3.51

Diplomarbeit
an der Fachhochschule Furtwangen
Fachbereich Wirtschaftsinformatik
September 1995 Abgabe

Diplom.de

Diplomica GmbH
Hermannstal 119k
22119 Hamburg

Fon: 040 / 655 99 20
Fax: 040 / 655 99 222

agentur@diplom.de
www.diplom.de

ID 3995

ID 3995
Stumm, Roman: Entwicklung eines objektorientierten Öko-Controlling-Systems · Mit Software ECoSys, lauffähig unter Windows 3.x, Win-OS/2, Windows NT 3.51
Hamburg: Diplomica GmbH, 2001
Zugl.: Furtwangen, Fachhochschule, Diplomarbeit, 1995

Diplomica GmbH
http://www.diplom.de, Hamburg 2001
Printed in Germany

Vorwort

Im Rahmen dieser Arbeit haben wir von vielen Seiten Anregungen, Kritik und Unterstützung erhalten. Kontakte, sowohl zu Entwicklern als auch zu Anwendern, sind für die praxisorientierte Entwicklung eines Öko-Controlling-Systems unerläßlich.

Für die Möglichkeit zu Erfahrungsaustauschen bedanken wir uns bei Herrn Krinn und Herrn Meinholz von der FH-Furtwangen, Herrn Hunscheidt von der PSI AG in Verlbert und Herrn Glauser von der F. Hoffmann-La Roche AG in Basel. Der Lingner+Fischer GmbH aus Bühl danken wir für die unbürokratisch zur Verfügung gestellten Testdaten. Eine besondere Unterstützung stellte für uns die Vermittlung von Praxiskontakten durch Herrn Prof. Rolf Katzsch und Herrn Dipl.-Ing. Werner Reif dar, ohne die das Öko-Controlling-System ECoSys nicht den jetzigen Reifegrad erlangt hätte. Unser Dank gilt auch Herrn Binninger und Herrn Pfister von der Firma Herkommer & Bangerter in Neuenburg, bei der ECoSys durch aktive und kompetente Unterstützung ihrer EDV-Abteilung und der Geschäftsleitung einem echten Praxistest unterzogen werden konnte.

Nicht zuletzt seien die konstruktive Zusammenarbeit und Kritik unseres Betreuers, Herrn Prof. Dr. Ulf Schreier, hervorzuheben. Besonders anzuerkennen ist die Leistung von Annette und Sonja, die durch unermüdliches Korrigieren und Lesen des Manuskripts einen wichtigen Beitrag zum Ergebnis dieser Arbeit leisteten.

Furtwangen, im September 1995 *Frank Pluschke, Roman Stumm*

Inhaltsverzeichnis

Abkürzungsverzeichnis

BP	Bewertungspunkte
BUIS	Betriebliches Umweltinformationssystem
BUWAL	Bundesamt für Umwelt, Wald und Landschaft der Schweiz
DB	Deckungsbeitrag
DBMS	Database Management System
DBW	Zeitschrift „Die Betriebswirtschaft"
DPR	Direkte Produktrentabilität
ECoSys	Environmental Controlling System
EIS	Executive Information System
EPA	Environmental Protection Agency (USA)
GE	Geldeinheit
GF	Gewichtsfaktor
H&B	Herkommer & Bangerter
IDEFIX	Individual Database for Ecological and Financial Fixings
IÖW	Institut für ökologische Wirtschaftsforschung
L+F	Lingner + Fischer GmbH
LC	Leistungscenter
LCA	Life-Cycle-Assessment
MIS	Management Information System
ÖBU	Schweizerische Vereinigung für ökologisch bewußte Unternehmensführung
ODBC	Open Database Connectivity
OIS	Operative Information System
OODBMS	Object oriented Database Management System
PLZ	Produktlebenszyklus
PPK	Papier Pappe Kunststoff
PPS	Produktionsplanung und -steuerung
PS	Polystyrol
RE	Recheneinheit
SE	Schadschöpfungseinheit
SETAC	Society of Environmental Toxicology and Chemistry
SGB	Schweizerische Gesellschaft für Betriebswirtschaft
SQL	Structured Query Language
TA	Technische Anleitung
UF	Umrechnungsfaktor
UVP	Umweltverträglichkeitsprüfung
VCD	Verkehrsclub Deutschland e. V.
VDI	Verein Deutscher Ingenieure
ZfB	Zeitschrift für Betriebswirtschaft

1 Einleitung

„Gesunde Unternehmungen müssen nicht nur schwarze, sondern auch grüne Zahlen schreiben!" - Prof. Dr. Norbert Thom, Präsident der Schweizerischen Gesellschaft für Betriebswirtschaft, in einer These zur SGB-Herbsttagung 1992.

Anforderungen aus dem Umweltschutz machen nicht vor den Werkstoren der Industrie- und Handwerksbetriebe oder vor den Pforten von Banken und Versicherungen halt. Die Wirtschaft kann sich dem Umweltschutz nicht mehr entziehen. Handeln statt Abwiegeln und Vertuschen ist gefragt[1]. Doch gerade bei einem so emotionsgeladenen Thema wie dem Umweltschutz, das im Mittelpunkt des öffentlichen Interesses steht, gilt es, Sachlichkeit zu bewahren.

Um diesem Handlungsdruck gerecht zu werden, müssen auch Umweltschutzmaßnahmen in die Unternehmensplanung aufgenommen werden. Doch was sind die Grundlagen einer solchen *ökologieorientierten* Planung? Letztlich sind es von Unternehmen erfaßte, umwelt- und unternehmensrelevante Daten. Diese Daten geben Momentaufnahmen des Unternehmens aus ökologischer Sicht wieder. Mit ihnen können Zukunftsszenarien erstellt und die Effektivität des betrieblichen Umweltschutzes kontrolliert werden.

Hier stellt sich auch sofort die Frage nach der Meßgröße für die „Umweltfreundlichkeit" eines Betriebes. Eine solche Meßgröße zu bestimmen ist eine wesentlich komplexere Aufgabe, als andere Zielgrößen eines Unternehmens. Der junge Zweig der Wissenschaft, der sich mit dieser Problematik beschäftigt, heißt „Öko-Controlling".

„Das Umwelt-Controlling, auch als ökologisches Controlling oder Öko-Controlling bezeichnet, ist der Teil eines Controlling-Konzepts, welcher den betrieblichen Umweltschutz zum Inhalt hat." (Arndt, „Ein betriebliches UIS für das Umwelt-Controlling" 72)

Die Ziele des Öko-Controllings beschreibt Arndt:

„Das Umwelt-Controlling ist ein innovatives Instrument der Unternehmensführung und dient dem Ziel einer laufenden Beobachtung dieser Umweltwirkungen der unternehmerischen Aktivitäten. Diese stellt eine Entscheidungsgrundlage für eine gezielte ökologische Optimierung des Betriebes dar." (Arndt, „Ein betriebliches UIS für das Umwelt-Controlling" 71)

Im Sinne dieser Diplomarbeit wird **Öko-Controlling** verstanden als das **Steuern** eines Unternehmens mit **Hilfe von ökologisch relevanten Unternehmensdaten**. Öko-Controlling sollte drei Sichten auf ein Unternehmen zeigen: eine kostenrechnerische, eine materialwirtschaftliche und eine ökologische Sicht. Die ökologische Sicht wird dabei durch Bewertungen des Unternehmens festgelegt. Die Besonderheit des Öko-Controllings, wie es in dieser Arbeit vorgeschlagen wird, liegt in der Verbindung der drei Dimensionen über Kennzahlensysteme. Im Gegensatz zum reinen Finanz-Controlling, das nur mit monetären

---

[1] Jüngstes Beispiel ist der Mineralölkonzern Shell, der mit seinen Plänen zur Versenkung einer seiner Ölplattformen, „Brent Spar", auf heftigen Widerstand seiner Kunden stieß.

Größen arbeitet, baut das Öko-Controlling auf die Umweltwirkungen, die von einem Unternehmen ausgehen, und bezieht zusätzlich kostenrechnerische Aspekte ein.

Die Anfänge des Öko-Controllings gehen auf das Jahr 1973 zurück. Damals begann Ruedi Müller-Wenk mit seinen Forschungen für sein Werk „Die ökologische Buchhaltung". Seit dieser Zeit ist das Öko-Controlling als Werkzeug weiterentwickelt und verfeinert worden. Inzwischen gibt es bereits einige Standardwerke zu diesem Thema. Zu ihnen zählen die Dissertation von Schaltegger und Sturm „Ökologisches Rechnungswesen statt Ökobilanzierung", „Die Ökobilanz. Ein betriebliches Informationssystem" von Hallay und weitere Veröffentlichungen des IÖW, sowie die Veröffentlichungen von Thomas Dyllick, Dozent für Betriebswirtschaftslehre in St. Gallen, „Ökologieorientiertes Controlling" von Edeltraud Günther, „Umweltbewußtes Management" von Manfred Sietz herausgegeben, die Veröffentlichungen des Schweizer BUWALs und „Öko-Controlling Umdenken zahlt sich aus!" von Waldemar Hopfenbeck und Christine Jasch. Zusätzlich gibt es noch eine Reihe von Veröffentlichungen in Zeitschriften. Besonders hervorzuheben sind hier DBW und die ZfB.

Durch Computerunterstützung liefert das Öko-Controlling wichtige Informationen zur Unternehmensplanung mit einem vertretbaren Aufwand. Im Rahmen dieser Diplomarbeit wurde ein Öko-Controlling-System entwickelt, das ein breites Anforderungsspektrum abdeckt und dabei flexibel bleibt.

Die schriftliche Ausarbeitung zeigt in Kapitel 2 „Bedeutung umweltorientierter Unternehmensführung" zunächst die Ökologie als neue Dimension der Betriebswirtschaftslehre und geht dann auf die Gründe für eine umweltorientierte Unternehmensführung ein. In Kapitel 3 „Ökologische Bewertungsansätze" werden verschiedene Bewertungsansätze innerhalb des Öko-Controllings besprochen.

Nach der theoretischen Einführung, die die allgemeinen Anforderungen an ECoSys zeigt, wird in Kapitel 4 „Konzeption von ECoSys" das Design des Systems erläutert Als Datenspeicher dient dem System eine relationale Datenbank. Das Konzept zur Verknüpfung mit der objektorientierten Welt von Smalltalk ist in Kapitel 5 „Bruch zwischen objektorientierter und relationaler Sicht" aufgeführt. Das Kapitel 6 „Die Funktionalität von ECoSys" zeigt die einzelnen Funktionen von ECoSys anhand von zwei Fallbeispielen. Kontakte mit der Praxis über die beiden Fallbeispiele hinaus und Vergleiche mit anderen Tools werden in Kapitel 7 „Andere Öko-Controlling-Systeme" behandelt.

2 Bedeutung umweltorientierter Unternehmensführung

2.1 Ökologische Öffnung der Betriebswirtschaftslehre

Unternehmen sind nicht nur Teil einer Wertschöpfungskette, sondern auch Teil einer Schadschöpfungskette. Dies ist die zentrale Aussage der ökologischen Perspektive der Betriebswirtschaftslehre. Die Erweiterung der Betriebswirtschaftslehre um ökologische Belange läßt sich nach Dyllick (Dyllick, „Ökologisch bewußte Unternehmensführung" 394) auf das Jahr 1988 zurückführen. Damals führten die ökologischen Probleme vieler Betriebe zu einem nicht mehr zu vernachlässigenden Kräfteverschleiß. Inzwischen gibt es eine Vielzahl von Publikationen zu diesem Thema. Stellvertretend seien hier die Veröffentlichungen des IÖW (Institut für ökologische Wirtschaftsforschung, Sitz in Berlin), des BUWAL (Bundesamtes für Umwelt, Wald und Landschaft der Schweiz) und des ÖBU (Schweizerische Vereinigung für ökologisch bewußte Unternehmensführung) genannt. Bei der veröffentlichten Literatur zeigt sich, daß die meisten Arbeiten aus der Schweiz stammen.

Bei der ökologischen Betrachtung von Betrieben werden andere Größen untersucht als die ökonomischen. Zentrale Bedeutung für eine umweltbewußte Unternehmensführung haben die Stoff- und Energieflüsse. Sie stehen im Gegensatz zu den bisher in der Betriebswirtschaft untersuchten Geldflüssen. Mit Stoff- und Energieflüssen lassen sich auch Flüsse erfassen, die nicht in monetären Größen ausgedrückt werden können. So sind derzeit eine Vielzahl von Ressourcen wie Luft oder Boden noch zu Preisen verwendbar, die nicht den tatsächlichen Preisen entsprechen, die die Volkswirtschaft festlegen würde. Große Teile der natürlichen Ressourcen sind umsonst. Bei der Untersuchung der Stoff- und Energieflüsse wird das Unternehmen als "Black-Box" betrachtet, in das Energien und Rohstoffe eingehen. Durch die unternehmerische Tätigkeit entstehen Produkte, aber auch Abfälle. Als Abfälle oder Emissionen wird derjenige Teil des Outputs bezeichnet, "der sich bezüglich einer wirtschaftlichen Kosten-Nutzen-Analyse als unwert erweist, für den sich keine Verwendungsmöglichkeit findet und der dem Wohl der Allgemeinheit schadet" (Seidel und Behrens, „Umwelt-Controlling als Instrument moderner betrieblicher Abfallwirtschaft" 140). Outputs, die dem Recycling zugeführt werden, gelten nach dieser Definition nicht als Abfälle. Abbildung 2.1 zeigt das Prinzip der ökologischen Sichtweise auf eine Unternehmung. Die internen Vorgänge werden bei einer Betriebsbilanz nicht betrachtet, sondern nur die Schnittstellen der Unternehmung zur Umwelt.

Abbildung 2.1: Leistungserstellungsprozeß aus ökologischer Sicht

Vergleicht man Stoff- und Energieflüsse und Geldflüsse in der Gesellschaft näher, so zeigt sich, daß die ökologischen Probleme aus der Begrenztheit der natürlichen Ressourcen stammen. Ein See kann bspw. nur eine bestimmte Menge an Phosphaten aufnehmen, bis es zum ökologischen Kollaps, dem Umkippen des Sees, kommt. Anders ist dies bei Geldflüssen. Sie können theoretisch unendlich lange wachsen. Darin liegt die Neuerung des Öko-Controllings: Ziel ist das vernünftige Haushalten mit den vorhandenen natürlichen Ressourcen und nicht das unbegrenzte Wachstum[1].

Durch die Begrenztheit der natürlichen Ressourcen entsteht, ähnlich der ökonomischen Knappheit des Geldes, eine ökologische Knappheit. Ressourcen wie Wasser, Luft und Boden werden knapp. Betrachtet man z.B. die Diskussion um Sommer- und Wintersmogverordnung, zeigt sich, wie nachhaltig die Schadstoffaufnahme der Ressource "Luft" bewirtschaftet werden muß. Diese Anforderung an die Bewirtschaftung von natürlichen Ressourcen bedingt eine zweite Forderung: die ökologische Effizienz. Ähnlich der ökonomischen Effizienz, bei der eine hohe Kapitalrentabilität erreicht werden soll, zielt die ökologische Effizienz auf eine hohe Rentabilität des ökologischen Kapitals ab. Sie stellt damit das Verhältnis zwischen erwünschtem Output, also den Produkten, und dem Verzehr, bzw. der Verschmutzung der natürlichen Ressourcen dar.

Aus ökologischer Sicht ist die unternehmerische Tätigkeit ein Schadschöpfungsprozeß. Dieser Schadschöpfungsprozeß zieht sich über den gesamten Lebenszyklus eines Produkts vom Rohstoffabbau, über die verschiedenen Herstellungsstufen, über den Vertrieb, über die Benutzung bis zur Entsorgung.

Mit dieser Perspektive auf eine Unternehmung ergeben sich für das Management nach Dyllick[2] vier Handlungsfelder:

- das Produkt,
- der Betrieb,
- die Mitarbeiter,
- die Kommunikation mit der Öffentlichkeit.

Die ersten beiden Handlungsfelder dienen dazu, ökologische Belastungen und Risiken zu vermeiden oder zumindest zu vermindern. Entscheidende Erfolge kann ein umweltbewußtes Management nur in Zusammenarbeit mit den Mitarbeitern erreichen. Dazu müssen die Mitarbeiter nach und nach motiviert, sensibilisiert und ausgebildet werden. Grundlage der Motivation der Mitarbeiter ist die Glaubwürdigkeit der Auseinandersetzung

---

[1] Ein eindrucksvolles Szenario über die Grenzen der Belastbarkeit der Erde gibt (Barney, 1980).

[2] (Dyllick, „Ökologisch bewußte Unternehmensführung" 395)

mit betrieblichen Ökologieproblemen. Diese Glaubwürdigkeit sollte nicht nur nach innen, sondern auch nach außen, der Öffentlichkeit gegenüber, gezeigt werden können. Da Ökologieprobleme auf großes gesellschaftliches Interesse stoßen, ist die Kommunikation mit der Öffentlichkeit ein interessantes Handlungsfeld. Gerade dieser Bereich kann, wie unter Abschnitt 2.2.5 „Marktchancen“ gezeigt, ein wichtiges strategisches Element zur erfolgreichen Positionierung ökologischer Produkte sein.

2.2 Chancen ökologischer Unternehmensführung

Als Erfolgspotentiale werden in der Literatur[1] immer wieder Kosteneinsparung, Risikoabsicherung, Marktchancen und die Vermeidung von Folgekosten genannt. Zusätzlich sollte nach Ansicht der Autoren eine knappe Ressourcenplanung angestrebt werden.

2.2.1 Knappe Ressourcenplanung

Grundsätzlich sollten alle ökologischen Ressourcen knapp geplant werden, denn wie bereits erwähnt sind diese Ressourcen nicht im Überfluß vorhanden. Betrachtet man bspw. die Ressource „CO_2-Imission”, so ist sie heute umsonst. Es existiert also im betriebswirtschaftlichen Sinn keine Knappheit[2]. Jeder kann soviel CO_2 erzeugen, wie er will. Ohne die Einbeziehung ökologischer Aspekte in die Unternehmensziele wäre in der derzeitigen politischen Situation die Begrenzung der CO_2-Emissionen für einen Betrieb uninteressant. Auch die Preise für fossile Brennstoffe stellen kein entscheidendes Hindernis für die Erzeugung von CO_2 dar. Mit diesen durch den Staat festgelegten Rahmenbedingungen stünde einem an das Wachstum angepaßten CO_2-Ausstoß nichts im Wege.

Aus ökologischer Sicht ist diese Aussage jedoch unbefriedigend. Die weltweite Klimaerwärmung wird unter anderem auf die vom Menschen verursachte CO_2-Emission zurückgeführt. Daher hat sich die deutsche Bundesregierung beim Weltklimagipfel in Rio de Janeiro (1992) zu einer deutlichen Verringerung der CO_2-Emissionen bis zum Jahr 2005 verpflichtet.

Prognosen des Verkehrsaufkommens in Deutschland für das Jahr 2005 ergeben ein anderes Bild[3]:

in Westdeutschland

- 23 % mehr Pkw-Verkehr
- 92 % mehr Lkw-Verkehr
- 138 % mehr Personenflüge
- 208 % mehr Frachtflüge[4]

---

[1] (Dyllick, „Ökologisch bewußtes Management“ 18), (Günther und Wagner, „Ökologieorientierung des Controlling“ 143)

[2] Der Preis eines Gutes wird in der Volkswirtsschaftlehre als ein Indikator für die Knappheit des Gutes gesehen Vgl. (Hartmann 161)

[3] Die Daten sind entnommen aus (o.V., „CO_2 aus dem Verkehr steigt an“ 23).

[4] Die Prozentwerte sind jeweils bezogen auf 1988 als Basisjahr.

Für Ostdeutschland wird ein Vielfaches der Steigerungsraten Westdeutschlands angenommen. Bezogen auf CO_2 rechnet man aufgrund des starken Verkehrsanstiegs mit einem Wachstum von 38 % bis zum Jahr 2005.

Vergleicht man diese Prognose mit der Ankündigung der Bundesregierung, den Ausstoß bis ins Jahr 2005 um 25 % zu verringern, wird klar, daß in den nächsten Jahren Lenkungsmaßnahmen wie eine CO_2-Steuer unumgänglich sind. Hier setzen umweltbewußte Unternehmensführung und Öko-Controlling ein. Selbst wenn die momentan vorgeschriebenen Grenzwerte in einem Unternehmen erfüllt werden, entwickelt man das Ziel, seinen Ressourcenverzehr ständig zu verbessern. Es wird nicht gewartet, bis die sich ständig verschärfenden gesetzlichen Auflagen und Verordnungen, sowie die zivil- und strafrechtlichen Konsequenzen aus der Umwelthaftung eine Berücksichtigung des Umweltschutzes bei allen unternehmerischen Entscheidungen erzwingen.

Durch den sparsamen und verantwortungsvollen Umgang mit den natürlichen Ressourcen ist ein Unternehmen auf strengere gesetzliche Richtlinien vorbereitet. Daß es immer mehr zu Lenkungsmaßnahmen des Staates kommt, zeigt sich deutlich an der Ressource "Verpackung". Sie erhielt mit der Verordnung zur Vermeidung von Verpackungsabfällen (Verpackungsverordnung) einen neuen Preis. Nun sind für eine Verpackung nicht nur die Kosten der Herstellung, sondern auch die Kosten für Rücknahme und Entsorgung zu tragen. Die gesteigerten Kosten für Einwegverpackungen entsprechen zwar immer noch nicht dem volkswirtschaftlich tatsächlichen Preis, da die meisten Verpackungen nicht recycelt werden, aber der permanente Anstieg der Gebühren für den "Grünen Punkt" zeigt, daß die Ressource "Verpackung" immer knapper wird.

„Aus den klassischen Verpackungsfunktionen, marketingpolitischen Verpackungsstrategien der Hersteller und logistischen Anforderungen des Handels an Verpackungen einerseits und der Forderung der Verpackungsverordnung nach möglichst wenig und ökologisch verträglichen Verpackungen andererseits ergibt sich ein *Spannungsfeld* für die betriebswirtschaftliche Analyse, sowie ein extremer Handlungsdruck und -bedarf in der betrieblichen Praxis." (Balderjahn, „Betriebswirtschaftliche Aspekte der Verpackungsverordnung" 482) Dieser hier erwähnte Handlungsdruck ist um so größer, je weniger ein Unternehmen sich bisher um ökologische Verpackungsalternativen gekümmert hat.

Unternehmen, die nicht rechtzeitig damit begonnen haben, auch ökologische Belange in ihrer Politik zu berücksichtigen, können dann den Zeitpunkt für die Umstellung von Produkten und Herstellverfahren nicht mehr frei wählen, was einigen leicht zum Verhängnis werden kann.

2.2.2 Kosteneinsparungspotentiale

> „Richtig ist, dass Umweltschutz Geld kostet.
> Richtig ist aber auch, dass der Verzicht
> auf Umweltschutz ebenfalls Geld kostet - häufig sogar mehr."
> (Dyllick, „Ökologisch bewußtes Management" 18)

Einsparungen im Rohstoff- und Energieverbrauch sind zunächst am naheliegensten. Das Aufdecken von Verschwendungen setzt Potentiale auf der Einkaufsseite frei. Aber nicht nur im Bereich des Einkaufs, sondern auch in der Entsorgungswirtschaft können Kosten reduziert werden. Beispiele hierfür sind Abwassergebühren, Kosten für Abfallbeseitigung und Steuern auf Emissionen.

Oft wird heute noch Umweltschutz als End-of-Pipe-Lösung realisiert. Das bedeutet, daß der herkömmliche Produktionsprozeß beibehalten wird, jedoch werden die Schadstoffemissionen durch den Einsatz von Filter- und Reinigungstechnologien gemindert. Kurzfristig gesehen ergeben sich bei dieser Form des Umweltschutzes neben höheren Kosten sogar Vorteile:

„- es handelt sich um *zusätzliche Geschäftsfelder*: neue oder schon bestehende Firmen können daran verdienen,

- Unternehmen und Politik können auf *strukturpolitische Eingriffe* verzichten, die aufgrund neuer damit verbundener Probleme immer gern unterlassen werden."

(Hallay 1989, 3)

Bei näherer Betrachtung zeigen sich die End-of-Pipe-Lösungen sowohl aus ökologischer als auch aus ökomischer Sicht als unzureichend. Deshalb sollte in Unternehmen der präventive Umweltschutz Vorrang haben. So kann eine Zusammenarbeit von Einkauf und Entsorgung mit dem Ziel der Verbesserung des betrieblichen Umweltschutzes entscheidende Vorteile bringen. Muß ein Betrieb bspw. wegen des Ausstoßes von umweltgefährdenden Stoffen in der Produktion Filteranlagen einbauen, so wäre dies mit hohen Investitionen verbunden. Gelingt es jedoch in der Herstellung, die gefährlichen Stoffe zu ersetzen, kann auf Filteranlagen verzichtet werden! Ein offensives Umweltmanagement ist hier gefordert. Nur das Reagieren auf sich verschärfende Vorschriften eröffnet keine Kostensenkungsmöglichkeiten.

Die im Handel angewandte DPR-Rechnung[1] orientiert sich teilweise an ökologischen Maßstäben. Die Entwicklung des Verpackungsvolumens zeigt in den letzten Jahren deutlich den Trend zu weniger Verpackung. Auch wird die leichte Entsorgung immer besser berücksichtigt. Der sparsame Einsatz von Verpackung und die dadurch verbundene Kostenreduzierung sind Erfolge einer ökologisch orientierten Verpackungsentwicklung. Tabelle 2.1[2] zeigt an ausgewählten Beispielen diesen Zusammenhang.

Ausgewählte Produktinnovationen	Abfall-reduzierung in kg	Senkung der Direkten Produktkosten in DM
Ariel Ultra 2 kg vs. Ariel 3 kg	1.240	4.400
Lenor Nachfüllpack 1 l vs. Lenor 4 l	19.700	48.000
Ultra Pampers vs. Pampers	17.800	17.500
Valensina Hypa vs. Valensina Einweg Glasflasche	203.275	30.800

Annahme: 1 Mio. DM Umsatz je Produkt

Tabelle 2.1: Abfallreduzierung und die damit verbundene Senkung der Direkten Produktkosten

1 Die Direkte Produktrentabilität ist eine Kennzahl für den Aufwand und die Ertragskraft eines Artikels im Handel.

2 Die Tabelle ist entnommen aus (Tomczak und Lindner, „Konfligierende und komplementäre Zielsetzungen von DPR-Konzept und Öko-Marketing im Handel" 345)

Diese Erfolge stellen jedoch kein Endstadium dar, sondern sind Teil eines zyklischen Prozesses[1], der die ständige Verbesserung der umweltrelevanten Probleme eines Unternehmens beinhaltet.

2.2.3 Risikoabsicherung

Durch umweltbewußte Unternehmensführung können Risiken des Betriebs besser erkannt und abgebaut werden. Diese Risiken entstehen durch den Umgang mit umwelt- und gesundheitsgefährdenden Stoffen. Wichtig ist dabei die Kenntnis über die Zusammensetzung solcher Stoffe. Innerhalb eines Öko-Controllings können diese Stoffe mit ihren Flüssen erfaßt werden.

Durch differenzierte Kenntnisse über Gefahrstoffe kann gezielt die Verwendung dieser Stoffe reduziert werden. Ist dies nicht möglich, sollte mit dem Aufbau eines Risk-Managements begonnen werden. Dieses dient zur Verminderung von Risiken im Umgang mit diesen Stoffen und zur Verhinderung von Störfällen.

Mit einer solchen Behandlung von Gefahrstoffen hat ein Unternehmen gute Karten gegenüber der Öffentlichkeit und den Versicherern. Das Wissen, *was* sich auf dem Werksgelände befindet und *wie* damit umzugehen ist, schafft bei diesen sensiblen Gruppen Vertrauen. Gerade bei Versicherungen kann ein Nachweis dieser Kenntnisse wiederum zu günstigeren Tarifen führen, was einer Kosteneinsparung durch Umweltschutzmaßnahmen im Sinne des vorigen Abschnitts gleichkommt.

Im Normalbetrieb hilft das auf ein Öko-Controlling-System aufbauende Risk-Management, Sorgfalt auch bei „kleinen" Vorfällen wie das Verschütten von Flüssigkeiten oder tropfenweises Eindringen von Schadstoffen zu wahren.

Die in der EU geltende Produkthaftung verpflichtet den Hersteller von Produkten, für die Schäden, die durch seine Produkte entstehen, aufzukommen. Auch hier setzt ein aktives ökologieorientiertes Management ein: Durch das zur Verfügungstellen von detaillierten Produktinformationen, nicht nur über Anwendung, sondern auch über Umweltverträglichkeit, können Schadensersatzforderungen vermieden werden.

2.2.4 Attraktivität als Arbeitgeber

Der Zusammenhang zwischen der ökologischen Ausrichtung eines Unternehmens und seiner Attraktivität als Arbeitgeber wird oft unterschätzt. Untersuchungen in der Schweiz belegen, daß ökologisches Bewußtsein und ökologische Erwartungshaltung bei Studenten wesentlich stärker ausgeprägt sind als bei Führungskräften. Für Dyllick (Dyllick, „Ökologisch bewußtes Management" 22) stellt eine ökologisch bewußte Unternehmensführung „eine erfolgsversprechende Strategie des *Personalmarketings* dar." Will ein Unternehmen die fähigsten und motiviertesten jungen Leute für sich gewinnen, so muß es auch eine glaubwürdige Strategie im Bereich des Umweltschutzes betreiben.

[1] Vgl. (Sietz 79)

Nicht zu vergessen sind dabei auch die Mitarbeiter eines Unternehmens. Wenn sie sich nicht mehr mit den Zielen des Unternehmens identifizieren können, kommt es zu Fluktuation oder - noch schlimmer - zur inneren Kündigung.

Allein finanzielle Anreize reichen längst nicht mehr zur Mitarbeitermotivation aus, sinnerfülltes, ökologieorientiertes Arbeiten ist heute gefragt. Oft lassen sich nur noch so wesentliche Verbesserungen der Motivation erreichen. Dabei gibt es letztlich keine Unterschiede zwischen Mitarbeitern mit akademischer Ausbildung und einfachen Arbeitern[1]. Aus der Sicht vieler Mitarbeiter sind Unternehmen auch gesellschaftliche Institutionen, die sich als solche auch um gesellschaftliche Belange kümmern müssen.

2.2.5 Marktchancen

In den vorherigen Abschnitten wurde im wesentlichen die Auswirkung umweltbewußter Unternehmensführung auf die Kosten und die Personalpolitik untersucht. Doch Umweltschutz bietet auch besondere Marktchancen. Je stärker ein Unternehmen von der Strategie der Kostenführerschaft abweicht und sich zu einer Strategie der ökologischen Differenzierung hinwendet, desto mehr Marktchancen entstehen aufgrund der ökologischen Eigenschaften eines Produkts. Hallay (Hallay 1989, 5) bemängelt hierzu, „man findet in der Schwerpunktsetzung unternehmerischen Handelns zwischen *Kostensenkung* und Auftun neuer *Erfolgspotentiale* immer wieder, daß Kostensenkungsziele im Vordergrund stehen, weil sie angeblich einfacher zu realisieren sind."

Eine Abkehr von der einseitigen Ausrichtung auf Kosten ermöglicht eine starke ökologische Differenzierung gegenüber der Konkurrenz, wobei es, wie Abbildung 2.2 zeigt, Überschneidungen zwischen der ökologischen Differenzierung und der Bestrebung der Senkung der Kosten gibt. Die umfassende Kostenführerschaft und ökologische Ziele schließen sich praktisch aus (1. Quadrant), da ein Teil der Kostenführerschaft dadurch erreicht wird, daß ein Unternehmen interne Kosten externalisiert. Das bedeutet, Unternehmen kommen für die von ihnen verursachten Kosten, z.B. Kosten für Müllbeseitigung, nicht auf, sondern lassen sie von der Allgemeinheit tragen. Die Überschneidung von Kostensenkungs- und Ökologiebestrebungen stellt der 2. Quadrant dar. Unternehmen, die sich in ihm befinden, beginnen, sich durch ihre Produktgestaltung und ihre Produktionsmethoden von der reinen Kostenführerschaft zu differenzieren. Ziel dieser Unternehmen ist es, durch die Senkung interner Kosten (also das Ausnutzen von ökologischen Kostensenkungspotentialen) auch ökologischen Belangen gerecht zu werden. Der Kunde erhält dadurch Produkte, die sowohl in einem günstigen Kostenniveau liegen, als auch gewissen ökologischen Aspekten entsprechen.

---

[1] Siehe hierzu Fallstudie des IÖW (Hallay 1990, 47)

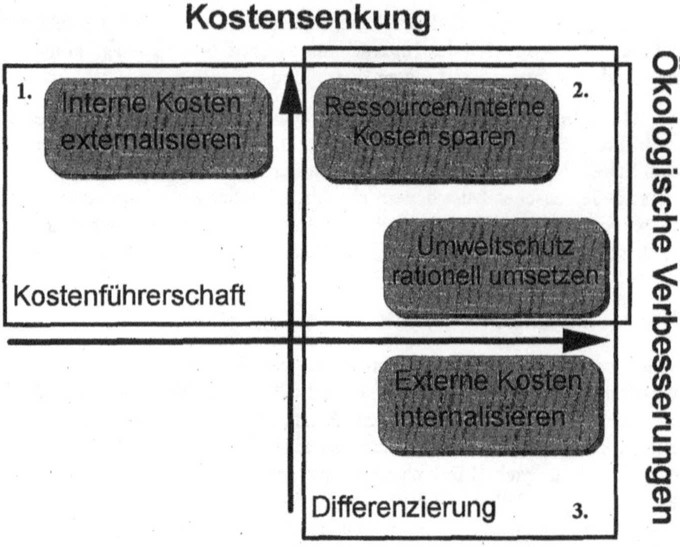

Abbildung 2.2: Strategische Felder zwischen Kostensenkung und ökologischen Verbesserungen[1]

Will ein Unternehmen seine Umweltschutzaktivitäten ausbauen, so wird es sich nach und nach vom Ziel der Kostendämpfung entfernen. In der ersten Stufe wird es noch versuchen, durch rationelle Anwendung von umweltgerechten Techniken nach wie vor die Kosten im Auge zu behalten. Die Weiterentwicklung hiervon ist, daß ein Unternehmen beginnt, Kosten, die bisher die Allgemeinheit trug, selbst zu bezahlen, also externe Kosten zu internalisieren[2]. Hier ist die Strategie der Differenzierung zur Konkurrenz am stärksten zu beobachten. In dem 2. und 3. Quadranten, besonders im 3., können mit einem gezielten Ökomarketing Erfolge durchgesetzt werden. Dabei spielen nach (Meffert 1990, 345) die 4 „Cs" eine wichtige Rolle:

- *„Competence"* für die Problemlösungskompetenz des Unternehmens
- *„Credibility"* für die Glaubwürdigkeit
- *„Commitment"* für die Verpflichtung zu ständigen Verbesserungen
- *„Cooperation"* für die konstruktive Zusammenarbeit mit allen geeigneten Akteuren.

Wie erfolgreich eine solche Differenzierungsstrategie sein kann, zeigt das Beispiel des Toni-Milchverbandes[3], der 1974 damit begann, seinen Joghurt und seinen Schlag- und Kaffeerahm im Zirkulationsglas anzubieten. Diese Verpackungslösung war damals gegenüber

---

[1] Diese Abbildung wurde in Anlehnung an (Tomczak und Lindner, „Konfligierende und komplementäre Zielsetzungen von DPR-Konzept und Öko-Marketing im Handel" 350) erstellt. Tomczak und Lindner zeigen in ihrer Abbildung den Zusammenhang zwischen DPR und Ökologie.

[2] In der Fallstudie des IÖW zeigt (Hallay 1990), wie ein Unternehmen die Sanierungkosten für ihm angelastete Altlasten trägt, ehe noch eindeutig geklärt ist, ob das Unternehmen wirklich der Verursacher ist.

[3] Die nachfolgenden Daten sind entnommen (Dyllick 1988, 51 ff)

der des Einwegkunststoffbechers um etwa 3 Rappen teurer. Trotzdem entschied man sich für diese Aktion und man stieß auf ein breites Echo in der Presse und in der Öffentlichkeit. Bemerkenswert ist dabei, daß Toni auf die Erhebung von Pfand verzichtete. Die Kunden konnten die gespülten Gläser selbst in ein Glasrücknahmegestell, das vor jedem Verkaufspunkt aufgestellt wurde, legen. Durch diese Maßnahmen wurde der Handel von der Aufgabe der Rücknahme entlastet. Das Rücknahmegestell bot auch eine zweite Werbefläche für Toni in jedem Einzelhandelsgeschäft. Einige Erfolgszahlen:

- Versechsfachung des Marktanteils von 1974 bis 1985 von 2 % auf 11,9 %.
- 13 % Marktwachstum von 1981 bis 1985, wovon auf Toni 80 % zurückfielen.
- Ausdehnung des Distributionsgebiets von Toni auf die ganze Schweiz.
- Glasrücklaufquote 1985: 70 %.
- Verdreifachung des Anteils der Glasverpackung am gesamten Markt zwischen 1980 und 1985 von 5,7 % auf 16,8 %.
- Die Konkurrenz mußte auf umweltfreundlichere Verpackungsvarianten (leichtere Kunststoffbecher: von 8 g-Becher auf 5,8 g-Becher) ausweichen, um die Ökobilanz ihrer Produkte zu verbessern und sich damit am Markt noch zu behaupten.
- diverse Prämierungen des Toni-Milchverbandes für seine Idee.
- hoher Goodwill in breiten Kreisen der Bevölkerung für Toni.

Dieses Beispiel zeigt deutlich die Chancen, die sich aus einem ökologiebewußten Management ergeben. Heute spricht man bereits von einer „Öko-Industrie", die mit ihrer ausschließlichen Ausrichtung auf Umweltbelange ein Erfolgsmuster hat, das ihr zweistellige Umsatzzuwachse beschert.

2.2.6 Fazit

„Wer zu spät kommt, den bestraft das Leben"

Michael Gorbatschow

Mit diesen Worten des ehemaligen Präsidenten der UdSSR könnte man den Wandel in den Anforderungen an Unternehmen zusammenfassen. Eine passive Haltung gegenüber den wachsenden ökologischen Problemen bewirkt, daß ein Unternehmen nur auf die Veränderungen reagieren kann. Wann ein Produkt oder eine Verpackung verändert wird, bestimmt dann nicht das Unternehmen, sondern der Gesetzgeber. Umweltschutz wird als Last empfunden, die es abzuschütteln gilt.

Offensives Vorgehen, also agieren statt reagieren, eröffnet völlig neue Chancen auf vielen Gebieten. Grundvoraussetzung für eine solche Offensive ist, daß ein Unternehmen wirklich ökologische Ziele in seiner Unternehmenspolitik umsetzen will. Glaubwürdige Bemühungen um ökologische Verbesserungen in den Bereichen, die ein Unternehmen steuern kann, sichern langfristig die Existenz. Neben den Formalzielen „Gewinn" und „Rentabilität" sollten daher zukunftsorientierte Unternehmen auch das Formalziel „Umweltschutz" definieren und umsetzen. Eine Möglichkeit, dieses Formalziel in seiner Umsetzung zu steuern und zu überwachen, stellt das Öko-Controlling dar.

3 Ökologische Bewertungsansätze

3.1 Notwendigkeit einer methodischen, ökologischen Bewertung

Bei den verschiedenen Einflüssen eines Betriebs auf seine natürliche Umwelt handelt es sich um eigentlich nicht vergleichbare Größen. Emissionen, die in stofflichen Mengen unterschiedlichster Dimensionen angegeben sind, Flächen versiegelten Bodens, Energieabgaben und gesellschaftliche sowie ästhetische Aspekte, wie z.B. Landschaftsveränderungen, sind grundsätzlich sehr verschieden. Aber auch der Vergleich bei gleichen Einheiten verschiedener Stoffe ist oft unsinnig.

> „Es ist nur zulässig, verschiedene Verpackungen eines Gutes zu vergleichen, die auch das gleiche leisten. Es ist unsinnig, 1 kg Papier mit 1 kg Aluminium oder Glas zu vergleichen!" (BUWAL 1991, 12)[1]

Es treten in der Praxis jedoch oft Entscheidungssituationen auf, in denen verschiedene Alternativen bewertet werden müssen, die bezüglich einer Emission besser sind, bezüglich einer anderen schlechter, z.B. wenn eine Alternative größere CO_2-Emissionen, aber dafür geringere Stickoxidbelastungen zur Folge hätte. Es ist somit „aus Sicht der Praxis durchaus wünschenswert, qualitativ verschiedene Umwelteinwirkungen miteinander in Bezug bringen zu können." (Müller-Wenk 35) Daher wurden unterschiedliche Methoden entwickelt, qualitative Aspekte möglichst objektiv und ohne Willkür ökologisch vergleichbar zu machen. Diese gehen zumeist von der Erkenntnis aus, daß qualitativ verschiedene Dinge nicht bezüglich aller Teilaspekte auch qualitativ verschieden sein müssen, sondern sich in Teilaspekten möglicherweise nur quantitativ unterscheiden.[2] Dieser Ansatz ist nicht exakt naturwissenschaftlich belegbar, hat jedoch zur Folge, daß seit den ersten Konzepten für eine ökologische Buchhaltung von Ruedi Müller-Wenk in den 70er Jahren viele Bemühungen gemacht wurden, ökologische Kriterien durch Gewichtung über unterschiedliche Faktoren zu bewerten.

Dieses Problems ist man sich in der Bewertung, z.B. durch Ökobilanzen, bewußt. Das Bundesamt für Umwelt, Wald und Landschaft (BUWAL) der Schweiz formulierte es so:

> „Die gegenseitige Gewichtung von Umweltbelastungen nach ökologischen Kriterien ist eine Fragestellung, welche sich heute erst auf begrenzte naturwissenschaftliche Kenntnis abstützen kann. Daraus folgt auch, daß ökologische Gewichtungen regelmäßig überarbeitet werden müssen und auch in gewissen Fällen im Laufe der Zeit aufgrund neuer Erkenntnisse spürbar ändern können." (BUWAL 1990, 5)

---

[1] Trotz dieser Erkenntnis des Schweizer Amtes wird gerade in der Schweiz bei der Hoffmann-La Roche AG so gerechnet (vgl. Kapitel 7.1 „Hoffmann-La Roche").

[2] Vgl. (Müller-Wenk 35)

Ziel ist eine Objektivierung von Gewichtungsfaktoren in Bezug auf ökologische und soziale Anforderungen. „Allgemein ist das Hauptaugenmerk im Sinne der Ökologie-Definition[1] auf Kreislaufsysteme und deren Erhaltung zu richten." (BUWAL 1990, 6)

Eine quantitative Bewertung ist zur Entscheidungsstützung deshalb wichtig, weil sie i.d.R. einfacher nachvollziehbar und zu verarbeiten ist. Der Computer, der ja nur mit quantitativen Werten arbeiten kann, soll und kann keine Entscheidungen fällen, er muß aber Bewertungsmaßstäbe abbilden helfen, um Entscheidungen unterstützen und veranschaulichen zu können. Die Komplexität einer Entscheidungssituation kann dadurch reduziert werden, was allerdings auch mit einer hohen Unsicherheit behaftet ist, die deutlich werden und Berücksichtigung finden muß. Um aber eine Aussage über die Wirksamkeit betrieblicher Umweltschutzmaßnahmen machen zu können, besteht die Notwendigkeit, einen Vergleich über verschiedene Umweltmedien zu ermöglichen. Da sich quantitative Vergleiche besser mitteilen lassen, ist ihre Akzeptanz höher.

Es werden im folgenden verschiedene Ansätze für die ökologische Bewertung der von Unternehmen ausgehenden Umwelteinflüsse vorgestellt und hinsichtlich ihrer Tauglichkeit für eine computergestützte Realisierung und Berücksichtigung im Rahmen dieser Arbeit kritisch gewürdigt. Dabei wird eine Systematik in den verschiedenen Bewertungsansätzen und Betrachtungsweisen des Problems erkennbar. Die folgenden Ausführungen beziehen sich des öfteren auf die Dissertation von Stefan Schaltegger und Andreas Sturm von der Universität Basel von 1992 (Schaltegger und Sturm), die die bis zum damaligen Zeitpunkt bestehenden Ansätze untersucht, systematisiert und verglichen haben, um daraus ein eigenes Modell für ein ökologisches Rechnungswesen zu entwickeln.

3.2 Der Begriff der „Ökobilanz"

Zunächst soll der immer wieder zentrale Begriff „Ökobilanz" erläutert werden, da darunter unterschiedliche Instrumente und Methoden verstanden werden, ohne hier eine verbindliche und allumfassende Definition geben zu wollen. Es herrscht nämlich bezüglich der genauen Definition in der Literatur und Anwendung keine Klarheit. Die Definition von BUWAL soll hier dennoch erwähnt werden:

> „Eine ökologische Bilanz ist die Beschreibung und Auflistung der primären Auswirkungen von bestimmten Prozessen - verursacht durch den Menschen - auf die Umwelt, d.h. auf Luft, Wasser und Boden. Zusätzlich wird auch der Energie- und Rohstoffbedarf berücksichtigt. Diese Punkte kann man als abiotische (= unbelebte) Umweltfaktoren zusammenfassen." (BUWAL 1991, 10)

Mit Hilfe einer Ökobilanz soll dem Unternehmen eine ökologische Standortbestimmung ermöglicht werden. Dies geschieht, indem einerseits die Stoff- und Energieflüsse in Form einer Input-Output-Betrachtung des Unternehmens dargestellt werden und andererseits unterschiedliche Alternativen ökologisch bewertet werden. Durch das Instrument „Ökobilanz" werden die ökologischen Schwachstellen und Verbesserungsmöglichkeiten in einem Unternehmen offengelegt. Ökobilanzen können als ein Frühwarnsystem für eine ökologische Unternehmenspolitik oder als strategisches Instrument genutzt werden, wenn sie konsequent

[1] Ökologie (Oikos: Haus, Platz; logos: Lehre)
Unter Ökologie versteht man die gesamte Wissenschaft von den Beziehungen des Organismus zur umgebenden Umwelt. (BUWAL 1991, 10)

in die Unternehmensorganisation integriert werden.[1] Man kann zwischen Betriebsbilanzen, Produktbilanzen und Prozeßbilanzen unterscheiden, die jeweils in unterschiedlichen Verdichtungsebenen dargestellt werden können. Meist liegt der Systematik ein Öko-Kontenrahmen zugrunde, der zwar mit betriebswirtschaftlichen Kontenrahmen vergleichbar ist, für den es aber noch keine Normung gibt. Im **Anhang A** ist der von den Autoren erarbeitete Öko-Kontenrahmen enthalten. Gemeinsam ist allen Ansätzen auch, daß die Daten durch Prozeßanalyse ermittelt werden.

Der Begriff „Bilanz" für Ökobilanzen ist im betriebswirtschaftlichen Sinne nicht korrekt, da Ökobilanzen keine Bestands- sondern Flußrechnungen sind.[2]

> „Da es sich dabei nicht um Zeitpunkt- sondern um Zeitraumrechnungen handelt, präzisiert die angelsächsische Bezeichnung „Life-Cycle-Assessment" den Begriffsinhalt besser." (Strebel, Schwarz und Polzer, „Umweltwirkungen als Entscheidungskriterium für die Auswahl von Produkten" 76)[3]

Der Begriff „Life-Cycle-Assessment" (LCA) wurde von der SETAC[4] vorgeschlagen. Weitere damit zusammenhängende Instrumente wie die Produktlinienanalyse (PLA) und die Umweltverträglichkeitsprüfung (UVP) sind der Ökobilanz übergeordnete Planungs- und Entscheidungshilfen.[5] Sie beinhalten zumeist auch eine Ökobilanzierung, beziehen aber auch noch weitere, z.B. soziale Aspekte mit ein. Der Begriff „Öko-Audit" hat hingegen nicht viel mit Ökobilanzen zu tun. Öko-Audits sind methodische Unternehmensbefragungen nach einem normierten und kontrollierten Vorgehensschema. Sie wurden von der EG beschlossen und können von Unternehmen seit Anfang 1995 auf freiwilliger Basis durchgeführt werden. Öko-Audits haben eine Zertifizierung zum Ziel. Sicherlich würden sich Ökobilanzen und Öko-Audits im gleichen Unternehmen gegenseitig stützen, d.h. wenn eines der beiden bereits durchgeführt wurde oder regelmäßig durchgeführt wird, verringert dies den Aufwand für weitere Datenerhebungen.

3.3 Bewertung mit monetären Größen

Wenn ein möglichst einheitlicher Bewertungsmaßstab in Unternehmen gefunden werden soll, liegt es zunächst nahe, quantitative Bewertungen mit Hilfe monetärer Größen vorzunehmen. Kosten-Nutzen-Analysen zur Beurteilung von Entscheidungsalternativen sind in der betrieblichen Praxis eine zentrale Aufgabe.

Nun ist aber gerade eine monetäre Bewertung von Umweltgütern oder Umweltqualität sehr problematisch, da diese oft keinen Marktpreis haben. Die Preise sagen nicht die „ökologische Wahrheit". So müßte beispielsweise der Benzinpreis um ein Vielfaches höher sein, wenn man auch die ökologischen Folgen „mitbezahlen" müßte. Auch kann bezweifelt werden, daß Folgen, z.B. das Aussterben einer Tier- oder Pflanzenart, überhaupt mit Geld

---

[1] Vgl. (Hallay 1989, 114)

[2] Vgl. (Dyllick, „Ökologisch bewußte Unternehmensführung" 408): "Dabei handelt es sich nicht um eine Bestandesrechnung, wie der Bilanzbegriff eigentlich zum Ausdruck bringt, sondern um eine Flußrechnung."

[3] Vgl. (Schaltegger und Sturm 70)

[4] SETAC = Society of Environmental Toxicology and Chemistry

[5] Das Öko-Institut in Freiburg beschäftigt sich seit einigen Jahren mit der Entwicklung und Umsetzung von Produktlinienanalysen.

bewertbar sind. Viele Umweltfolgen, die durch ein Unternehmen verursacht werden, werden auf die Allgemeinheit abgewälzt, also externalisiert. Ein weiteres Beispiel dafür wäre die Nutzung von Umweltressourcen, die z.Z. noch kostenlos zur Verfügung stehen, z.B. Luft. Es ist also nur ein kleiner Teil der Umweltfolgen überhaupt mit Geld bewertbar, z.B. Ernteausfälle, Sanierungskosten oder sonstige langfristige Folgekosten, wie Imageverluste[1].

Gegen monetäre Bewertungsmethoden spricht ferner, daß die Abgrenzung von Umweltschutzmaßnahmen keinerlei Regeln unterworfen ist. Wenn ein Unternehmen nach außen mit seinen hohen Ausgaben für Umweltschutzmaßnahmen wirbt, so ist dies noch kein Beweis für ökologische Effizienz. Diese Ausgabenhochrechnungen haben außerdem den negativen psychologischen Effekt, daß Umweltschutz nur als ein Kostenfaktor gesehen wird, wodurch die ökologische Dimension wieder verschwindet.[2] Es wurde aber bereits in Abschnitt 2.2.5 „Marktchancen" gezeigt, daß auch das Gegenteil der Fall sein kann. Tatsächlich denken viele Industrielle heute noch so:

> „Aber hohe Umweltqualität erfordert hohe Kosten und bedarf einer starken Wirtschaft. Europa kann eine solche Umwelt nur dann haben, wenn es bereit ist, die Kosten zu tragen, [...] Also muß sie [die Gesellschaft, Anm. d. Verf.] eingehendere Fragen nach dem Gegenwert des Geldes stellen." (ERT 23)

Bei der monetären Bewertung besteht das grundsätzliche Problem, daß sie sich immer an menschlichen Märkten orientiert und Natur dadurch zur Ware wird. Das hätte die Bestrebung zur Folge, daß pro eingesetzter Geldeinheit für Umweltschutz der größtmögliche ökologische Nettonutzen erreicht werden soll. Viele ökologische Ansprüche gesellschaftlicher Gruppen können aber nicht in Geld erfaßt werden. Wenn die Beurteilungsabsicht wirklich eine ökologische sein soll, so muß sie sich möglichst an den Gesetzmäßigkeiten und Grenzen ökologischer Systeme orientieren. Es sollen ja nicht die Umweltgüter und -verschmutzungen selbst bewertet werden, sondern die relative ökologische Schädlichkeit von Umweltbelastungen soll gewichtet und dadurch auf einen gemeinsamen Nenner gebracht werden.[3] Damit der Bewertungsmaßstab ökologisch ausgerichtet ist und nicht allein marktorientiert, eignet sich das Geld als gemeinsamer Nenner für ein Öko-Controlling aus den aufgeführten Gründen nicht. Daher wurden eine Reihe anderer Bewertungen entwickelt, die nun vorgestellt werden sollen.

3.4 ABC-Analyse

Für eine Bewertung von eingesetzten und ausgebrachten Ressourcen können ABC-Analysen verwendet werden. Dabei wird von der Grundannahme ausgegangen, daß mit wenigen A-Komponenten (20%) der größte Teil der Umweltauswirkungen (80%) verbunden ist, viele C-Komponenten (80%) aber nur wenig relevant (20%) sind. Abbildung 3.1 zeigt diese Annahme, indem die typische Verteilung anhand einer Kurve dargestellt ist. Die Y-Achse zeigt die zu bewertenden Ressourcen, Stoffe und Energien. Diese werden als

[1] Hier wird jedoch die Abschätzung zukünftiger Ereignisse schwer. Hätte Shell bspw. geahnt, wie sehr ihr Ansehen in der Bevölkerung durch die Versenkungspläne der „Brent Spar" sinkt, wäre eine Versenkung überhaupt nicht in Frage gekommen!

[2] Vgl. (Hallay 1989, 9-11)

[3] Vgl. (Schaltegger Sturm 132)

Problemlösungskomponenten bezeichnet. Die X-Achse enthält die ökologische Relevanz. Man teilt die ökologischen Probleme in drei Klassen ein.[1] Die Klassen haben dabei folgende Bedeutung:

A = besonders relevantes ökologisches Problem mit großem Handlungsbedarf

B = ökologisches Problem mit Handlungsbedarf

C = nach vorliegendem Kenntnisstand kein ökologisches Problem, kein Handlungsbedarf[2]

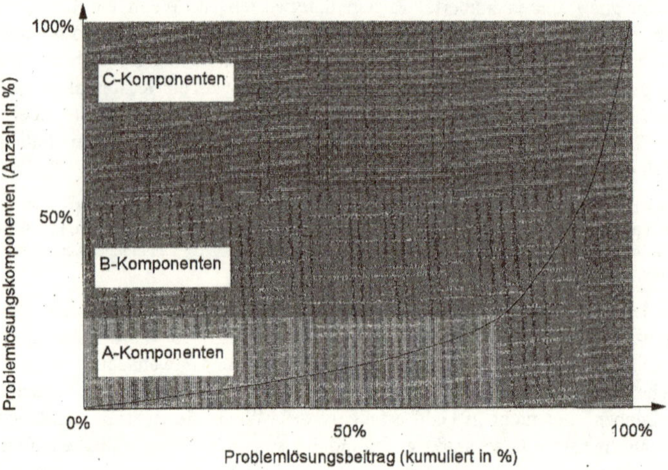

Abbildung 3.1: Grundannahme einer ABC-Analyse

Die Einteilung erfolgt trotz Zuhilfenahme von vorhandenen Bewertungsinformationen sehr frei, wodurch die Methode anwenderabhängig bleibt. Das Ziel der Methode ist eine Bewertung der Umweltfaktoren des Unternehmens.

> „Der ausgefüllte ABC-Katalog soll hierbei lediglich die vom Management selbst eingestufte Dringlichkeit des Handlungsbedarfs aufzeigen." (Schaltegger und Sturm 107)

Prinzipiell ist die Methode unterschiedlich ausgestaltbar und in alle Erfassungsmodelle integrierbar. (Arndt, „Ein betriebliches UIS für das Umwelt-Controlling" 71-88) stellt ein pc-gestütztes betriebliches Umwelt-Controlling-System vor, in dem die ABC-Analyse in dieser Form Verwendung findet und zur Bewertung nach unterschiedlichen Kriterien, z.B. Einhaltung von Grenzwerten, gesellschaftliche Anforderungen, Störfallrisiko, Entsorgungsproblematik usw., dient.[3] Das Zusammenfassen mehrerer Umweltfaktoren auf eine vergleichbare Einheit kann die ABC-Analyse nicht leisten. Auch unterstützt die Methode nicht das Problem der Einteilung in die ABC-Kategorien. Die ABC-Analyse kann jedoch als ein Bestandteil zur Bewertung in einem Öko-Controlling-System verwendet werden, da sie

---

[1] Eine Unterteilung in mehr als drei Klassen ist auch möglich. Dies kann als eine genauer aufgeteilte ABC-Analyse bezeichnet werden.

[2] Vgl. (Arndt, „Ein betriebliches UIS für das Umwelt-Controlling" 81)

[3] Vgl. Kapitel 7.2: „PUISSoecus - das Öko-Controlling-System der PSI"

praktisch einsetzbar ist. Nicht nur zur Gewichtung unterschiedlicher Kriterien könnte sie verwendet werden, sondern auch dazu, welche Stoffe und Energien oder welche Verarbeitungsstufen überhaupt bei einer ökologischen Bewertung des Unternehmens relevant sind.

3.5 Stofffluß- und energieflußorientierte Konzepte

3.5.1 Konzept von Müller-Wenk und dessen Weiterentwicklung

Bei Stoff- und Energiebilanzansätzen werden stoffliche und energetische Ströme, die in ein System (z.B. das Unternehmen oder ein Prozeß) hinein- und herausgehen, in ihren physikalischen Maßeinheiten erfaßt. Zur Bewertung der damit verbundenen ökologischen Folgen und zum Vergleich der verschiedenen Größen hat erstmals Müller-Wenk 1974, bzw. in seinem Buch „Die ökologische Buchhaltung" 1978 ein anwendbares Konzept vorgestellt, das im Laufe der folgenden Jahre von ihm selbst und anderen Autoren weiterentwickelt wurde.[1] Als quantitatives Merkmal, um qualitative Umweltfaktoren miteinander vergleichbar zu machen, verwendet Müller-Wenk als Maß die ökologische Knappheit eines Umweltgutes zur Berechnung von Äquivalenzkoeffizienten (AeK), wie die Gewichtsfaktoren bei ihm genannt werden.

> „Ökologische Knappheit ist für eine bestimmte Einwirkungsart [...] definiert als eine Funktion des gegenwärtigen Ausmaßes der Summe aller Einwirkungen dieser Art innerhalb eines relevanten räumlichen Bereichs, sowie des 'kritischen' Ausmaßes dieser Einwirkungen, welcher zum Übergang des entsprechenden Umweltgutes von einem akzeptablen in einen inakzeptablen Zustand führt." (Müller-Wenk 36)

Später wird diese Definition vereinfacht ausgedrückt:

> „Ökologische Knappheit ist gleich der Relation zwischen Belastbarkeit einer Umweltressource und der heutigen Belastung." (BUWAL 1990, 6)

Maß der ökologischen Knappheit ist der Äquivalenzkoeffizient AeK, der die Dimension „RE pro physikalische Verbrauchs-, bzw. Emissionsgröße"[2] hat (RE = Rechnungseinheiten bzw. Bewertungspunkte). Je größer der AeK, desto größer ist die ökologische Knappheit. Im ursprünglichen Werk von 1978 wird noch zwischen Raten- und Kumulativknappheit unterschieden, die jeweils durch unterschiedliche Funktionen des kritischen Stoffflusses beschrieben werden. Kumulativknappheit liegt bei nicht regenerierbaren Umweltgütern vor (z.B. Erdöl), die durch jede Art von Verbrauch, sei sie auch noch so gering, ihrer Erschöpfung näher gebracht werden. Ratenknappheit bezeichnet die ökologische Knappheit von Umweltgütern, die sich in ökologischen Kreisläufen in absehbarer Zeit regenerieren (z.B. Wasserbelastung), wodurch eine bestimmte Emissionsmenge pro Zeiteinheit noch keine negativen ökologischen Wirkungen hat.

Im späteren Konzept von Ahbe/Braunschweig/Müller-Wenk von 1990 (BUWAL 1990) heißt der AeK Öko-Faktor (OeF) und hat die Dimension Öko-Punkt pro Gramm des betreffenden Stoffes. Die Berechnung der AeK-Funktion wurde durch eine einfachere lineare

---

[1] Vgl. (BUWAL 1990)

[2] (Müller-Wenk 36)

Funktion ersetzt. Die Unterscheidung zwischen Raten- und Kumulativknappheit wird nicht mehr gemacht. Diese Bewertungsfunktion soll nun kurz vorgestellt werden.

Die Bewertungsfunktion ist ein Modellansatz, in den der Parameter F_k, der die maximal zulässige Belastungsfracht beschreibt, und der Parameter F, der die tatsächliche Belastungsfracht repräsentiert, eingehen. F und F_k werden in physikalischen Einheiten, z.B. to, kWh, m³ pro Jahr angegeben. Die Funktion lautet:[1]

$$\text{OekoFaktor} = \text{OeF} = \frac{F}{F_k} * \frac{1}{F_k}$$

$\frac{F}{F_k}$ „bringt zum Ausdruck, daß man eine Verbrauchsmenge gewichtet nach dem Verhältnis der effektiven Gesamtbelastung im betreffenden Umweltsektor zur maximal zulässigen Gesamtbelastung in diesem Sektor." (BUWAL 1990, 12) Es drückt also aus, wie groß der Anteil der bestehenden Belastung an der maximalen Belastung ist. Dabei kann es auch sein, daß F bereits größer als F_k ist. Der Wert für F sollte möglichst aus offiziellen Statistiken entnommen werden. F_k sollte möglichst ein vorhandener gesetzlicher Grenzwert für den betreffenden Stoff sein.

$\frac{1}{F_k}$ bringt hingegen zum Ausdruck, „daß Verbrauchsmengen stets an der kritischen Gesamtbelastung für das betreffende Gebiet zu normieren sind." (BUWAL 1990, 12) Damit wird ausgedrückt, daß von manchen Substanzen schon kleine Werte (F_k) zu umweltschädlichen Wirkungen führen, während bei anderen Stoffen erst große Emissionswerte schädlich sind. Es wird also die Ökotoxizität verschiedener Substanzen berücksichtigt. Durch Multiplikation von konkreten Umweltbelastungen mit ihrem zugehörigen Ökofaktor ergibt sich das ökologische Gewicht in Öko-Punkten. Die Summe der Öko-Punkte aller Umweltbelastungen soll somit eine Aussage über die gesamte, gewichtete Umweltbelastung ermöglichen. Abbildung 3.2 zeigt in diesem Zusammenhang noch einmal den Datenfluß zur Erstellung einer Ökobilanz.

[1] Vgl. (BUWAL 1990, 12) und (Schaltegger und Sturm 85). In (BUWAL 1990, 20ff) werden weitere Bewertungs-Funktionen diskutiert und die Herleitung und Begründung der Entscheidung für die in dieser Arbeit vorgestellte Funktion geliefert.

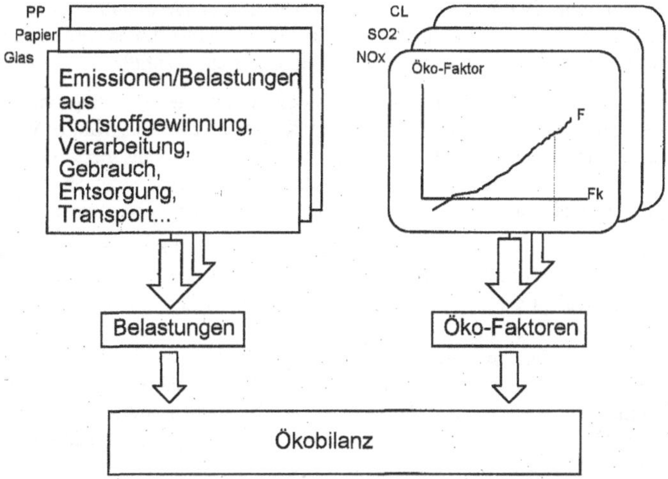

Abbildung 3.2: Datenfluß einer Ökobilanz (BUWAL 1990, 9)

Während bei dem eben geschilderten Verfahren unter „Energie" meist Energieträger, z.B. Strom, Kohle oder Öl, verstanden werden, untersuchen die rein energieorientierten Methoden nur die Energie als einzige Ressource auf Grundlage der Thermodynamik[1]. Es wird dabei zwischen verfügbarer und gebundener Energie unterschieden. Als einheitlicher Maßstab werden Kilowattstunden oder Joule verwendet. Man kann aber auch sagen, daß diese streng physikalischen Modelle im zuvor geschilderten Gewichtungskonzept enthalten sind, weshalb sie nicht tiefer und gesondert betrachtet werden sollen.

3.5.2 Beurteilung der Konzepte

Trotz der praxisfernen Prämisse Müller-Wenks, daß sein Verfahren der ökologischen Buchhaltung in allen Unternehmen des Landes angewendet werden müsse, „um auf diese Weise die Gesamtheit der Einwirkungen der Menschen auf die natürliche Umwelt zu erfassen" (Müller-Wenk 23), erscheinen stofffflußorientierte Verfahren auf den ersten Blick methodisch sauber. Dies verdeckt jedoch bestehende Mängel. Außerdem sind die Methoden nicht ohne weiteres betriebswirtschaftlich übertragbar. [2]

Zu früh bringen diese Konzepte die ökologischen Dimensionen mit Hilfe ihres Bewertungsansatzes auf einen einheitlichen Nenner (AeK oder Öko-Punkte), was sich als Grundproblem herausstellt, da damit doch wieder versucht wird, Unvergleichbares zu vergleichen. Die Heranziehung der Knappheit als ökologischer Indikator kann auch prinzipiell angezweifelt werden, da es nicht unbedingt einsehbar ist, daß es ökologisch relevant sein muß, wenn die Konzentration von Aluminium in der Erdoberfläche durch

[1] Der 1. Hauptsatz der Thermodynamik besagt, daß Energie nicht zerstört wird, sondern nur von einer Form in eine andere überführt wird. Der 2. Hauptsatz der Thermodynamik besagt, daß die verfügbare Energie im Zeitablauf abnimmt, die gebundene Energie dagegen zunimmt.

[2] Vgl. (Hallay 1989, 10), (Hopfenbeck 492f), (Schaltegger und Sturm 86-92), (Steger 204f)

Rohstoffabbau abnimmt. Der Rohstoff geht ja nicht verloren, sondern wird nur feiner verteilt. Umweltprobleme macht in erster Linie das Abbauverfahren selbst. Im späteren Konzept von Ahbe/Braunschweig/Müller-Wenk von 1990 wird diese Ansicht ebenfalls vertreten.[1]

So werden durch dieses Konzept ökotoxikologische Aspekte zu wenig oder gar nicht beachtet. Dies zeigt sich auch darin, daß z.B. Kochsalz, das laut Müller-Wenk nicht ökologisch knapp ist[2], keinen AeK-Wert bekommt und Abfall nur nach Gewicht oder Volumen, anstatt nach seinen Auswirkungen auf die Umwelt betrachtet wird. Durch Erweiterung der Formel von F und F_k ließen sich jedoch auch qualitative Aspekte integrieren.

Ein Nachteil der Verfahren ist, daß die Wahl der Bewertungsfunktionen keinesfalls wissenschaftlich begründet werden kann und auch die Wahl der Werte für F und F_k sehr problematisch und subjektiv bleibt. So müßten theoretisch zur Bestimmung des bestehenden Stoffflusses F alle Emittenten eines Stoffes bekannt sein, was nur selten angenommen werden kann. Eine maximal zulässige Belastungsfracht (F_k) ist hingegen für in der Natur nicht vorkommende Stoffe auch nicht oder nur mit sehr großem Aufwand festlegbar. Um die damit verbundene Willkür zu minimieren, müßten diese Werte staatlich einheitlich festgelegt und von Zeit zu Zeit aktualisiert werden. Dies führt jedoch wieder in eine Grenzwertdiskussion mit allen damit verbundenen Nachteilen.

Natürlich müssen zur ökologischen Bewertung Stoffflüsse betrachtet werden. Die stoffflußorientierten Konzepte liefern auch teilweise gute Anregungen darüber, wie man eine Bewertung vornehmen könnte. Die vorgestellte Form der ökologischen Bewertung der erfaßten Flüsse ist jedoch so problematisch, sowohl von der Machbarkeit, als auch von der Interpretation, daß das Verfahren sich nicht in dieser Form zur Realisierung in einem Öko-Controlling-System anbietet. Das Ziel von Verbesserungsmaßnahmen sollte dabei sein, den objektiven Teil der Untersuchungen, d.h. das Erfassen von konkreten Zahlen für Stoffflüsse, von dem doch sehr subjektiven Teil, der Bewertung, zu trennen und nicht sofort alle Größen zu vereinheitlichen. Eine Bewertung und Zusammenfassung von Größen sollte flexibel gehandhabt werden können.

3.6 Grenzwert- und schadensfunktionsorientierte Konzepte

3.6.1 Grundzüge und Gemeinsamkeiten von Konzepten

Eine ökologische Gewichtung von Umwelteinflüssen anhand bestehender offizieller Grenzwerte versuchen grenzwertorientierte Konzepte.

> „Bezogen auf das Umweltrecht sind Grenzwerte als Höchstwerte zu verstehende Stoff- od. Energiemengen, die in Luft, Wasser od. Boden emittiert werden dürfen, ohne daß, unter Berücksichtigung aller Emittenten, entsprechende Immissionen (nicht allein im gasförmigen Zustand) zu einer Gefahr für die Allgemeinheit werden können." (Falbe und Regitz 1651)

Man muß, um die Güte einer solchen Bewertung beurteilen zu können, sehen, welche Art von Grenzwert zugrundegelegt wurde und welche Interessen beim Zustandekommen eine

[1] Vgl. (BUWAL 1990, 7)

[2] Vgl. (Müller-Wenk 19)

Rolle gespielt haben. Man kann beim Grenzwertbegriff zwischen verschiedenen Arten von Grenzwerten, bzw. Richtwerten unterscheiden.[1] Als für eine ökologische Bewertung am besten geeignet erweisen sich sog. **MIK-Werte** (Maximale Immissions-Konzentrationen) oder **Immissions-Grenzwerte**, da diese die strengsten Grenzwerte darstellen und „ein Maß für die nach heutigem Wissensstand gesellschaftspolitisch erwünschte Umweltqualität" (Schaltegger und Sturm 111) sind. MIK-Werte „werden jeweils für kurzfristige u. dauernde Einwirkungen festgelegt, die nach dem derzeitigen Kenntnisstand keine nachteiligen Wirkungen für Menschen, Tiere u. Pflanzen haben" (Falbe und Regitz 2775), und nicht an wirtschaftlichen Interessen oder technischer Machbarkeit. Auch Wechselwirkungen verschiedener Schadstoffe werden nach Möglichkeit berücksichtigt.[2] Dagegen geben **MAK-Werte** (Maximale Arbeitsplatz-Konzentrationen) nur Höchstwerte an, die ein Mensch ohne gesundheitliche, akute oder chronische Gefährdung in seinen Körper aufnehmen darf. **Emmissionsgrenzwerte** orientieren sich sehr stark an wirtschaftlichen und technischen Gegebenheiten. Fehlen hingegen gesetzliche Grenzwerte oder sind die Werte veraltet, so bleibt nichts anderes übrig, als auf weitere öffentlich empfohlene Werte zurückzugreifen, denn nicht für jeden Stoff sind Grenzwerte festgelegt.

Modell	Formel
Basler & Hoffmann, 1974	$\text{gewichtete Emission} = \frac{\text{Emission}_x}{\text{Immissionstoleranzwert}_x}\left[\frac{g_x}{mg_x/m^3}\right]$
Fichter und Prognos, 1983	$\text{EGZ} = \frac{\text{Emission}_x}{\text{Langzeitemissionswert}_x}\left[\frac{g_x/MWh}{mg_x/m^3}\right]$
World Energy Conference (WEC), 1988	$\text{RSE}_x = \frac{\text{Emission}_x}{\text{Emissionsgrenzwert}_x}\left[\frac{g_x/kWh}{mg_x/m^3}\right]$
EPA, 1978	Grad der stoffspezifischen Gefährlichkeit = $\frac{\text{Stoffkonzentration im Emissionsfluß}_x}{\text{MATE – Grenzwert}_x}\left[\frac{mg_x/m^3}{mg_x/m^3}\right]$ Flußrate an Toxizitätseinheiten (Toxic Unit Discharge Rate) = $\frac{\text{Stoffkonzentration im Emissionsfluß}_x}{\text{MATE – Grenzwert}_x} * \text{Emissionsfluß}_x\left[\frac{m^3}{s}\right]$
BUS, 1984; BUWAL 1990	(Für Luft- und Wasseremissionen:) $\text{kritisches Volumen}_x = \frac{\text{Emission}_x}{\text{Grenzwert}_x}\left[\frac{g_x}{mg_x/m^3 \text{ resp. } mg_x/l}\right]$

Tabelle 3.1: Verschiedene Gewichtungsformeln[3]

---

[1] Zu einer Vorstellung und Diskussion verschiedener Grenzwerte und deren Bildung vgl. (Schaltegger und Sturm 110-116), (Falbe und Regitz 1651f).

[2] MIK-Werte werden von der VDI-Kommission "Reinhaltung der Luft" erarbeitet.

[3] Quelle: eigene Darstellung

Es soll hier kein vollständiger Überblick über alle grenzwertorientierten Konzepte gegeben werden.[1] Es werden nur Prinzipien und Anregungen aufgegriffen und vorgestellt, die für eine Realisierung und Berücksichtigung bei ökologischer Bewertung und Datenverdichtung im Rahmen dieser Arbeit interessant sein könnten. Eine ausführliche Besprechung der Konzepte wäre dagegen für das Verständnis nicht hilfreich.

Auf der Basis von Grenzwerten gelangen auch die grenzwertorientierten Konzepte zu Gewichtungsfaktoren für einzelne Stoffe. Die erhaltenen Gewichtungsfaktoren unterscheiden sich dabei je nach Modell in ihrer Dimension und Benennung. Die Berechnung geht immer auf einen Bruch zurück, in dessen Zähler eine konkrete, auf einen Stoff bezogene Belastung (Emission) steht, und dessen Nenner ein entsprechender Grenzwert bildet. Um eine quantitative Aussage über die ökologische Schädlichkeit zu erhalten, multipliziert man den Gewichtungsfaktor mit der konkreten Stoffmenge. Die quantitativen Aussagen sind mit weiteren Ergebnissen anderer Stoffe vergleichbar und addierbar.

Einige Bespiele für Gewichtungsformeln mit Grenzwerten zeigt Tabelle 3.1. Die Grundstruktur der aufgeführten Formeln läßt sich mit der folgenden, allgemeinen Formel darstellen:

allgemein: (BUWAL 1990, 109)
$\text{(Gewichtungsfaktor =) kritisches Volumen} = \frac{\text{Emission}}{\text{Grenzwert}}$

Alfred G. Metzger schlägt 1987 in seinem Konzept[2] eine Normierung der Grenzwerte bezüglich des Grenzwertes für SO_2 vor. Dadurch erhält er einen „relativen Toxizitätsfaktor", der angibt, um wieviel mal giftiger eine Menge eines Stoffes im Vergleich zur gleichen Menge SO_2 ist. Die Idee dabei ist die Annahme, daß man aus MIK-Grenzwerten zwar keine zulässigen Emissionen herleiten kann, das Verhältnis der MIK-Werte untereinander jedoch die gesellschaftliche Beurteilung der Gefährlichkeit von Stoffen zueinander widerspiegelt. Er stützt sich dabei auf MIK-Werte der TA Luft. Eine ähnliche Vorgehensweise wird von Stefan Schaltegger und Andreas Sturm 1992 in ihrem sog. **Qualitätsziel-Relationen-Konzept** angewandt. Sie normieren MIK-Werte verschiedenen Ursprungs allerdings nicht auf SO_2, sondern am Grenzwert für CO_2[3] und kommen damit zu „Gewichtungsfaktoren (GF)" mit der definierten Dimension SE/kg (Schadschöpfungseinheiten pro Kilogramm). Weitere Autoren verwenden CO als Normierungsmaßstab; (Schaltegger und Sturm 120) nennt dafür H. Grupp 1989[4] und H. Neu 1991[5]. Die allgemeine Vorgehensweise für die Normierung eines Stoffes x ist dabei immer:

$\text{Gewichtungsfaktor}_x\text{ (GF)} = \frac{\text{Immissionsgrenzwert S}}{\text{Immissionsgrenzwert}_x}$, wobei S für den Stoff steht, auf den sich die Normierung bezieht, z.B. SO_2, CO_2, o.ä. Der Gewichtungsfaktor für Stoff S ist dadurch stets 1. Spezifisch für das Qualitätsziel-Relationen-Konzept ist jedoch, daß alle

[1] Dies leisteten bereits (Schaltegger und Sturm 117-127).

[2] Vgl. (Metzger 164ff)

[3] Vgl. (Schaltegger und Sturm 162-165)

[4] (Grupp, „Die sozialen Kosten des Verkehrs" 362)

[5] (Neu, „Steuerliche Anreize zur Regulierung von Umweltproblemen des Autoverkehrs" 156)

Grenzwerte zuvor in die gemeinsame Maßeinheit mg Stoff pro mol Umweltmedium (mg/mol) umgerechnet werden.[1]

Schadensfunktionsorientierte Konzepte versuchen, eine möglichst naturwissenschaftlich und ökotoxikologisch abgesicherte Beschreibung der Schadensfunktion von Stoffen zu liefern. Die Ergebnisse kommen durch Experimente und Messungen der Human- und Ökotoxikologie und der Klimaforschung zustande, wobei nach mehreren festgelegten Kriterien bewertet wird. Die Schädlichkeit wird dabei durch den Grad der Erfüllung und Wichtigkeit eines Kriteriums bestimmt. Da diese Verfahren jedoch sowohl schwer nachvollziehbar und anwendbar sind und meist der Bestimmung von Grenzwerten und nur selten der Beurteilung betrieblicher Schadschöpfung dienen, wird auf eine Vorstellung der Konzepte im einzelnen verzichtet.[2] Die Verfahren unterscheiden sich untereinander so stark, daß keine allgemeine Formel zur Berechnung der Schadschöpfung existiert und die Ergebnisse noch anwenderspezifisch sind, im Gegensatz zu den erkennbaren Gemeinsamkeiten der grenzwertorientierten Verfahren.

3.6.2 Beurteilung der Konzepte

Problematisch für grenzwertorientierte Konzepte ist natürlich, daß nicht für alle Stoffe, bzw. Emissionen, Grenzwerte existieren. Auch sind die Konzepte noch unausgereift und manchmal in sich inkonsistent, weil eine Zusammenfassung von Belastungen auf eine Dimension zum Vergleich verschiedener Umweltmedien fast nie unterstützt wird oder gar mit verschiedenen Arten von Grenzwerten gearbeitet wird. Auch sind die Verfahren zur Errechnung fehlender MIK-Grenzwerte aus anderen Grenzwerten nicht wissenschaftlich.

Für diese Konzepte spricht hingegen, daß Gewichtungsfaktoren mit relativ geringem Aufwand bestimmbar sind. Da auch offizielle Stellen mit Grenzwerten arbeiten, werden die Daten von Zeit zu Zeit aktualisiert. Allerdings dauert dies in der Realität oft zu lange. Durch die Normierung der Grenzwerte spielen aber die Werte weniger eine Rolle, als deren Relation zueinander. Grenzwerte sind ohnehin Maximalwerte, deren Unterschreiten zu begrüßen ist - sozusagen die „notwendige Bedingung", nicht aber die „hinreichende". Liegen einer Bewertung Grenzwerte zugrunde, so ist dies leicht nachvollziehbar und wird gut akzeptiert, da Grenzwerte die Interessen verschiedener gesellschaftlicher Gruppen einbeziehen.

Wichtig ist, daß den verwendeten Grenzwerten die naturwissenschaftlichen Anforderungen, die natürlich nicht vollständig bekannt sind, in entscheidendem Maße zugrunde gelegt werden, was leider oft fraglich ist. Sie bieten sich aber schon deshalb als Maßstab an, da Bemühungen für ihre Standardisierung in der EU laufen.

Grenzwertorientierte Modelle können dynamisch an veränderte Bewertungsmaßstäbe angepaßt werden. Dies zeigt sich schon bei der Wahl der verschiedenen Vergleichsstoffe für die Normierung. So können sie Verwendung für betriebseigene Kennzahlen finden. Gerade für das Programmsystem, das für diese Arbeit entwickelt werden soll, liefert das Qualitätsziel-Relationen-Konzept gute Anregungen, die auch programmtechnisch umsetzbar

[1] Die Begründung dazu liefert (Schaltegger und Sturm 163).

[2] Eine Vorstellung und Bewertung zweier schadensfunktionsorientierter Verfahren, die eine Zusammenfassung der Schadschöpfung auf eine Dimension ermöglichen, liefert (Schaltegger und Sturm 98-104).

sind. Die verfügbare Datengrundlage ist zwar auch nicht vollständig, aber aktueller und umfangreicher als die anderer Konzepte.

3.7 Ansätze für ein ökologisches Rechnungswesen

Die bisher vorgestellten Konzepte betrachten jeweils nur Teilaspekte für eine Bewertung von Umwelteinflüssen, die durch ein Unternehmen entstehen, aus einem spezifischen Blickwinkel. Es gilt, diese verschiedenen Überlegungen zu einem für das Öko-Controlling sinnvollen Ganzen zusammenfließen zu lassen.

Als Informationsinstrument für ökonomische Belange stützt sich das Controlling traditionell hauptsächlich auf die Daten des Rechnungswesens, das monetäre Größen durch Buchungen auf Konten verwaltet. Um dem Rechnungswesen, und damit den Entscheidungen eines Unternehmens, eine ökologische Richtung zu geben, bietet es sich an, das Rechnungswesen um eine eigenständige ökologische Dimension zu erweitern und später sogar die ökologische und ökonomische Dimension gemeinsam ins Rechnungswesen zu integrieren.[1]

Anstelle der traditionellen Kostenrechnung kann im ökologischen Rechnungswesen eine **Schadschöpfungsrechnung** geführt werden, die möglichst alle Schadschöpfungen erfaßt und auf eine einheitliche Recheneinheit zusammenfaßt. Verschiedene Ansätze zur ökologischen Bewertung und Aggregation von Schadschöpfungen anhand von Gewichtungsfaktoren (GF), z.B. auf Öko-Punkte oder Schadschöpfungseinheiten (SE), wurden in den vorangegangenen Abschnitten vorgestellt. Mit den Daten der Schadschöpfungsrechnung kann, analog zum ökonomischen Rechnungswesen[2], eine **Schadschöpfungs-Leistungsrechnung** durchgeführt werden. Diese läßt sich in **Schadschöpfungsstellenrechnung** („Wo entsteht welche Schadschöpfung?"), **Schadschöpfungsträgerrechnung** („Welchen Betrachtungsobjekten kann wieviel Schadschöpfung zugerechnet werden?") und **Schadschöpfungsartenrechnung** („Welches sind die hauptsächlichen Problememissionen?") unterscheiden.[3]

Neben diesen Rechnungsarten, die jeweils Flußrechnungen darstellen (Stoff- und Energieflüsse), können auch die ökologischen Bestände, z.B. versiegelte Fläche, Artenvielfalt oder Altlasten, in einer **Umweltbestandsrechnung** geführt werden. Der Kontenrahmen für eine Umweltbestandsrechnung ist ein anderer als für die Schadschöpfungsrechnung, da er nicht nach Input- und Output-Konten gegliedert werden kann.[4] Im Gegensatz zur Schadschöpfungsrechnung sind noch keine Möglichkeiten bekannt, die verschiedenen Einheiten auf eine Einheit (z.B. SE) zusammenzuführen, da sich alle oben vorgestellen Konzepte auf Stoff- und Energieflüsse beziehen. Deren Vorgehen kann bei der Bewertung von Beständen nicht verwendet werden.

---

[1] (Schaltegger und Sturm 136ff) stellen Möglichkeiten einer Differenzierung des Rechnungswesens, einer Erweiterung um eine eigenständige ökologische Dimension und deren Integration ins ökonomische Rechnungswesen vor.

[2] Zur Analogie der Schadschöpfungsrechnung und Erfolgsrechnung im finanziellen Bereich vgl. (Dyllick, „Ökologisch bewußte Unternehmensführung" 398f und 408)

[3] Vgl. (Schaltegger und Sturm 142+177)

[4] Eine mögliche Gliederung siehe Anhang B.

Auf den bisher genannten Rechnungsarten baut die **ökologische Veränderungsrechnung** auf. Hier werden periodische Veränderungen der Schadschöpfung oder des Umweltbestands verglichen. Beim Vergleich von Umweltbestandsrechnungen müssen die Posten einzeln verglichen werden, während bei Schadschöpfungsrechnungen auch ein Gesamtvergleich möglich ist. **Ökologische Investitionsrechnungen** sind mit den finanziellen Investitionsrechnungen vergleichbar und werden schon seit Jahren vielfältig verwendet. Es soll dabei geprüft werden, ob Maßnahmen überhaupt eine positive Umweltveränderung bewirken können. Im Rahmen dieser Rechnungen werden verschiedenste Kennzahlen entwickelt und verwendet.

Ökonomisches Rechnungswesen	Ökologisches Rechnungswesen
Buchhaltung	Umweltbuchhaltung
Gewinn- und Verlustrechnung	Schadschöpfungsrechnung[1]
Bilanz (Aktiva)	Umweltbestandsrechnung
Kosten-Leistungsrechnung	Schadschöpfungs-Leistungsrechnung
Kostenstellenrechnung	Schadschöpfungsstellenrechnung
Kostenträgerrechnung	Schadschöpfungsträgerrechnung
Kostenartenrechnung	Schadschöpfungsartenrechnung
Vergleichsrechnung[2]	Ökologische Veränderungsrechnung
GuV-Vergleich	Schadschöpfungs-Veränderungsrechnung
Bilanz-Vergleich (Aktiva)	Umweltbestands-Veränderungsrechnung
Investitionsrechnungen	Ökologische Investitionsrechnungen

Tabelle 3.2: Gegenüberstellung von ökonomischem und ökologischen Rechnungswesen[3]

Tabelle 3.2 stellt ökonomisches und ökologisches Rechnungswesen mit ihren Teilrechnungen gegenüber. Die Umweltbuchhaltung, Leistungs- und Veränderungsrechnung kann die operative Grundlage eines Öko-Controllings bereitstellen.[4]

Schaltegger und Sturm schlagen ein integriertes ökonomisch-ökologisches Rechnungswesen vor, das aus fünf Modulen besteht:

---

[1] Teil der Schöpfungsrechnung ist die Ökobilanz. Schadschöpfungsstellenrechnung, -trägerrechnung und -artenrechnung beinhalten ebenfalls Ökobilanzen.

[2] Vgl. (Wöhe 962f)

[3] Quelle: eigene Darstellung

[4] Vgl. (Dyllick, „Ökologisch bewußtes Management" 47), (Schaltegger und Sturm 143), (Dyllick, „Ökologisch bewußte Unternehmensführung" 410), (o.V., „Ökologie als Herausforderung für die Betriebswirtschaft" 126).

Als Grundlage und Instrumente für ein Öko-Controlling werden aber stattdessen von anderen Autoren Risikomanagement, ökologische Projekt- und Poolrechnung (Umwelt-Budget-Rechnung), erweiterte Wirtschaftlichkeitsrechnung, Umweltbilanzen oder sogar UVPs genannt. Vgl. (Seidel und Behrens, „Umwelt-Controlling als Instrument moderner betrieblicher Abfallwirtschaft" 144f), (Klich, „Eignung qualitativer Planungs- und Analyseinstrumente für Zwecke des Umweltschutz-Controlling" 110f). Einig sind sich alle Autoren darin, daß Stoff- und Energieflußrechnungen nötig sind, welche grundsätzlich analog zum konventionellen betrieblichen Rechnungswesen gesehen werden können.

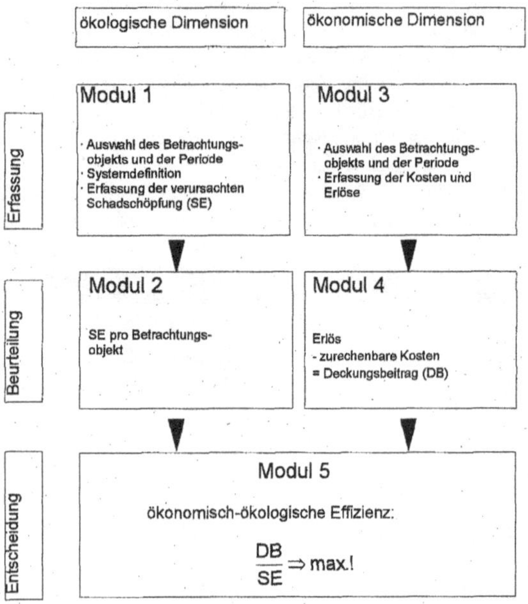

Abbildung 3.3: Verallgemeinerte Gesamtdarstellung der Eco-rational Path-Method[1]

Diese fünf Module zeigen die von ihnen entwickelte Eco-rational Path-Method. Sie geht davon aus, daß jedes Unternehmen und jedes Produkt die Umwelt belastet. Es gibt nur umweltfreundlichere und weniger umweltfreundliche Produkte, bzw. Unternehmen. Mit zwei Maßeinheiten können Produkte bewertet werden: mit den Schadschöpfungseinheiten (SE), sie geben die durch das Produkt entstandene Umweltbelastung an, und mit Geldeinheiten (GE), sie geben den ökonomischen Erfolg eines Produkts an. Beide Größen zusammengeführt haben zum Ziel ein qualitatives Wachstum.

Innerhalb der fünf Module bilden Modul 1 und Modul 2 die ökologische Dimension ab, Modul 3 und Modul 4 stehen für die ökonomische Seite und Modul 5 integriert beide Größen. Um eine Entscheidung für oder gegen ein Produkt fällen zu können, müssen zunächst Daten erfaßt werden. Dies geschieht in den Modulen 1 und 3. Die Beurteilung der erfaßten Daten wird in Modul 2 und Modul 4 jeweils separat für die ökonomische und die ökologische Dimension vorgenommen. Erst das 5. Modul führt die Erkenntnisse aus beiden Teilen zusammen.

Die Erfassung der Ökologiedaten findet im 1. Modul mit Hilfe von Stoffflußdaten statt. Die Stoffflüsse werden anschließend gewichtet, so daß die unterschiedlichen physikalischen Einheiten in SE umgewandelt werden. Im Modul 2 wird die ökologische Effizienz ermittelt, indem die entstandene Schadschöpfung je Stück errechnet wird. Modul 3 beschäftigt sich mit der Erfassung von Kosten und Erlösen. Eine Bewertung ist hier nicht notwendig, da Kosten und Erlöse bereits in Geldeinheiten vorliegen. Im Modul 4 wird daraus eine ökonomische

[1] Abbildung in Anlehnung an (Schaltegger und Sturm 202)

Erfolgsgröße gebildet. Schaltegger und Sturm schlagen den Deckungsbeitrag vor. Die Zusammenführung der ökologischen und ökonomischen Kennzahlen findet im 5. Modul statt, indem ein Quotient aus Deckungsbeitrag und Schadschöpfung gebildet wird.

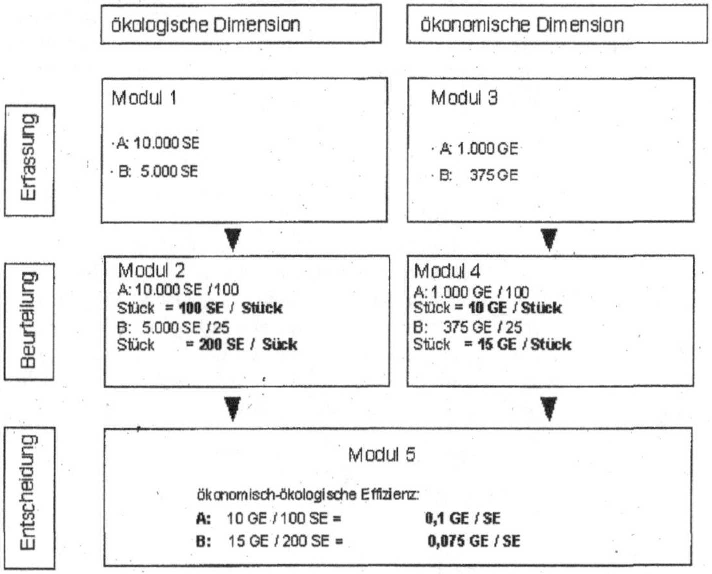

Abbildung 3.4: Beispiel für die Anwendung der Eco-rational Path-Method[1]

Abbildung 3.4 zeigt ein Beispiel für den Vergleich von zwei Produkten A und B. Im Modul 1 wurde die Gesamtschadschöpfung je Produkt festgestellt. Sie beträgt bei A 10.000 SE und bei B 5.000 SE. Modul 2 stellt die ökologische Effizienz dar, also die Anzahl Schadschöpfungseinheiten pro Stück. Das sind bei A 10.000 SE / 100 Stück = 100 SE/Stück und bei B 5.000 / 25 Stück = 200 SE/Stück. Im Modul 3 wurden die kostenrechnerischen Daten erfaßt. Es ergibt sich ein Gesamtdeckungsbeitrag für A von 1.000 GE und für B von 375. Modul 4 bezieht den Deckungsbeitrag auf Stück: bei A 10 GE, bei B 15. Die Zusammenführung beider Kennzahlen findet im Modul 5 statt:

A: 10 GE / 100 SE = **0,1 GE/SE**

B: 15 GE / 200 SE = **0,075 GE/SE**

Da der Deckungsbeitrag pro Schadschöpfungseinheit zu maximieren ist, ist Produkt A vorzuziehen. Es ist um etwa 33 % ökonomisch-ökologisch effizienter.

Eine solchermaßen differenzierte Schadschöpfungsrechnung ist für ein Unternehmen mit einem nicht unerheblichen Einführungs- und Durchführungsaufwand verbunden. Allerdings bedarf auch die Durchführung der Finanzbuchhaltung eines gewissen Aufwandes. Der Aufwand wird dadurch verkleinert, daß das Verfahren des ökologischen

[1] Quelle: eigene Darstellung

Rechnungswesens sich in der dargestellten Form stark am ökonomischen Rechnungswesen orientiert, wodurch bestehende Buchhaltungserfahrungen genutzt werden können. Aufgrund des damit verbundenen Aufwandes ist es notwendig, dieses Verfahren rechnergestützt durchzuführen. Die dazu notwendigen Systeme könnten sich stark an bestehende Buchhaltungs-Software anlehnen, müßten dabei lediglich mit einem anderen Kontenrahmen und anderen Recheneinheiten arbeiten können. Solange der Gesetzgeber jedoch ein so differenziertes ökologisches Rechnungswesen nicht vereinheitlicht und vorschreibt, werden es kaum Unternehmen anwenden. Für mittelständische Unternehmen ist die Einsatzhemmschwelle noch größer als für Großkonzerne.[1]

Eine Möglichkeit zur Aufwandsverringerung besteht in der Integration von Finanzbuchhaltung und Schadschöpfungsrechnung. Dabei werden neben den monetären Strömen auch die Stoffflüsse parallel erfaßt. Dies führt zwar innerhalb der Buchhaltung zu Mehrarbeit, diese wird aber durch detaillierte Informationen entlohnt, die sich sonst kaum erfassen lassen. Hinzu kommt, daß innerhalb der Buchhaltung auch das Know-How für die Verwaltung einer Schadschöpfungsrechnung am ehesten vorhanden ist. Derzeit werden solche integrierten Buchhaltungssysteme jedoch noch nicht angeboten, so daß Unternehmen hier selbst Lösungen programmieren müssen. Die Ansiedlung der Datenerfassung für das Öko-Controlling in der Buchhaltung stellt eine gute Grundlage dar, um später Vergleiche zwischen ökologischen und kostenrechnerischen Daten durchzuführen.

[1] Das Konzept wurde in der Dissertation von Schaltegger und Sturm bei der Ciba Geigy AG erarbeitet.

4 Konzeption von ECoSys

4.1 Schwerpunkte und Anforderungen

Die Gestaltung eines Öko-Controlling-Systems sollte so ausgerichtet sein, daß es möglichst den Anforderungen von vielen verschiedenen Seiten gerecht wird. Dabei stellt sich in erster Linie die Frage, was ein Öko-Controlling-System leisten muß. Grundlage jeder ökologischen Bewertung sind die Bewegungen von Materialien und Energie an der Schnittstelle zur Umwelt. Diese Entnahmen aus der Umwelt und Emissionen in die Umwelt sollten bewertet werden, damit die ökologische Relevanz erkennbar wird. Schließlich gilt es, die Daten so aufzubereiten, daß sie Entscheidungen unterstützen.

4.1.1 Ökologische Stoffflußrechnung

Um die Aktivitäten eines Unternehmens aus ökologischer Sicht beurteilen zu können, muß bekannt sein, welche Stoffe und welche Energien in das Unternehmen hineinfließen und in welcher Form sie wieder herausfließen. Dabei sollten die einzelnen Stoffe mit einem eingekauften Rohstoff identifizierbar sein. So können später eventuell auftretende Probleme schon im Einkauf erkannt werden. Benötigt wird hierzu eine Datenhaltung, in der Rohstoffe, Energien, Fertigwaren und Abfälle verwaltet werden können. Mit ihnen kann eine Ökobilanz erstellt werden. Die Zusammensetzung dieser Stoffe muß ebenfalls mindestens als Mengenübersicht je Stoff hinterlegt sein. Sowohl auf Ebene der Positionen der Ökobilanz als auch auf Ebene der Inhaltsstoffe müssen Mengeneinheiten mitgeführt werden, da Stoffe und Energien in den unterschiedlichsten Mengeneinheiten verwendet werden.

Für eine differenzierte Erfassung der Verursacher von Verbräuchen und Emissionen nach den einzelnen Produkten oder den Orten des Entstehens im Betrieb werden sogenannte „Leistungscenter" eingerichtet. Das Leistungscenter ist der Ort, bzw. der Verursacher der Schadschöpfung. Jedem Leistungscenter sollte eine verantwortliche Person zugeteilt werden. Als Leistungscenter können auch Prozesse, Kundengruppen, Marktgebiete u. ä. gelten[1].

Neben den Stoffflüssen in ihren jeweiligen Mengen sollten auch die dafür entstandenen Kosten bzw. Erlöse erfaßt werden. Dadurch entsteht eine parallele Erfassung von Mengen und Geldbeträgen. Die Erfassung von monetären Strömen ermöglicht bei der Auswahl zwischen verschiedenen Produkten, neben der ökologischen auch die finanziellen Konsequenzen einer Entscheidung zu betrachten. Insgesamt sollte die Erfassung der monetären Ströme so vollständig sein, daß sich bspw. die Gewinn- und Verlustrechnung (GuV-Rechnung) eines Unternehmens auch im Öko-Controlling-System erstellen läßt. Der Vorteil der Ökobilanz gegenüber der GuV-Rechnung liegt in der Zusatzinformation über die

---

[1] Zum Aufbau solcher „Cost-Center" im konventionellen Controlling siehe (Witt u.a. 83)

verwendeten Mengen. In der Ökobilanz tauchen auch Positionen auf, für die keine Aufwendungen oder Erlöse entstanden sind.

Prinzipiell lassen sich zwei Arten der Datenerfassung für ein Öko-Controlling-System unterscheiden: eine integrierte Lösung oder ein Add-On. Bei der integrierten Lösung werden Finanzbuchhaltung, Materialwirtschaftssysteme, Logistiksysteme, usw. um Funktionalitäten für das Öko-Controlling erweitert. So könnten in der Finanzbuchhaltung nicht nur die Kosten für die bezogene Energie erfaßt werden, sondern auch deren Menge. Das Erweitern der verwendeten Software-Systeme ist für die meisten Unternehmen nur mit hohem Aufwand verbunden, so daß eine solche Lösung nur für Großunternehmen in Frage käme, die über die finanziellen Kräfte für diese Weiterentwicklung verfügen.

Bei der Add-On-Variante wird die existierende Funktionalität der Systeme nicht verändert. Statt dessen wird ein zusätzliches Öko-Controlling-System verwendet, das Daten aus den vorhandenen Systemen erhält. Die Methode bietet den Vorteil, daß nicht in die laufenden Systeme eingegriffen werden muß und ein Unternehmen sich eine solche Lösung von Spezialisten kaufen und einrichten lassen kann. Die Autoren haben sich aus diesem Grund für die zweite Lösung entschieden.

Um die Einsatzhemmschwelle für ein Öko-Controlling-System niedrig zu halten, sollten einige Grundsätze bei der Erfassung der Stofffflußrechnung beachtet werden:

1. Minimierung des Erfassungsaufwandes durch automatische Datenübernahme. Dadurch kann sich die Hauptarbeit des Öko-Controllers auf die Auswertung der Daten richten.
2. Einrichtung von Buchungsautomatismen, die dem Benutzer sich wiederholende Buchungsarbeiten abnehmen.
3. Sukzessives Einführen der Stofffflußrechnung. Zunächst sollten die Daten im Öko-Controlling eingespielt werden, bei denen man hohen Handlungsbedarf sieht. Dann können weitere Unternehmensdaten einfließen. Diese Einführungsstrategie ist dem Versuch einer Erfassung aller Stoffströme im Unternehmen vorzuziehen, da diese Aufgabe erst über einen mittel- bis langfristigen Zeitraum befriedigend gelöst werden könnte. Durch das schrittweise Ausdehnen des Öko-Controllings auf das Unternehmen kann zunächst im Kleinen Erfahrung gesammelt werden. Die Ergebnisse der ersten Einführungsschritte können bei der weiteren Aufbauarbeit wertvolle Grundlage sein. Diese Strategie führt schneller zu Erfolgen.

4.1.2 Aggregationsmöglichkeiten

Nachdem es gelungen ist, Rohstoffe, Energie, Produkte und Abfall mit deren Zusammensetzung zu erfassen, stellt sich die Frage nach der Bewertung der Stoffflüsse. Einige Ansätze sind in den vorherigen Kapiteln bereits diskutiert worden. Im Rahmen der Entwicklung von ECoSys geht es nicht darum, den besten auszuwählen. Ein Öko-Controlling-System sollte dem Anwender weitgehendst die Wahl seines Bewertungsschemas offenlassen. Viele Benutzer verzichten ganz auf eine Bewertung der Stoffflüsse, da sie, solange es keine offiziellen Bewertungsmaßstäbe gibt, immer subjektiv ist. Dadurch werden mögliche „Verschleierungsversuche“ verhindert.

Wird eine Bewertung der Stoffflüsse durchgeführt, sollte die Gewichtung auf der Basis der einzelnen Inhaltsstoffe stattfinden. Die eingekauften Rohstoffe eignen sich dafür weniger, da sie bereits aus vielen einzelnen Komponenten bestehen. Nur auf Basis der einzelnen Komponenten kann eine sinnvolle Gewichtung stattfinden. Die Gewichtung eines Einkaufsteils ergibt sich dann aus der Summe der einzelnen Stoffgewichte.

Eine Grundlage für die Gewichtung der Inhaltssvolle können Gefahrstoffdatenbanken sein. Sie besitzen meist bereits ein breites Spektrum an Informationen über einen Stoff.

Die Gewichtung der einzelnen Stoffe nach ihrer Schädlichkeit ermöglicht die Aggregation der einzelnen Konten in der Ökobilanz zu einer Zahl. Auf Mengenbasis ist dies wie bereits erwähnt nicht sinnvoll. Zur Verbesserung der Ökobilanz können nun Stoffe vermieden oder zumindest vermindert werden.

4.1.3 Leistungsrahmen von ECoSys

Betrachtet man die gesamte Funktionalität, die ein Öko-Controlling-System beinhalten sollte, so waren die bisher besprochenen Punkte „Ökologische Stoffflußrechnung" und „Aggregationsmöglichkeiten" die notwendigen Grundlagen für ein Öko-Controlling-System.

Um dieses „Ökologische Rechnungswesen" abzubilden, soll ECoSys analog zu Abbildung 4.1 mit folgenden Bausteinen ausgerüstet werden:

- manuelle Buchung
- automatische Dauerbuchung
- Datenimport
- Inhaltsstoffverwaltung
- Gewichtsfaktorverwaltung
- Aufbau von Leistungscenter

Die manuelle Buchung ist der einfachste Weg der Datenerfassung in ECoSys. Beim Buchen auf ein Konto eines Leistungscenters kann zwischen vier verschiedenen Bucharten gewählt werden. Diese sind Menge und Betrag, bzw. Sollmenge und Sollbetrag. Die Sollangaben werden im späteren Controlling für Soll-Ist-Vergleiche und Abweichungsanalysen benötigt. Um die einzelnen Buchungen auf ein Konto nachvollziehen zu können, muß ein Buchungsjournal angelegt werden. Jede Buchung erhält eine eindeutige, fortlaufende Belegnummer. Ebenfalls können beim Buchen die Datenquellen der Bewegung mit angegeben werden.

Zur Automatisierung von Buchungen sollte ein Modul „Dauerbuchung" zur Verfügung stehen. In ihm können zwei Typen von Dauerbuchungen angelegt werden. Beim ersten Typ wird die eine Buchung durch den Periodenwechsel ausgelöst. Damit lassen sich gleichmäßige Verbräuche und Abnutzungen beschreiben. Beim zweiten Typ wird jeweils bei der Buchung auf ein Quellkonto eine Buchung auf ein Zielkonto ausgelöst. Die Höhe der Buchung ist dabei abhängig von der Höhe der Buchung auf das Quellkonto. Dadurch können logische Zusammenhänge zwischen den Konten nachgebildet werden.

Der Datenimport übernimmt Bewegungsdaten von ASCII-Files, die in einem beliebigen Format vorliegen können. Der Benutzer kann das Format ECoSys bekannt geben und dann die Daten einlesen. Zusätzlich muß noch das oft auftretende Problem mit Schlüsseln aus anderen Systemen im Importmodul überwunden werden: Benutzt ein System, aus dem Daten importiert werden sollen, andere Schlüssel für Konten oder Leistungscenter als ECoSys, sollten dessen Daten trotzdem importiert werden können.

Abbildung 4.1: Leistungsspektrum von ECoSys[1]

Die Inhaltsstoffverwaltung und die Gewichtsfaktoren erfüllen die oben genannten Aufgaben des Zusammensetzungsnachweises und der Aggregation. Die Inhaltsstoffe werden unabhängig von den Konten verwaltet. Jedes Konto hat eine bestimmte Zusammensetzung, die zeitabhängig ist. Nur für Inhaltsstoffe können die Gewichtungen direkt bestimmt werden. Die Gewichtung eines Kontos wird über dessen Zusammensetzung aus Inhaltsstoffen und deren Gewichtungen ermittelt.

Die verursachungsgerechte Zuordnung von Mengen und Beträgen wird durch Leistungscenter abgebildet. Hier sind im wesentlichen Leistungsstellen als Ort und Leistungsträger als Verursacher der Verbräuche und Emissionen anzulegen. Aber auch Prozessen oder Kundengruppen können die Größen zugeordnet werden.

Mit den genannten Modulen ist es möglich, eine Stoffflußrechnung und damit eine ökologische Buchhaltung durchzuführen. Das Öko-Controlling setzt jetzt auf den Periodensalden der Buchhaltung auf und versucht, das Zahlenmaterial zum Steuern des Unternehmens zu nutzen.

Für das Öko-Controlling in ECoSys sind drei Berichtstypen vorgesehen:

- Ökobilanz
- Soll-Ist-Vergleich
- Kritische Erfolgsfaktoren

Die Ökobilanz ist ein einfacher Bericht, der aus der Auflistung aller Konten besteht. Innerhalb jedes Kontos kann je eine Position für die Menge, den Geldbetrag und die entstandene Gewichtung aufgeführt werden. Alle drei Positionen können auch als Sollwert

[1] Quelle: eigene Darstellung

gezeigt werden. Aus der Untersuchung der Abweichung von Sollwert zu Istwert ergibt sich der Soll-Ist-Vergleich. Durch die Erfassung der Daten über mehrere Jahre hinweg können Zeitreihen gebildet und verglichen werden.

Ein für das Öko-Controlling wichtiges Element sind Kennzahlen. Mit ihnen können Kennzahlenhierarchien aufgebaut werden, die einzelne Kennzahlen verdichten. Am Ende gilt es für den Öko-Controller, etwa drei bis sieben ökologisch kritische Erfolgsfaktoren zu definieren. Mit deren Hilfe kann ein Unternehmen gesteuert werden. Die Anzahl kritischer Erfolgsfaktor[1] sollte in einem überschaubaren Rahmen gewählt werden.

Unterstützt werden Ökobilanz, Soll-Ist-Vergleiche und kritische Erfolgsfaktoren durch graphische Auswertungen wie Säulen, Kreis, Kurven, Portfolio, usw.

4.1.4 MIS und ECoSys

Die nachfolgende Abbildung 4.2 zeigt die Einordnung der Werkzeuge des Öko-Controllings in die MIS-Pyramide. Auf der unteren Ebene, der Ebene der Operativen Informationssysteme (OIS), ist die ökologische Buchhaltung mit der Ökobilanz als Informationsinstrumentarium angesiedelt.

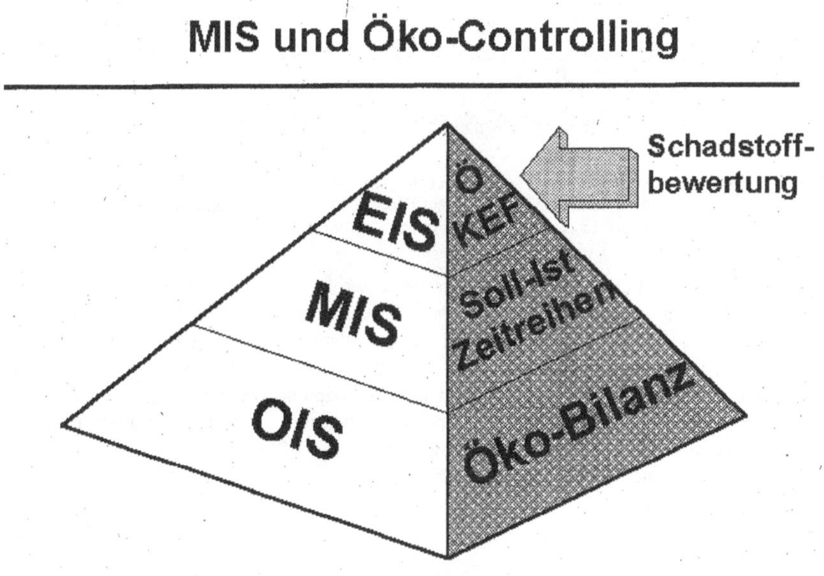

Abbildung 4.2: Einordnung des Öko-Controlling-Tools in die MIS-Pyramide[2]

[1] Im Kapitel 6.6.2 sind beispielhaft zwei Kennzahlenhierarichen aufgeführt.

[2] Quelle: eigene Darstellung

Die Ebene der Management Information Systems (MIS) zeichnet sich durch das Verdichten der auf der OIS-Ebene entstandenen Informationen aus. Hier sind Soll-Ist-Vergleiche, Zeitreihen und Szenarien anzuordnen.

In der Spitze bei den Executive Information Systems (EIS) findet man die Kritischen Erfolgsfaktoren (KEF) aus ökologischer Sicht. Im Gegensatz zur MIS-Ebene werden hier nicht nur die einzelnen Mengen und Geldbeträge ausgewiesen, sondern auch eine Gewichtung der Stoffflüsse. Diese Gewichtung entsteht durch die Bewertung der einzelnen im Unternehmen vorkommenden Stoffe. Diese Bewertung wird oft durch externe Daten gestützt.

Zur Entscheidungsunterstützung werden nun oft Daten aus allen drei Ebenen der Pyramide benötigt. ECoSys bietet mit seinen frei definierbaren Berichten und Graphiken die Möglichkeit, diese Stufen der MIS-Pyramide nachzubilden.

4.1.5 Synergieen zwischen Öko-Audit und ECoSys

Die Europäische Gemeinschaft (EG) verabschiedete am 22. März 1993 die Verordnung für ein Öko-Audit-Programm. Unter Öko-Audit wird eine Umweltbetriebsprüfung verstanden, der sich alle Unternehmen der EG freiwillig unterziehen können, um eine Zertifizierung anzustreben. Das Zertifikat („Teilnahmebestätigung") darf von den Unternehmen für ihre Öffentlichkeitsarbeit genutzt werden, was als Ansporn zur Teilnahme dienen soll. Die Umsetzung dieser Verordnung befindet sich jedoch Ende 1995 noch immer in der Anlaufphase.

Das Ziel der Öko-Audit-Verordnung formuliert (Hopfenbeck und Jasch 160) folgendermaßen:

> „Ziel der Verordnung ist zum einen die Schaffung und der Einsatz eines Umweltinstrumentariums sowie eine systematische, objektive und regelmäßige Bewertung der umweltorientierten Leistungen dieses Instrumentariums im Rahmen der betrieblichen Umweltpolitik."

Ein Öko-Audit dient daher nicht nur der Kontrolle, ob Grenzwerte eingehalten werden, sondern es wird vielmehr geprüft, ob das Umweltmanagementsystem eines Unternehmens funktioniert. Dabei wird in Analogie zur Wirtschaftsprüfung vorgegangen: Das Öko-Audit stellt eine Momentaufnahme des Umweltmanagementsystems dar. Öko-Audits sollen regelmäßig stattfinden. Nur dadurch kann die Zertifizierung erhalten bleiben. Risiken sollen vor ihrer Entstehung erkannt, oder falls bereits vorhanden, beseitigt werden. Inhaltlich sind Öko-Audits mit den Umweltverträglichkeitsprüfungen (UVP) verwandt. Die UVP wird in der Planungsphase eines Betriebs angewandt. Das Öko-Audit kommt hingegen während des Betriebs zum Einsatz.

Grob läßt sich ein Öko-Audit in vier Phasen gliedern:[1]

Phase I
Bearbeitung der Einstiegs- und Grob-Checklisten
Phase II
Ist-Analyse, Erstellung eines Umwelt-Daten-Rasters
Phase III
Soll-Ist-Abgleich, AUDIT
Phase IV
Abschlußbericht, Soll-Ist-Bewertung, Maßnahmenkatalog, Maßnahmenkontrolle

Im Rahmen des Öko-Audits können Tätigkeiten von der EDV unterstützt werden. ECoSys kann dazu einen wichtigen Beitrag leisten. Alle in ECoSys enthaltenen Daten können beim Öko-Audit verwendet werden. Dadurch läßt sich der Audit-Vorgang beschleunigen und vereinfachen. ECoSys kann zum Erstellen einer Ist-Analyse dienen. Durch die Eingabe von Solldaten können Zielvorgaben ins System mit einfließen. Diese können mit der Ist-Situation verglichen werden. Stärken-Schwächen-Profile können mit Hilfe von Graphiken, Berichten und Kennzahlen erarbeitet werden. Auf Basis selbstdefinierter ökologisch kritischer Erfolgsfaktoren können Maßnahmenpläne hergeleitet werden. Die Gegenüberstellung von Finanz- und Ökologiedaten hilft, auch wirtschaftliche Umsetzungsmöglichkeiten der Maßnahmenpläne zu zeigen.

Nicht unterstützt wird von ECoSys ein Vorgehensmodell oder Fließschema für das Öko-Audit. Phase I eines Öko-Audits ist Voraussetzung für viele Daten, die in ECoSys erfaßt werden. Beschreibungen technischer Abläufe, Maschinendaten, Lagepläne, Organigramme, Ablaufpläne, Dokumentenverwaltung oder Zugriff auf Umweltdatenbanken sind nicht Teil von ECoSys.

Das Öko-Controlling-System kann jedoch die Phasen II, III und IV mit Soll-Ist-Abgleich, Soll-Ist-Bewertung, Maßnahmenkatalog, Maßnahmenkontrolle und Abschlußbericht unterstützen. Es kann wertvolle Daten liefern, die sonst nur unsystematisch jedes Jahr neu im Unternehmen zusammengesucht würden.

Umgekehrt können die bei der Durchführung eines Öko-Audits anfallenden Daten in ECoSys eingegeben und weiterverarbeitet werden. Die ökologische Bewertung mit ECoSys, die vom Öko-Audit nicht geleistet wird, ermöglicht neue Aussagen, Vergleiche und eine Datenverdichtung. Die Daten des Öko-Audits können zur Kennzahlenerzeugung genutzt werden, welche zur Kontrolle der Einhaltung von Maßnahmen oder als Zielvorgaben genutzt werden können.

Insgesamt gesehen stellt ECoSys ein wichtiges Hilfsmittel für das Öko-Audit dar. Es deckt zwar nicht sämtliche Bereiche der Auditanforderung ab, kann dafür aber weitergehendere Analysen durchführen, als sie beim Öko-Audit gefordert werden.

[1] Vgl. (Sietz 105ff)

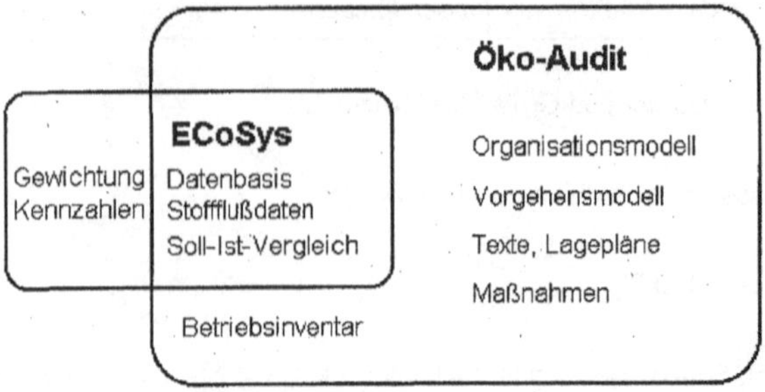

Abbildung 4.3: Schnittstellen zwischen ECoSys und Öko-Audit[1]

Die Abbildung 4.3 zeigt noch einmal die Gemeinsamkeiten und Unterschiede zwischen beiden Systemen.

4.2 Auswahl der Entwicklungsumgebung

4.2.1 Ziele bei der Auswahl der Entwicklungsumgebung

Das Ziel dieser Arbeit soll ein Öko-Controlling-Tool sein. Daher steht, noch bevor man mit einem Konzept für Design und Realisierung beginnt, die Frage im Vordergrund, welche Prioritäten und Anforderungen bei der Auswahl einer Entwicklungsumgebung gelten sollen. Trotz der genannten Vorteile eines betrieblichen Öko-Controllings hat es in der Praxis noch keine Verbreitung gefunden. Dies liegt wohl daran, daß viele Unternehmen heute noch prinzipiell vom Nutzen und den Möglichkeiten, die sich ergeben können, überzeugt werden müssen.

Ein wichtiges Ziel war, das Tool so zu realisieren, daß die Einsatzhemmschwelle für Unternehmen möglichst niedrig ausfallen würde. Das bedeutet einerseits, die Anforderungen an die Systemumgebung (Betriebssystem, Hardware, Software) möglichst gering zu halten und andererseits, das System so zu gestalten, daß es mit möglichst geringem personellem Aufwand verwendet werden kann. Während der zweite Punkt eher eine Frage der Benutzerfreundlichkeit und des Softwareentwurfs ist, der an dieser Stelle noch nicht spezifiziert werden soll, mußte der erste Aspekt schon früh entschieden werden. (Natürlich sollte der Prototyp eine graphische und komfortable Benutzeroberfläche erhalten.) Außerdem ergab sich daraus die Anforderung, auf Seiten des Datenbanksystems und des Programms als solchem, möglichst portabel und unabhängig zu bleiben, so daß bei bestehendem Interesse von Unternehmen einfach auf deren Betriebsystem oder DBMS gewechselt werden kann. Die Kosten zur Inbetriebnahme des Tools sollten möglichst gering sein, damit die Einsatzhemmschwelle gesenkt wird.

Für die Diplomarbeit war es natürlich wichtig, daß die Entwicklungsumgebung so leistungsfähig und produktiv einsetzbar ist, daß es möglich ist, in der gegebenen Zeit ein

[1] Quelle: eigene Darstellung

lauffähiges System zu entwickeln. Ein problemorientiertes Programmieren mußte möglich sein, d.h. konzentriert auf das zu modellierende Problem anstatt auf technische Belange, z.B. das Betriebssystem, besondere Schnittstellen, Speicherverwaltung, die Hardware, etc. Es genügte, den Prototyp als ein Einzelplatzsystem zu gestalten. Dies stand schon früh fest. Es stellte sich sogar heraus, daß selbst kommerzielle Öko-Controlling-Software, die bei großen Unternehmen eingesetzt wird, nicht multiuserfähig ist, z.B. das System der PSI.

4.2.2 Smalltalk/V und die Klassenbibliothek

Als Entwicklungsumgebung wurde Smalltalk/V (Version 2.0) der Firma Digitalk verwendet. Im folgenden werden die Gründe genannt, die für Smalltalk/V gesprochen haben.

- Smalltalk/V ist für mehrere Betriebssysteme verfügbar; die Programme sind daher portabel. (OS/2, Windows, UNIX, u.a.)
- Die Entwicklungsumgebung ist durch integrierte Werkzeuge (Klassenbrowser, Debugger, etc.) komfortabel und daher produktiv.
- Im Gegensatz zu anderen Rapid-Protoyping-Enwicklungsumgebungen ist es mit Smalltalk möglich, ein klares, objektorientiertes Design zu realisieren. BASIC-Sprachen, z.B. MS-EXCEL mit Visual Basic for Applications (VBA) oder MS-ACCESS, eignen sich für größere Projekte in dieser Hinsicht schlecht.
- Mit Smalltalk ist problemorientiertes und evolutionäres Entwickeln möglich (z.B. durch Typenlosigkeit, automatische Speicherbereinigung, etc.). Im Gegensatz dazu muß man sich bei der Entwicklung mit C++ eher mit technischen Problemen befassen, was die Produktivität verringert.
- Bei der Weitergabe von Smalltalkprogrammen ist keine Lizenzgebühr zu zahlen, was die Verbreitung erleichtert und die Einsatzhemmschwelle senkt.
- Smalltalk eignet sich besonders für interaktive, graphische Benutzeroberflächen mit Fenstertechnik, was durch Ergonomie in der Benutzung zur Akzeptanzsteigerung beiträgt.
- Für spezielle Probleme (z.B. eine Datenbankschnittstelle) stehen von Drittanbietern weitere Smalltalkklassen zur Erweiterung der Klassenbibliothek zur Verfügung. Auch dies steigert die Produktivität und ermöglicht, alle Module des Tools ganz in Smalltalk zu realisieren.

Den Vorzug vor anderen Smalltalkprodukten (z.B. Visual Age von IBM oder Visual Works von Parc Place Systems Inc.) bekam Smalltalk/V deshalb, weil dessen Performanz besser und der Ressourcenbedarf in jeder Hinsicht geringer ist. Damit wären aber bereits die Hauptnachteile genannt, denen sich Smalltalk stellen muß.

Performanz und Hauptspeicherbedarf sind im Gegensatz zu C++ oder anderen Tools unverhältnismäßig schlecht. Die Typenlosigkeit der Sprache erleichtert zwar die rasche Erstellung eines Prototypen, erschwert jedoch in späteren Projektphasen die vollständige Korrektheit des Systems. Es muß sehr intensiv getestet werden, zu Lasten der Produktivität. Ist die Entwicklung mit Smalltalk im Vergleich zu C++ auch problemorientierter, so muß einerseits im Vergleich zum Arbeiten mit anderen Rapid-Prototyping-Tools, z.B. MS-ACCESS, noch einiges an Codierarbeit auf niederer Ebene geleistet werden, um das System den speziellen Anforderungen anzupassen, z.B. der Darstellung von Zahlenformaten. Andererseits macht die offene Struktur der Smalltalkumgebung jede Art von Anpassung überhaupt erst möglich. Das Öko-Controlling-Tool kommt ohne die Verwendung einer

Datenbank nicht aus. Smalltalk/V ist aber keine Datenbankumgebung, auch wenn eine DB/2- oder ODBC-Schnittstelle vorhanden ist. Dadurch, daß nur einfache Zugriffsmöglichkeiten über SQL möglich sind, mußte für einen komfortablen Umgang mit der Datenbank noch etliches an Konzepten und Aufwand investiert werden.

Bis alle Komponenten der Entwicklungsumgebung beisammen sind, ist nicht nur Zeit (einige Wochen bis Monate), sondern auch Geld (ca. 1200 DM Hochschulpreis für eine Entwicklungslizenz) erforderlich, weil manche Smalltalk-Zusatztools in den USA bestellt werden müssen. Im Rahmen dieser Arbeit wurde folgende Konfiguration der Entwicklungsumgebung eingesetzt:

- Smalltalk/V2.0 von Digitalk Inc.
  Dies ist die 16Bit Smalltalk-Entwicklungsumgebung, lauffähig unter MS-Windows V3.1.
- WindowBuilder Pro/V von Objectshare Systems Inc.,
  das Standard-Tool im Smalltalk/V-Bereich für die Erstellung von Benutzeroberflächen.
- ODBTalk von LPC Consulting Services,
  eine ODBC-Schnittstelle für ODBC Level 1 und 2 als Erweiterung der Klassenbibliothek.
- WidgetKit/BusinessGraphics V1.0 von Objectshare Systems Inc.,
  eine Erweiterung der Klassenbibliothek um Klassen für Geschäftsgraphiken mit Smalltalk.
- MS-ACCESS 2.0 von Microsoft Inc.
  ACCESS wurde ausschließlich als Datenbank genutzt. Datenzugriffe finden nur über die ODBC-Schnittstelle mit SQL von Smalltalk aus statt.

Die verwendeten Zusatzprodukte für Smalltalk/V werden im folgenden kurz vorgestellt und kritisch gewürdigt.

WindowBuilder Pro/V

WindowBuilder Pro/V ist eines der am meisten verwendeten Entwicklungstools mit Smalltalk/V. Erst durch das visuelle Gestalten der Benutzeroberflächen kann man Rapid Prototyping verwirklichen. Das Entwerfen der Oberfläche ist eine frühe Phase im Smalltalk-Entwicklungszyklus.

„The Smalltalk/V application development process can be generally divided into six phases:

- State the Problem
- Draw the Window
- Identify the Classes
- Describe Object States
- List the Object Interfaces
- Implement the Methods“ (Digitalk 153)

WindowBuilder Pro/V erzeugt als Ergebnis Smalltalk Quellcode, der sich nicht von „selbstgeschriebenem“ Quellcode unterscheidet und jederzeit mit dem WindowBuilder geändert werden kann:

> „Prototype a multi-window interface and demonstrate it without writing a single line of Smalltalk/V code! Then, when you're finally happy with the design, click a button and generate the Smalltalk/V source code to form the core of your application.“ (Objectshare 1993, 3)

Im Vergleich zu anderen Oberflächengeneratoren, z.B. dem Dialogeditor von Excel, ist das Arbeiten mit WindowBuilder Pro/V teilweise etwas gewöhnungsbedürftig. Doch die

Produktivität steigt durch den Einsatz beachtlich, so daß auf dieses Zusatztool nicht verzichtet werden kann.

ODBTalk

Bei ODBTalk handelt es sich um ODBC Level 1 & 2 Schnittstellenklassen für Smalltalk/V. Die ODBC-Aufrufe der ODBC-Schnittstelle wurden eins zu eins in Smalltalkmethoden gekapselt. Für ODBC Abfragen, Verbindungen zu Datenbanken, etc. stehen eigene Klassen zur Verfügung. Es ist möglich, sowohl „prepared" als auch dynamische[1] SQL-Statements abzusetzen. Auch das Arbeiten mit SQL-Cursors wird unterstützt.

Großen Komfort in der Kapselung der ODBC-Schnittstelle sollte man mit ODBTalk nicht erwarten. Sogar im Handbuch zu ODBTalk findet sich die Bemerkung: „It is suicidal not to check the return code from a call to the ODBC driver." (LPC 32). Bei Nichtbeachtung kommt es fast immer zu den bekannten „Schutzverletzungen" unter Windows und harten Abstürzen der Smalltalkumgebung. Im Kapitel 5.3 wird daher vorgestellt, wie ODBC-Aufrufe im Tool behandelt werden. Anstelle von ODBTalk könnte auch eine andere Datenbankschnittstelle verwendet werden. Doch die Verbindung über ODBC bietet eine große Unabhängigkeit vom DBMS.

WidgetKit/BusinessGraphics

WidgetKit/BusinessGraphics ist eine Erweiterung für die Klassenbibliothek von Smalltalk/V um Klassen für die Programmierung von GeschäftsGraphiken, z.B. Balken-, Kurven- und Tortendiagramme sowie Portfolios u.a. Es ist bereits, wie auch der WindowBuilder, als 32Bit-Version für verschiedene Betriebssysteme verfügbar. Im Handbuch wird das Tool folgendermaßen beschrieben:

> „WidgetKit/BusinessGraphics is a set of widgets that provides a high-level graphing and charting service to applications running under Smalltalk/V. [...] Services provided by WidgetKit/BusinessGraphics include:

- Graph window management, including window creation, repainting and resizing.
- A wide range of easy-to-use graph and chart forms.
- Curve fitting and statistical overlays.
- Hard copy printing to any Windows printer or plotter." (Objectshare 1994, 1)

Für diese Arbeit wurde die für Windows 3.1 verfügbare 16Bit-Version 1.0 verwendet. Den Diagrammaufbau übernimmt dabei ein parallel laufender Prozeß, der automatisch von der Smalltalkumgebung gestartet wird, der sogenannte Graphics Server. Der Diagrammaufbau ist dadurch performant. Der Graphics Server ist jedoch kein Smalltalkprogramm und liegt nur im Binärcode vor. Seine Eigenschaften können daher nicht angepaßt werden, was wünschenswert wäre. Alle übrigen Zusatzprodukte sind vollständig in Smalltalk geschrieben und werden mit Quellcode ausgeliefert. Dadurch sind Anpassungen und Fehlerbehebungen möglich. Nur die Smalltalkklassen der BusinessGraphics können bei diesem Produkt geändert werden.

[1] Von dynamischem SQL spricht man, wenn die SQL-Statements dem DBMS beim Aufruf als String übergeben werden und zur Laufzeit vom DBMS interpretiert und ausgeführt werden. Im Gegensatz dazu stehen „prepared" SQL-Aufrufe, die vor ihrem Aufruf entweder von einem Precompiler (embedded SQL) oder vom DBMS vorübersetzt wurden. Deren Ausführungsgeschwindigkeit ist höher, da sie nicht mehr interpretiert werden müssen, sondern höchstens noch einzelne Parameter mitübergeben werden.

Die Version 1.0 von WidgetKit/BusinessGraphics ist weitgehend unausgetestet und enthält zahlreiche Programmierfehler, unter denen Entwickler und Anwender zu leiden haben. Dies beginnt schon mit fehlerhaften Angaben, was die Voraussetzungen an die Entwicklungsumgebung betrifft. Der Hersteller verschweigt nämlich, daß nicht nur WindowBuilder Pro/V zur Installation der BusinessGraphics erforderlich ist, sondern auch einige Klassen des Smalltalk/V-Zusatzprodukts „Subpanes/V“. Fehlt dies, so läßt sich die Entwicklungsumgebung der BusinessGraphics nicht vollständig installieren. Im Laufe der Entwicklung des Öko-Controlling-Tools wurde eine ganze Liste von Mängeln der BusinessGraphics erstellt. Diese wurden teils durch sogenannte „Work arounds“ behoben. Natürlich ist das alles andere als produktiv.

Der Graphics Server ist nicht sehr robust. Er kann aufgrund von Daten, die in einem Diagramm dargestellt werden sollen, und anderen Einstellungen abstürzen. Der Smalltalkprogrammierer kann solche Fehler nur durch umständliche Prüfungen und Tricks umgehen, da der Graphics Server selbst nicht geändert werden kann und die Dokumentation keine Hinweise dazu gibt. Es ist zu hoffen, daß Objectshare die offensichtlichen Mängel ihrer BusinessGraphics in den späteren Versionen behoben hat.

4.2.3 Auswahl des DBMS

In diesem Abschnitt wird die Auswahl des DBMS, mit dem die Daten des Öko-Controlling-Tools gespeichert werden sollen, diskutiert und begründet. Als Alternativen stehen sich relationale und objektorientierte Datenbanken gegenüber.

Die Verwendung einer objektorientierten Sprache wie Smalltalk legt zunächst den Einsatz einer objektorientierten Datenbank nahe, da dies einen logischen Bruch bei der Speicherung von Objekten vermeidet. Das Speichern und Laden von Datenbankobjekten und deren Verwaltung ist bei der Verwendung einer objektorientierten Datenbank analog zum Umgang mit Objekten, die nicht persistent sind. OODBMS versprechen auch Laufzeitvorteile gegenüber relationalen Datenbanken.

Die Entscheidung fiel dennoch aus mehreren Gründen zugunsten einer relationalen Datenbank aus, nämlich MS-ACCESS unter Windows. Während OODBMS üblicherweise in Client/Server-Umgebungen eingesetzt werden, soll das Öko-Controlling-Tool als Einzelplatzsystem auf einem PC laufen, der keine besonderen Anforderungen an Hardware oder Vernetzung stellt. Da eine niedrig zu haltende Einsatzhemmschwelle für das Tool im Vordergrund steht, bietet sich der Einsatz weitverbreiteter relationaler Datenbanktechnik an. MS-ACCESS ist eine der unter Windowsanwendern am häufigsten verwendeten Datenbanken, die in den meisten Unternehmen schon vorhanden ist. Andernfalls zeichnet sie sich durch niedrige Anschaffungskosten aus. Dadurch entstehen bei der Weitergabe des Öko-Controlling-Tools keine Lizenzprobleme mit Datenbankherstellern. Dem stehen vergleichsweise hohe Anschaffungskosten und ein hoher Installationsaufwand mit einer objektorientierten Datenbank gegenüber.

Auch die wichtige Forderung nach Datenbankunabhängigkeit, bzw. Portabilität ist mit OODBMS kaum zu erreichen. Vorhandene Standards sind noch sehr neu und konnten sich bisher noch nicht auf dem Markt durchsetzen. Mit einer relationalen Datenbank kann durch die Verwendung der standardisierten Abfragesprache SQL und durch die offene Datenbankschnittstelle ODBC von Microsoft ein hohes Maß an Datenbankunabhängigkeit erreicht werden. Es muß aber erwähnt werden, daß die mittelmäßige Performanz von MS-ACCESS durch die Verwendung von ODBC und Smalltalk weiter abnimmt.

Die Entscheidung für das relationale MS-ACCESS war also einerseits aus Performanzgründen und andererseits durch den Konflikt zwischen relationaler und objektorientierter Datensicht problematisch. Die Konzepte zur Lösung der Probleme werden in Kapitel 5 vorgestellt.

4.2.4 Systemanforderungen

Das Öko-Controlling-System „ECoSys“ läuft auf einem PC 386, empfehlenswert ist aber ein 486er Prozessor mit 50 MHz Taktfrequenz. Der Hauptspeicherbedarf und die erreichbare Performanz werden entscheidend von der Größe der Datenbank, d.h. der zu verarbeitenden Datenmenge, beeinflußt. Mit 8 MB Hauptspeicher kann bereits gearbeitet werden. Bei größeren Datenmengen sind jedoch 12 bis 16 MB RAM zu empfehlen. Als Betriebssystem wird MS-DOS mit MS-Windows 3.1 verwendet.

Die Installation des Öko-Controlling-Systems mit einer leeren Datenbank benötigt 3,5 MB auf der Festplatte. Es wird vorausgesetzt, daß MS-ACCESS (Version 2.0) oder ein anderes DBMS und ODBC-Unterstützung bereits installiert sind.

4.3 Einordnung der Klassen in die Klassenbibliothek von Smalltalk

Die nun folgenden Abschnitte behandeln die wichtigsten Klassen des Öko-Controlling-Tools „ECoSys“ und deren Zusammenwirken. Es werden die Tabellen der Öko-Controlling-Datenbank „IDEFIX“ vorgestellt, die zur Speicherung der persistenten Instanzen dieser Klassen dienen.

Eine Anwendung mit Smalltalk zu entwickeln bedeutet, daß in die vorhandene Smalltalk-Klassenhierarchie alle neuen Klassen und Methoden der Anwendung eingefügt werden. Eine Smalltalk-Entwicklungsumgebung besteht aus einer hierarchisch aufgebauten Klassenbibliothek, in der fast alle Klassen von einer Wurzel erben: der Klasse *Object*. Da keine Mehrfachvererbung zugelassen ist, ergibt sich eine einzige Baumstruktur. Selbst die Werkzeuge der Entwicklungsumgebung, wie z.B. Class Browser und Debugger, sind Bestandteile dieser Klassenhierarchie. Im Laufe der Entwicklung wächst die Entwicklungsumgebung mit der Klassenbibliothek. Bevor man beginnt, eigene Klassen hinzuzufügen, sollte man sich einen Überblick über den Aufbau der Klassenbibliothek verschaffen. Beim Erstellen eigener Klassen ist es wichtig, Disziplin walten zu lassen, um eine übersichtliche Systematik zu erhalten. Durch Erben gewünschter Eigenschaften von vorhandenen Klassen kann man viel eigene Entwicklungs- und Anpassungsarbeit vermeiden.

Eines der wichtigsten Designprinzipien, vor allem in der Entwicklung mit Smalltalk, ist das **Model-View-Controller-Prinzip**. Damit ist eine strikte Trennung von fachlicher Anwendungslogik, dem sogenannten „Model“, und der Darstellung von Sichten auf dieses Model, den sog. Views, gemeint. Der dritte Teil, der Controller, übernimmt dabei das Empfangen und Weiterleiten von Benutzereingaben und anderen Ereignissen an die verschiedenen, gleichzeitig geöffneten Views und sorgt so für einen ereignisgesteuerten Programmablauf. Bei jeder Klasse muß eindeutig erkennbar sein, ob es sich um ein Model oder einen View handelt. Der Controller muß im Regelfall nicht weiter berücksichtigt werden, da er vorhanden und von der Implementierung her anwendungsunabhängig ist.[1]

Die Model-Klassen sind der Kern einer Anwendung. Die Kernentitäten sollten sich in diesen Klassen wiederfinden. Auf diese wird in den folgenden Abschnitten, die den Zusammenhang von objektorientiertem Klassen- und relationalem Datenbankentwurf zeigen, besonders eingegangen. Die abstrakte Oberklasse aller Klassen, welche nicht tiefer in der Klassenhierarchie eingehängt werden (dies betrifft vor allem die Kernentitäten), ist bei ECoSys die Klasse *ECSObject*[2], eine direkte Unterklasse von *Object*. *ECSObject* ist in drei weitere abstrakte Unterklassen unterteilt: *IdefixObject*, *HilfsObject*, und *ZugriffsHandler*.

Von *IdefixObject* erben alle Klassen, deren Instanzen persistente Objekte[3] sein sollen. Diese Klasse übernimmt Verwaltungsaufgaben für persistente Objekte und enthält deren gemeinsame Methodenschnittstelle. In Kapitel 5 werden die damit verbundenen Konzepte vorgestellt. Die Kernentitäten von ECoSys sind meistens Unterklassen von *IdefixObject*.

Die Klasse *HilfsObject* ist die abstrakte Oberklasse für alle Klassen, die in der Regel nur passive Instanzen haben. Unter passiven Instanzen werden hier Objekte verstanden, die selbst keinen Botschaftenaustausch einleiten, sondern auf Botschaften antworten, um die Inhalte von Instanzvariablen in bestimmten Formaten zur Verfügung zu stellen.

Unterklassen der abstrakten Klasse *ZugriffsHandler* sind Klassen, die Zugriff auf bestimmte Dienste bereitstellen. Mit einem Dienst kann beispielsweise das Starten und Beenden der ECoSys-Anwendung gemeint sein, wie es von der Klasse *ECSStarter* übernommen wird oder das Durchführen des Datenimports in Klasse *Importeur*. Zugriffe auf die Datenbank IDEFIX werden von einer Instanz der Klasse *Idefix* durchgeführt, die eine Unterklasse von *DatenManager* ist. Diese Klassen besitzen keine oder nur eine einzige Instanz. Sie unterscheiden sich darin grundlegend von den *HilfsObject*-Klassen. Diese Dreiteilung hat sich im Laufe der Entwicklung als sehr sinnvoll und einprägsam erwiesen.

Abbildung 4.4 zeigt einen Überblick über die Einordnung der wichtigsten ECoSys-Oberklassen in die Klassenbibliothek von Smalltalk/V und läßt die Vererbungsbeziehungen erkennen. Die Unterklassen wurden größtenteils der Übersicht halber weggelassen. Insgesamt besteht ECoSys aus ca. 240 eigenen Klassen auf ca. 700 Seiten Smalltalk-Quellcode und ca. 260 vorhandenen Klassen.

---

[1] Der Vollständigkeit halber sei erwähnt, daß die Aufgaben des Controllers in der Smalltalk/V-Umgebung von der einzigen Instanz der Klasse *NotificationManager*, dem *Notifier*, übernommen wird. Diese Instanz ist über die globale Variable *Notifier* ansprechbar. Eine weitere wichtige Aufgabe des Notifiers ist auch das Starten der jeweiligen Smalltalk-Anwendung durch Aufrufen einer angegebenen Methode.

[2] Der Name sehr vieler Klassen von ECoSys beginnt mit dem Prefix „ECS". Durch die Wahl eines eindeutigen Prefixes ist es möglich, eine Klasse sofort einer Anwendung zuzuordnen. Es fällt so auch leichter, die notwendige Eindeutigkeit eines Klassennamens in der Klassenbibliothek zu erhalten.

[3] Unter einem persistenten Objekt versteht man ein Objekt, das in einem dauerhaften Speicher (z.B. Datei, Datenbank) steht und damit eine „Lebensdauer" besitzt, die über den Programmlauf hinausgehen kann.

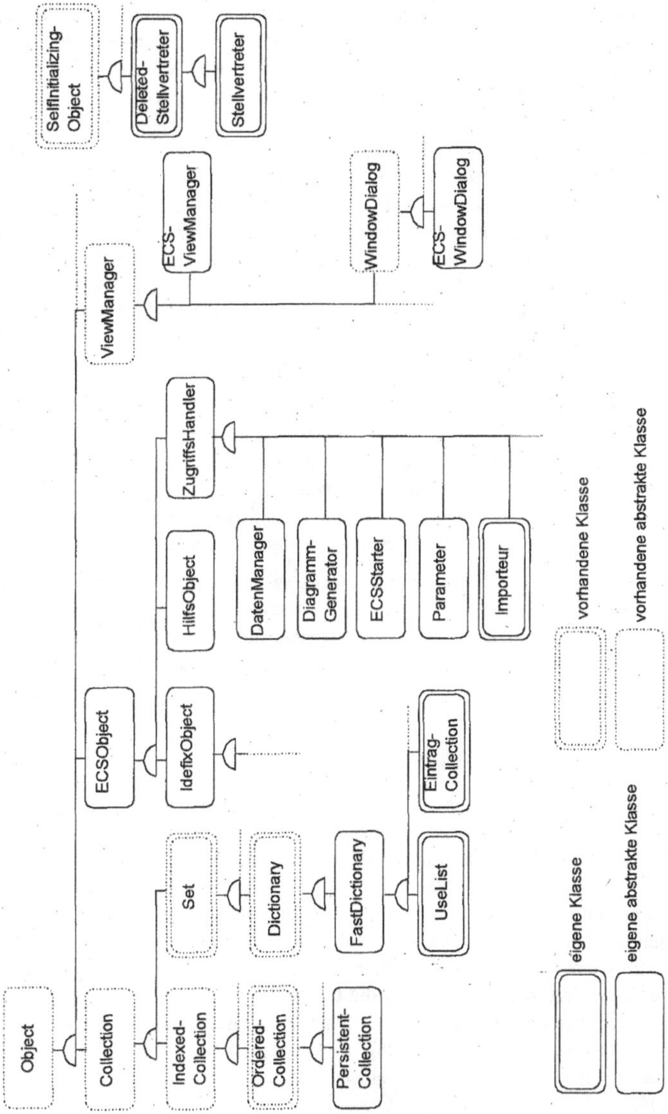

Abbildung 4.4: Einordnung der wichtigsten ECoSys-Oberklassen in der Klassenbibliothek von Smalltalk/V[1]

[1] Quelle: eigene Darstellung

Die Views im Model-View-Controller-Konzept sind verschiedene Fensterklassen, die allesamt Unterklassen der Klasse *ViewManager* sind. Sie enthalten den Dialog- und Maskenaufbau und die jeweilige Ereignislogik eines Fensters. Man unterscheidet zwischen modalen und nicht-modalen Fenstern. Die Programmausführung wird bei modalen Dialogen angehalten, bis der Benutzer eine verlangte Entscheidung getroffen hat und erst nach dem Schließen des Fensters fortgesetzt. Es können beliebig viele nicht-modale Fenster geöffnet werden, wodurch der Benutzer in mehreren Fenstern gleichzeitig arbeiten kann. Sie blockieren den weiteren Programmablauf nicht. Aus Gründen des Bedienungskomforts ist die Dialogführung, wo es möglich ist, mit nicht-modalen Fenstern zu gestalten. Modale Dialoge dienen meist dazu, den Benutzer Entscheidungen treffen zu lassen, die zur weiteren Verarbeitung notwendig sind, oder um Fehlermeldungen anzuzeigen. Diese Unterscheidung findet sich auch in der Klassenbibliothek. Die Unterklassen von *ECSViewManager* sind nicht-modale Fenster von ECoSys, zumeist größere Masken. Die Unterklassen von *ECSWindowDialog* sind kleine, modale Dialoge von ECoSys.

Die Sonderstellung der Klasse *SelfInitializingObject* erklärt sich dadurch, daß diese Klasse (und auch deren Unterklassen) ausnahmsweise nicht von *Object* erben dürfen. Sie bilden damit einen eigenen kleinen Baum in der Klassenbibliothek. Diese Einordnung hat in erster Linie technische Gründe, da diese Klassen nur sehr wenige Botschaften verstehen dürfen und die Klasse *Object* schon ein große Anzahl Methoden enthält. Hier wurde die Fehlerbehandlung von Smalltalk mit eigenen Methoden überschrieben.

Weitere für die Realisierung von ECoSys wichtige Klassen erben von den Collectionklassen *OrderedCollection* oder *Dictionary.* Bei diesen Unterklassen, z.B. *PersistentCollection,* handelt es sich um spezialisierte Collections zur dynamischen Verwaltung von Objektmengen. Dies spielt in Kapitel 5 noch eine stärkere Rolle.

4.4 Die Kernentitäten von ECoSys

Aus den genannten Anforderungen in Abschnitt 4.1 sind bereits die wichtigsten Kernentitäten erkennbar, die zu modellieren sind. Die Systematik des Öko-Controlling-Systems baut auf einem hierarchischen Kontenplan für die Stoffflußrechnungen auf. Eine wichtige Entität in ECoSys ist somit das **Konto**. Konten im Kontenplan können entweder **Input-** oder **Outputkonten** sein, so daß diese Unterscheidung bei jedem Konto eindeutig sein muß. Der Input-Output-Kontenplan ist hierarchisch aufgebaut, um Aggregationen von Daten leicht beschreiben zu können und eine übersichtliche Systematik in den Stoffflußkonten zu erhalten. Als weitere Dimension stehen den Konten die **Leistungscenter** (kurz: LC) gegenüber, welche entweder als Ort oder als Verursacher einer Schadschöpfung angesehen werden können. Sie ermöglichen eine detailliertere Aufspaltung der Daten. Ein **Buchungseintrag** findet in einer Periode immer auf einem Konto und einem Leistungscenter statt und entspricht einem Periodensaldo in einem Buchhaltungssystem.

Neben den genannten Entitäten Konto, LC und Buchungseintrag sind noch die **Inhaltsstoffe** zu berücksichtigen, die die Grundlage für eine Bewertung liefern sollen. Jedes Konto kann anteilsmäßig in mehrere Inhaltsstoffe untergliedert werden. Ebenso kann ein Stoff zu einem gewissen Prozentanteil in mehreren Konten vorkommen. Zur Bewertung eines Stoffes kann diesem ein **Gewichtsfaktor** zugeordnet werden. Der Gewichtsfaktor enthält die Bewertungszahl und gilt ab einer bestimmten Periode. Ab einer späteren Periode kann ein neuer Gewichtsfaktor gültig sein und den alten ablösen, so daß ein Inhaltsstoff eine Historie von Gewichtsfaktoren besitzen kann. Der zuletzt eingetragene Gewichtsfaktor ist der aktuell gültige. Mengenbuchungen können in den unterschiedlichsten physikalischen **Einheiten** vorkommen, z.B. kg, t, Liter, usw. Die Einheit einer Mengenbuchung hängt ab von dem Konto, auf das gebucht wird. Jedem Konto muß also eine physikalische Einheit zugeordnet sein. Auch jeder Inhaltsstoff muß eine physikalische Einheit haben, da eine Aussage über eine Stoffmenge erst durch die Angabe einer Einheit sinnvoll ist. Zwischen verschiedenen Einheiten müssen automatisch Umrechnungen durchgeführt werden können.

4.4.1 Objektorientiertes Design der Kernentitätsklassen

Jede Kernentität kann durch eine eigene Klasse beschrieben werden, so daß hier ein direkter Übergang zwischen den zu modellierenden Entitäten und den Klassen vorliegt. Dieser Zusammenhang ist bei komplexeren Objekten nicht mehr gegeben, wie später noch gezeigt wird.

Die Klasse *Konto* spielt eine zentrale Rolle. Sie wird zunächst näher betrachtet, wobei über die bestehenden Beziehungen zu weiteren Klassen die Zusammenhänge klar werden sollen. Es ist zu beachten, daß bei der Smalltalkprogrammierung keine direkte Unterscheidung zwischen einer Assoziationsbeziehung und einer Aggregationsbeziehung gemacht werden kann. So wird z.B. nicht mehr zwischen dem eigentlichen Objekt und einem Zeiger auf das Objekt unterschieden. Genaugenommen handelt es sich in Smalltalk immer um Zeiger auf autonome Objekte. In Abbildung 4.5 sind die Beziehungspfeile zwischen den Klassen daher als Instanzverbindungen zu verstehen, die in Smalltalk durch Zeiger auf Objekte realisiert sind. Aus der Abbildung geht die Art der Implementierung daher eindeutiger hervor, als wenn die Instance-Connections mit der Coad/Yourdan-Notation dargestellt wären. Logisch zusammengehörende Klassen sind als Subjekte in Kästen zusammengefaßt. Die Methoden werden der Übersicht halber nicht dargestellt.

Attribute eines Kontos sind dessen eindeutige Kontonummer und ein aussagekräftiger Kontoname, z.B. Kontonummer: „I1" Kontoname: „Verbrauchte Rohstoffe". Ein Konto muß eine Einheit enthalten, was durch eine Beziehung zwischen einem Konto und einer Instanz von Einheit realisiert wird.

Um die Hierarchie des Kontenplans abzubilden, hat jedes Konto einen Verweis auf sein Oberkonto. Diese Beziehung ist in der Abbildung mit „Vater" bezeichnet und leer, wenn das Konto auf der höchsten Ebene im Kontenplan steht. Die umgekehrte Beziehung heißt „Kinder". Ein Konto enthält Verweise auf alle seine direkten Unterkonten. Alle 1:N Beziehungen, die in Abbildung 4.5 durch Pfeile mit zwei Spitzen dargestellt werden, werden in der Implementierung mit einer Collection von Objekten realisiert. Das Attribut „Ebene" enthält zusätzlich die hierarchische Ebenennummer des Kontos im Kontenplan. Ein Konto der höchsten Ebene trägt die Nummer 0. Die hierarchischen Beziehungen im Kontenplan sind unabhängig von der Kontonummer, was keine Selbstverständlichkeit ist, wenn man dies mit älteren Buchhaltungssystemen vergleicht. Es liegt somit in der Entscheidung des Benutzers, die Kontennummern so zu vergeben, wie es ihm am übersichtlichsten und einprägsamsten ist. Er hat außerdem die Möglichkeit, Kontennummern jederzeit zu verändern.

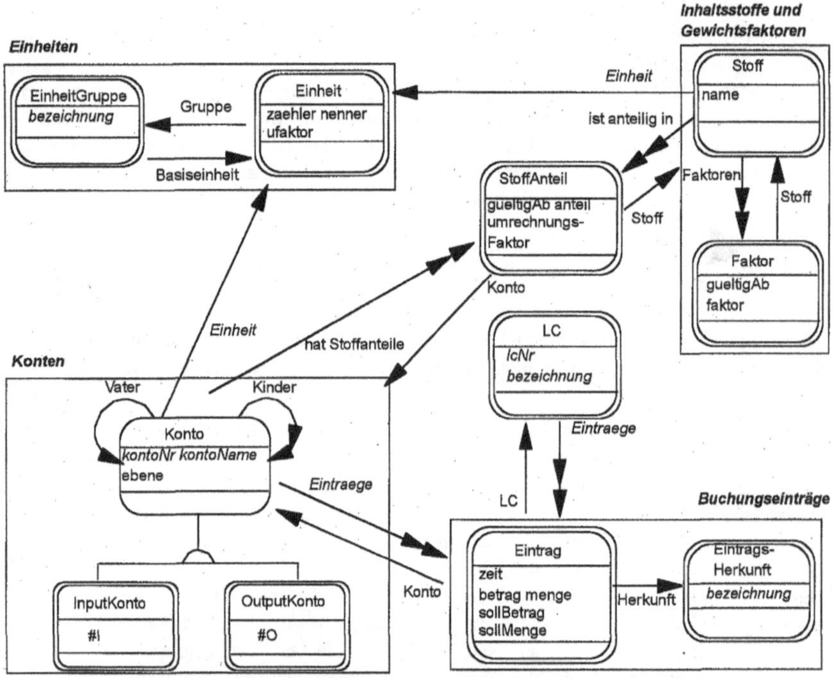

Abbildung 4.5: Instanzverbindungen der Kernentitätsklassen[1]

Die Unterscheidung zwischen Input- und Outputkonten wird anhand verschiedener Unterklassen gemacht. *Konto* ist eine abstrakte Klasse ohne Instanzen. Ein Konto ist entweder eine Instanz von *InputKonto* oder von *OutputKonto*.

Die Buchungseinträge (Periodensalden) sind Instanzen der Klasse *Eintrag*, wobei jeder Eintrag eine *EintragsHerkunft* haben kann. Die *EintragsHerkunft* gibt an, aus welchem externen EDV-System die Daten eines Eintrags stammen, z.B. Materialwirtschaft oder Finanzbuchhaltung. Von einem Eintrag aus besteht eine eindeutige Beziehung zu dem Konto und dem LC, auf das gebucht wurde. Die Kombination aus Konto, LC und Zeitangabe ist für jeden Eintrag eindeutig. Von Seiten eines Kontos oder eines LCs besteht eine 1:N Beziehung zu den zugehörigen Einträgen.

Wichtig zur Berechnung von Gewichtungszahlen und Inhaltsstoffmengen sind die Stoffanteile, aus denen sich die Mengen eines Kontos zusammensetzen. Zeitabhängige Stoffanteile, repräsentiert durch Instanzen der Klasse *StoffAnteil*, enthalten jeweils den Prozentanteil eines Inhaltsstoffes am Konto. Das Attribut für den Prozentanteil heißt *anteil*. Der Umrechnungsfaktor *umrechnungsFaktor* gibt an, mit welchem Faktor eine Buchmenge multipliziert werden muß, um zur Stoffmenge gemäß der Einheit des Stoffes zu gelangen.

Stoffmenge = StoffAnteil(anteil) * StoffAnteil(umrechnungsFaktor) * Buchmenge

[1] Quelle: eigene Darstellung

Anwendungsbeispiele mit Umrechnungsfaktoren und Prozentanteilen bei Stoffanteilen eines Kontos können in Abschnitt 6.2.3 „Zuordnung von Inhaltsstoffen" und 6.5.1 „Fragestellungen der Inhaltsstoffsicht" nachvollzogen werden.

Inhaltsstoffe sind Instanzen der Klasse *Stoff*. Von einem Konto aus kann über die Beziehung „hat Stoffanteile" auf alle Stoffanteile des Kontos zugegriffen werden. Da sich die Zusammensetzung eines Kontos ändern kann, entsteht so eine Historie von Stoffanteilen, aus der die Zusammensetzung des Kontos zu jeder Periode ermittelt wird. Jeder Stoffanteil enthält sowohl einen Verweis auf sein zugehöriges Konto, als auch auf den Stoff. Ein Stoff wiederum verweist über die Beziehung „ist anteilig in" auf alle Stoffanteile, in denen er anteilig vorkommt.

Die Bewertung eines Stoffes wird mit einem Gewichtsfaktor angegeben, der eine Instanz der Klasse *Faktor* ist. Da sich die Bewertung eines Stoffes im Laufe der Zeit ändern kann und alte Bewertungen nicht verloren gehen dürfen, kann auch hier eine Historie von früheren oder erst in Zukunft gültigen Gewichtsfaktoren pro Stoff vorhanden sein. Die entsprechende Instanzverbindung ist in Abbildung 4.5 als „Faktoren" bezeichnet, wobei jeder Faktor einen umgekehrten Verweis auf den Stoff besitzt.

Wie ein Konto, so besitzt auch jeder Stoff seine eigene physikalische Einheit. Jede Einheit ist eine Instanz der Klasse *Einheit*. Mit den Methoden der Klasse Einheit können von ECoSys Umrechnungen zwischen verschiedenen physikalischen Einheiten automatisch durchgeführt werden. Dazu kann jede Einheit einer Einheitengruppe angehören. Sie besitzt dann eine Verbindung zu einer Instanz von *EinheitGruppe*. Einheitengruppen können z.B. Masse, Anzahl, Volumen, Fläche, Strecke, etc. sein. Für jede Einheitengruppe kann eine Basiseinheit definiert werden, auf die mit Hilfe des in *Einheit* enthaltenen Umrechnungsfaktors *ufaktor* transformiert wird. Sollen zum Beispiel zwei Werte mit verschiedenen Einheiten addiert werden, so wird der Konflikt von einer Einheit selbst erkannt. Diese führt dann die Umrechnung in die gemeinsame Basiseinheit durch. Voraussetzung dazu ist, daß die Einheiten mindestens der gleichen Einheitengruppe angehören, sonst kann die Umrechnung nicht erfolgen. Die Addition liefert ein Ergebnis mit ungültiger Einheit, was kenntlich gemacht wird. Als Beispiel seien die Instanzen aus Abbildung 4.6 vorhanden:

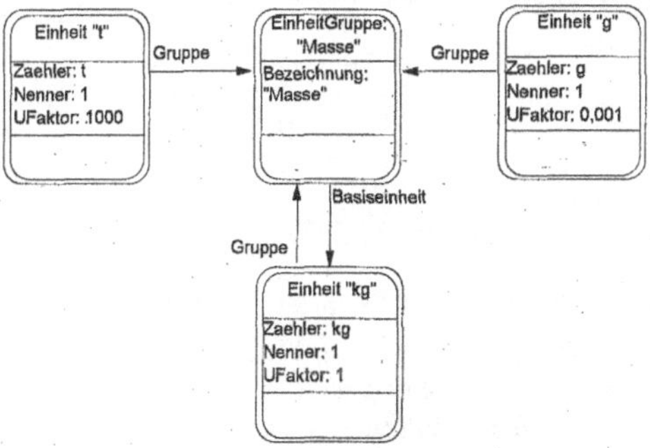

Abbildung 4.6: Instanzen von Einheiten mit ihrer Einheitengruppe[1]

[1] Quelle: eigene Darstellung

Die durchzuführende Berechnung sei:

`20000 g + 2,5 t`

Das Ergebnis wird dann mit Hilfe der Umrechnungsfaktoren berechnet:

`20000 * 0,001 kg + 2,5 * 1000 kg = 20 kg + 2500 kg = 2520 kg`

In den genannten Klassen der Kernentitäten können anhand eines Vergleichs ihrer Attribute und der notwendigen Methoden Gemeinsamkeiten gefunden werden, die es ermöglichen, eine Klassenhierarchie aufzubauen, die noch mehr Vererbungsbeziehungen enthält als die bisher erwähnte Vererbung von *Konto* zu *Input-* und *OutputKonto*. Für die Instanzen aller Kernentitätsklassen muß die persistente Speicherung in der IDEFIX-Datenbank möglich sein. Die gemeinsame Oberklasse ist daher *IdefixObject*, die für die Persistenzeigenschaft und deren Verwaltung verantwortlich sein soll.

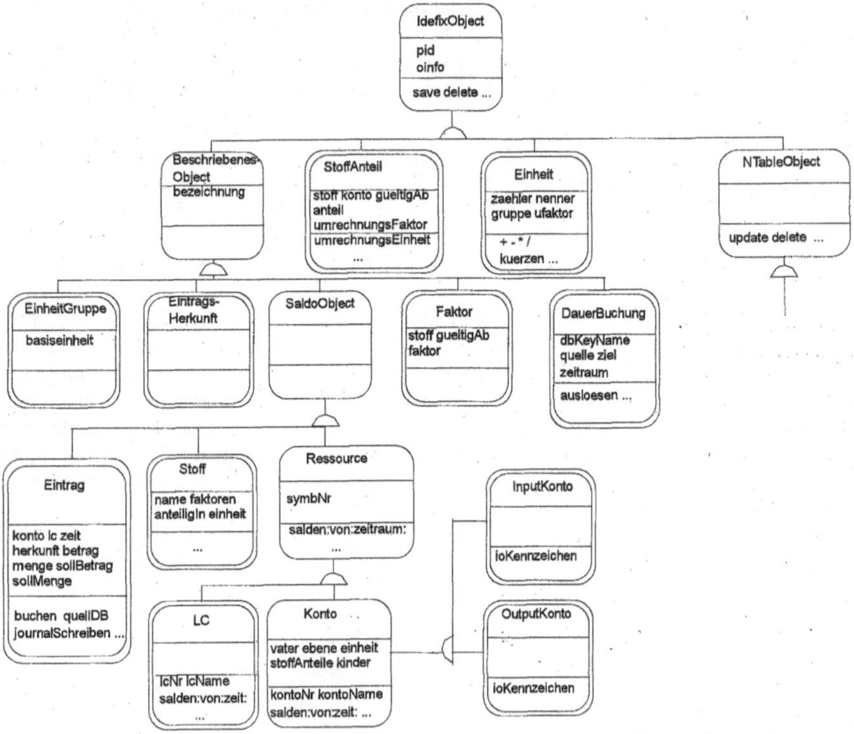

Abbildung 4.7: Vererbungshierarchie der Kernentitätsklassen[1]

In Abbildung 4.7 ist die Vererbungshierarchie der Kernentitätsklassen dargestellt, wie sie in der Version 1.0 von ECoSys vorkommt. Die Vererbungshierarchie aller Klassen mit persistenten Instanzen ist in Anhang C abgebildet. Im Laufe der Entwicklung wurde die Hierarchie mehrfach umgestellt, da neue Anforderungen und Erkenntnisse hinzukamen.

[1] Quelle: eigene Darstellung

Die Abbildung stellt die Attribute (Instanzvariablen) vollständig dar und beschränkt sich auf einige der wichtigsten Methoden. Die Klasse *DauerBuchung* und die abstrakte Klasse *NTableObject* mit ihren Unterklassen werden in den Abschnitten 4.5 und 4.7 besprochen. Während in Abbildung 4.5 die Instanzverbindungen als Pfeile dargestellt sind, werden sie in Abbildung 4.7 durch Attribute dargestellt, so wie es der Implementierung in Smalltalk entspricht. Ein Attribut, das eine Beziehung zu mehreren Instanzen darstellt, z.B. *Stoff>>faktoren* oder *Konto>>kinder*, ist eine Collection, die die Verweise auf die Instanzen enthält. Wird nur auf eine Instanz verwiesen, z.B. *Konto>>einheit* oder *Konto>>vater*, so enthält das Attribut direkt den Verweis auf die entsprechende Instanz, sofern es nicht leer ist.

4.4.2 Datenbanktabellen der Kernentitäten

Die Instanzen der Kernentitäten sollen persistente Objekte sein, was im vorigen Abschnitt bereits erwähnt wurde. Bei Verwendung einer objektorientierten Datenbank entspräche das Datenbankdesign dem Klassendesign. Eine Besprechung der Datenbanktabellen, in denen die Instanzen gespeichert werden, könnte dann entfallen, da sich nichts wesentlich Neues ergäbe.

IDEFIX ist jedoch eine relationale MS-ACCESS Datenbank, so daß eine exakte Übereinstimmung von Klassenhierarchie und Datenbankentwurf nicht zu erwarten ist, wenn sich die Tabellen in der 3. Normalform befinden. Ziel des Datenbankdesigns für die Kernentitäten ist, daß selbstverständlich alle Instanzvariablen, die gespeichert werden sollen, als ein oder mehrere Felder in der Datenbank vorkommen müssen. Auch alle bestehenden Instanzbeziehungen müssen in der Datenbank stehen, damit keine Informationen verloren gehen. Das Laden von Objekten aus der Datenbank muß ohne unnötigen Aufwand erfolgen können, was das Finden und Zusammensetzen einer Instanz betrifft. Die Tabellen der Datenbank sollen sich in 3. Normalform befinden und die Objekte möglichst kompakt enthalten.

Bei der Übertragung des Klassenentwurfs in eine relationale Tabellenstruktur konnte jede Kernentitätsklasse in der Regel als genau eine Tabelle abgebildet werden. Diese direkte Umsetzung ist bei komplexeren Objekten nicht möglich, was in Abschnitt 4.6 und 4.7 deutlich wird. Instanzverbindungen werden als Fremdschlüsselbeziehungen dargestellt, wobei eine Collection bei einer 1:N Beziehung zu einem Fremdschlüssel in der abhängigen Tabelle wird.

Vererbungsbeziehungen lassen sich prinzipiell auf zwei Arten umsetzen:

- Jede Klasse, auch abstrakte Klassen, wird zu einer eigenen Tabelle in der Datenbank. Geerbte Attribute werden in der Tabelle gespeichert, die direkt der Klasse entspricht, in der das Attribut ursprünglich definiert ist. Tabellen von Unterklassen enthalten einen Fremdschlüssel zur Tabelle der Oberklasse. In der Entwicklung hat dies bei der Änderung von Attributen in einer Oberklasse zur Folge, daß immer nur eine Tabellendefinition in der Datenbank mit geändert werden muß, nämlich die Tabelle, die der jeweiligen Klasse entspricht. Abhängige Tabellen bleiben unverändert, genau wie die Unterklassen in der Klassenhierarchie. Diesem Vorteil stehen jedoch einige Nachteile gegenüber. Ein Objekt verteilt sich bei dieser Lösung über unnötig viele Tabellen. Die Erstellung einer Vererbungshierarchie muß in der Datenbank mit Komplexität in der Tabellenstruktur und mit Laufzeitnachteilen beim Laden und Speichern bezahlt werden. Für einen relationalen

Entwurf ist diese Vorgehensweise ungewöhnlich und wäre wahrscheinlich nicht das Ergebnis eines herkömmlichen Normalisierungsprozesses.

- Abstrakte Klassen werden nicht mit eigenen Tabellen umgesetzt. Geerbte Attribute stehen direkt in der Tabelle der Klasse, die Instanzen besitzen kann. Es ist dadurch nicht erkennbar, welches Feld in einer Tabellendefinition einem geerbten Attribut entspricht. Eine Tabelle hat dann für jedes Attribut einer Instanz in der Regel ein Feld, unabhängig von den Vererbungsbeziehungen. Die Anzahl an Datenbanktabellen ist dadurch im Vergleich zur vorangegangenen Alternative geringer und die Datenbankstruktur übersichtlicher. Neben Laufzeitvorteilen beim Laden und Speichern von Objekten besteht die Möglichkeit, die Feldnamen aussagekräftiger zu gestalten als bei Alternative eins. In den verschiedenen Tabellen sind die Attribute nicht redundant, wie sich vielleicht zunächst vermuten läßt, denn die Bedeutung eines Attributs ist in jeder Tabelle unterschiedlich.

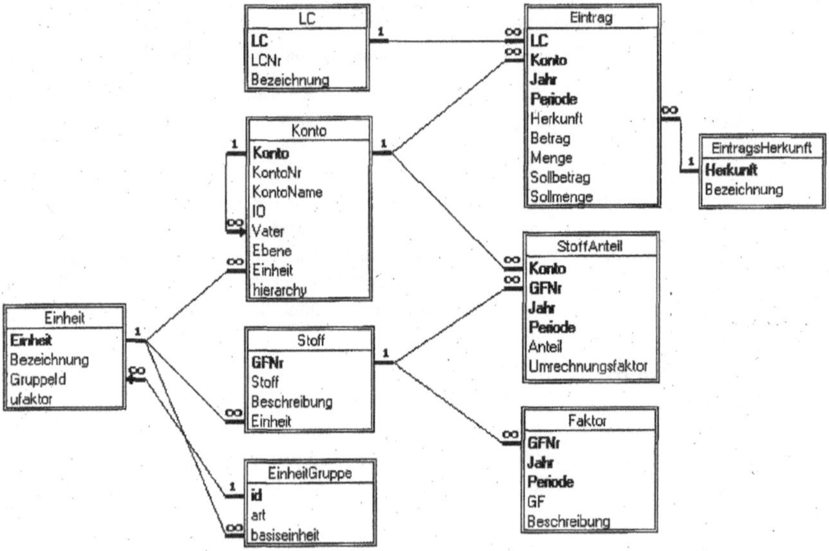

Abbildung 4.8: Tabellen der Kernentitäten[1]

Mit einem Blick auf Abbildung 4.8 ist erkennbar, daß im Datenbankentwurf bei ECoSys Alternative zwei bevorzugt wurde. Die Ähnlichkeiten der Abbildung mit den Instanzverbindungen aus Abbildung 4.5 sind stärker, als die zur Vererbungshierarchie in Abbildung 4.7. Da die Tabellennamen den Klassennamen entsprechen, läßt sich die Zuordnung vom Klassen- zum Datenbankentwurf direkt nachvollziehen.

Ein Sonderfall ist bei der Umsetzung der Klassen *InputKonto* und *OutputKonto* zu beachten, da die Instanzen beider Klassen in der Tabelle *Konto* gespeichert werden. Dies ist möglich, da sich die Instanzen nur durch ihre Zugehörigkeit zu der einen oder anderen Klasse

[1] Quelle: eigene Darstellung

unterscheiden. Für Inputkonten enthält das Feld *IO* in der Konto-Tabelle ein „I", für Outputkonten steht ein „O". Das in der Datenbank vorhandene Integerfeld *hierarchy* hat keine entsprechende Instanzvariable in der Klasse *Konto*. Es wird bei der Erzeugung von Konto-Instanzen nicht berücksichtigt, sondern dient nur zur schnellen Bestimmung der hierarchischen Sortierreihenfolge eines Kontenplans via SQL. ECoSys trägt in dieses Feld die Positionsnummer des Kontos im hierarchisch sortierten Kontenplan ein.

Instanzvariablen, die Objekte enthalten, die keinem einfachem Datentyp in der Datenbank entsprechen, müssen meist in mehreren Datenbankfeldern gespeichert werden. Dies betrifft die Instanzvariable *zeit* in den Klassen *Eintrag* und *StoffAnteil*, sowie *gueltigAb* in der Klasse *Faktor*. Diese enthält ein Objekt der Klasse *Zeit*, das für eine Periodenangabe in ECoSys steht. Ein Zeit-Objekt beinhaltet das Jahr und eine Periodennummer, z.B. 1995/10. Jahr und Periode stehen in der Datenbank in getrennten Feldern, was in Abbildung 4.8 bei den Tabellen *Eintrag, StoffAnteil* und *Faktor* zu sehen ist. Das Umgekehrte ist in der Tabelle *Einheit* zu beobachten: Die Tabellenspalte *bezeichnung* enthält die Einheit als druckbare Zeichenfolge. In den Instanzen der Klasse *Einheit* existiert jeweils eine Instanzvariable für Elemente des Zählers und des Nenners, was Vorteile bei Berechnungen hat. Für den Anwender sind solche Details weder interessant noch ersichtlich, da jede Klasse die interne Darstellung ihrer Attribute kapselt.

Für Primärschlüssel, in der Abbildung fett gedruckt, die sich nicht aus mehreren Feldern zusammensetzen, bleibt zu erwähnen, daß diese von ECoSys automatisch vergeben werden. ECoSys vergibt für Primärschlüssel fortlaufende Nummern, wobei diese Schlüssel zur Identifizierung von Objekten und Tabellentupeln innerhalb der Anwendung verwendet werden. Der Benutzer kennt den Wert dieser Schlüssel nicht. Er unterscheidet Konten und LCs anhand der von ihm vergebenen Kontonummer und LC-Nummer. Vorteil dieses Konzepts ist, daß der Benutzer z.B. Kontonummern nachträglich ändern kann, ohne daß das Objekt aus der Datenbank gelöscht und neu eingefügt werden muß und daß sich durch diese Änderung die Identität eines Objekts nicht verändert. In der Datenbank nehmen Fremdschlüssel nur auf die intern vergebenen Schlüssel Bezug.

4.5 Konzeption von Dauerbuchungen

Mit einer Dauerbuchung können Buchungsvorschriften beschrieben werden, die automatisch bei einem Wechsel in die nächste Periode angestoßen werden, oder Buchungen, die bei bestimmten Buchungen Mengen oder Beträge auf andere Konten und Leistungscenter weiterbuchen. Die folgenden Abschnitte beschreiben die dazu modellierten Klassen und wie die Daten einer Dauerbuchung in Tabellen der Datenbank gespeichert werden. Die Anwendungsmöglichkeiten, die sich durch die Einrichtung von Dauerbuchungen ergeben, wurden bereits in Abschnitt 4.1.3 betont und werden in den Fallbeispielen in Kapitel 6 vertieft.

4.5.1 Objektorientiertes Design der Klassen

Dauerbuchungen werden durch Instanzen der Klasse *DauerBuchung* dargestellt und sind persistente Objekte. In Abbildung 4.7 wurde bereits gezeigt, daß diese Klasse von *BeschriebenesObject* und dadurch auch von *IdefixObject* erbt. Die Struktur einer

Dauerbuchung ist komplexer als die der Kernentitäten des vorigen Abschnitts. Um den Aufbau zu veranschaulichen, ist er in Abbildung 4.9 dargestellt.

Im Mittelpunkt steht eine *DauerBuchung* und ihre Aggregationsbeziehungen zu weiteren Klassen. Der Gültigkeitszeitraum einer Dauerbuchung ist meist beschränkt, kann aber auch unbeschränkt sein. Begrenzte und unbegrenzte Zeiträume werden von einem *ZeitIntervall*-Objekt beschrieben, das die Beginnperiode und ggf. die Endperiode des Gültigkeitszeitraumes enthält. Die Klasse *ZeitIntervall* besitzt Methoden, mit denen geprüft werden kann, ob sich ein Zeitpunkt innerhalb des Zeitintervalls befindet (*ZeitIntervall>>includes:*), um aus zwei Zeitintervallen die Schnittmenge zu bilden (*ZeitIntervall>>intersect:*) oder zwei Zeitintervalle auf Gleichheit zu prüfen (*ZeitIntervall>>=*). Die Abbildung enthält aus Platzgründen nur die wichtigsten Methoden der Klassen.

Jede Dauerbuchung kann einen Wert von einer Quelle zu einem Ziel buchen. Die Quelle, aus der die Dauerbuchung die Daten entnimmt, ist bei einer periodischen Buchung eine Konstante, die der Benutzer angeben kann, wenn er die Dauerbuchung einrichtet. Ist die Dauerbuchung vom Typ Weiterbuchung, so muß die Quelle eine Beziehung zu einem Konto und einem Leistungscenter besitzen. Beim Übertragen des Buchungswertes kann dieser mit einem Multiplikator malgenommen werden. Dadurch wird bei einer Weiterbuchung ein bestimmter Anteil oder ein Vielfaches des Quellwertes auf das Ziel gebucht. Das Ziel ist stets ein Eintrag eines bestimmten Kontos und Leistungscenters. Quelle und Ziel einer Dauerbuchung werden von jeweils einer Instanz der Klassen *BelegQuelle* und *BelegZiel* dargestellt. Da beide eine Beziehung zu einem Konto und einem LC besitzen können, erben sie diese Fähigkeit von der Klasse *BelegZugriff*. Um eindeutig festzulegen, wie eine Buchung zu erfolgen hat, genügt die Angabe einer Konstanten oder eines Kontos und LCs nicht. Es fehlt die Angabe der Buchungsart.

ECoSys unterscheidet vier Arten, wie gebucht werden kann:

- Mengenbuchung als Istwert
- Mengenbuchung als Sollwert
- Betragsbuchung als Istwert
- Betragsbuchung als Sollwert

Bewertungen (Gewichtungen) und Abweichungswerte (Soll-Ist-Abweichungen) können hingegen nicht gebucht, sondern nur abgefragt werden, da es sich um berechnete Werte handelt. Die möglichen Buchungs- oder Saldenarten werden von der Klasse *ZugriffsArt* verwaltet, die dafür sowohl Klassen- als auch Instanzmethoden besitzt. Eine Instanz von *ZugriffsArt* ist die Beschreibung einer Zugriffsart bei einer Abfrage oder Buchung, z.B. Sollbetrag, Istmenge, usw.

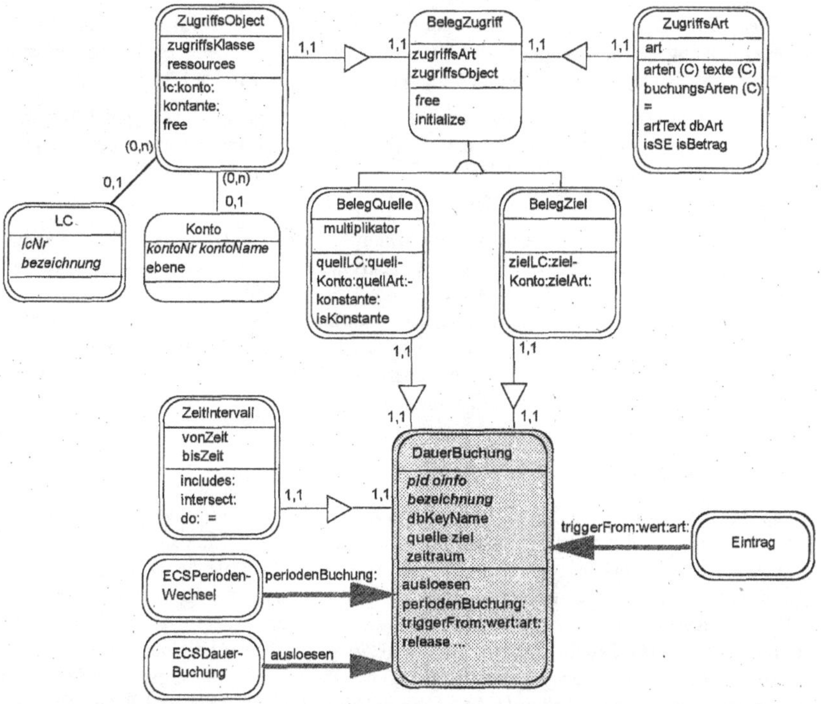

Abbildung 4.9: Klassenkonzept von Dauerbuchungen[1]

Für die vollständige Beschreibung eines Zugriffs auf eine Quelle oder ein Ziel eines Dauerbelegs besteht die Klasse *BelegZugriff* also aus einer *ZugriffsArt* und einem *ZugriffsObject*. Das *ZugriffsObject* verwaltet entweder eine Konstante oder eine Beziehung zu einem Konto und einem LC. Mit der Zugriffsart kann z.B. festgelegt werden, daß die Istmenge der Quelle auf die Sollmenge des Ziels gebucht werden soll.

Handelt es sich um eine Periodenbuchung, die im angegebenen Zeitraum einen konstanten Wert auf ein Ziel bucht, so wird der Dauerbuchung beim Periodenwechsel die Botschaft *periodenBuchung:* mit der neuen Periode als Parameter gesendet. In Abbildung 4.9 wird dieser Aufruf als Nachrichtenbeziehung zwischen dem modalen View *ECSPeriodenWechsel* und der Klasse *DauerBuchung* dargestellt. Die Dauerbuchung prüft in Methode *periodenBuchung:*, ob die übergebene Periode im Zeitintervall liegt. Ist dies der Fall, so wird der konstante Wert auf den Zieleintrag gebucht.

Eine automatische Weiterbuchung wird immer aktiviert, wenn im Gültigkeitszeitraum der Dauerbuchung auf einen Eintrag ihrer Belegquelle gebucht wird. Der bebuchte *Eintrag* sendet nach erfolgreicher Buchung an alle betroffenen Dauerbuchungen die Botschaft *triggerFrom:wert:art:*, die ebenfalls als Nachrichtenverbindung in Abbildung 4.9 dargestellt

[1] Quelle: eigene Darstellung

ist. Jede Dauerbuchung prüft nun, ob sie durch diese Buchung betroffen ist und führt die Weiterbuchung auf ihr Ziel durch. Die Methode *triggerFrom:wert:art:* erwartet als Parameter den *Eintrag*, den gebuchten Wert und die Zugriffsart, mit der auf den *Eintrag* gebucht wurde.

Die Fensterklasse *ECSDauerBuchung* dient zum Anlegen, Ändern und Löschen von Dauerbuchungen. Auch sie aktiviert eine Dauerbuchung, z.B. wenn diese neu angelegt oder vom Benutzer geändert wurde. Die Nachrichtenbeziehung *ausloesen* stellt den Aufruf der Methode dar, die keine Parameter erwartet.

Theoretisch könnten durch Weiterbuchungen Endlosschleifen entstehen, wenn ein Eintrag, der eine Dauerbuchung aktiviert, über mehrere Dauerbuchungen hinweg selbst wieder angestoßen wird. Beim Ändern und Anlegen einer Dauerbuchung wird von *ECSDauerBuchung* daher zunächst geprüft, ob dadurch eine Schleife entstehen würde. In diesem Fall wird der Benutzer darüber benachrichtigt, daß diese Dauerbuchung so nicht erlaubt ist. Da der Gültigkeitszeitraum einer Dauerbuchung im Regelfall beschränkt ist, können Schleifen in der Praxis jedoch kaum auftreten.

4.5.2 Datenbankentwurf

Während die Attribute der Klasse *DauerBuchung* wiederum Instanzen weiterer Klassen sind, wie in Abbildung 4.9 gezeigt wurde, sieht das Datenbankmodell hierzu einfacher aus. Eine Dauerbuchung wird in der Tabelle *DB* der IDEFIX-Datenbank gespeichert. Die Informationen eines Dauerbuchungs-Objekts, die sich durch die Aggregationsbeziehungen über einzelne Instanzen verteilen, können mit einfachen Datentypen in dieser Tabelle gespeichert werden. Das liegt daran, daß die Aggregationen in Abbildung 4.9 allesamt 1:1-Beziehungen sind. Aus den Instanzbeziehungen der *ZugriffsObjects* werden in der Datenbank Fremdschlüssel zu den Tabellen *LC* und *Konto*. Abbildung 4.10 stellt die *DB*-Tabelle mit den bestehenden Beziehungen dar.

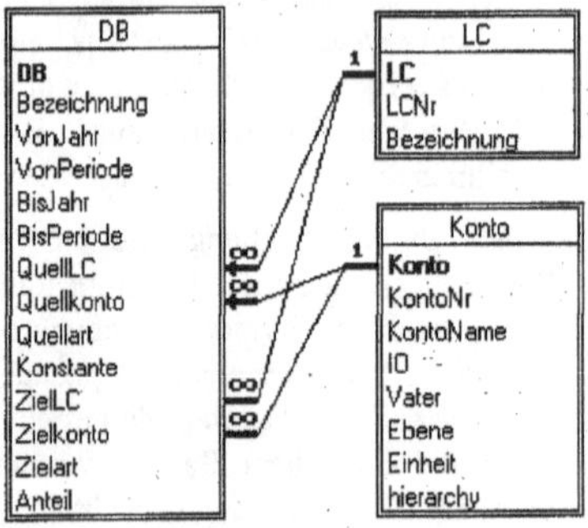

Abbildung 4.10: Datenbanktabelle für Dauerbuchungen[1]

[1] Quelle: eigene Darstellung

4.6 Saldenabfragen, Stoffabfragen und Kennzahlen

Mit den bisher behandelten Klassen werden die Stamm- und Bewegungsdaten in ECoSys verwaltet. Die Hauptaufgabe des Öko-Controlling-Systems ist die Unterstützung flexibler Auswertungen, Verdichtungen und Sichten auf diese Daten, z.B. Ökobilanzen. Der Controller soll die Möglichkeit haben, frei nach für ihn interessanten Zusammenhängen der Daten zu suchen. Das Tool soll in der Lage sein, die definierten Abfragen zu speichern und die Ergebnisse auch graphisch darzustellen.

Völlige Freiheit in der Festlegung von Berichten bedeutet jedoch, daß der Benutzer mehrere Einstellungen und Auswahlen treffen muß. Um nun ohne komplexen Bedienungsaufwand schnell eine Abfrage erstellen zu können, existieren in ECoSys zwei Abfragearten: Saldenabfragen und Stoffabfragen. Sind für tiefergehende Datenanalysen die Möglichkeiten dieser Abfragen zu restriktiv, so können beliebige Berichte mit dem Berichtsgenerator erstellt werden. Zunächst wird jedoch das Konzept der Salden- und Stoffabfragen vorgestellt.

Das Konzept von Kennzahlen in ECoSys baut direkt auf den Salden- und Stoffabfragen auf, so daß es sinnvoll ist, es in diesem Zusammenhang zu erläutern.

4.6.1 Objektorientiertes Design der Klassen

Eine Saldenabfrage dient, wie der Name schon sagt, zum Abfragen von Konten- oder Leistungscentersalden. Der Benutzer wählt sowohl einige Leistungscenter, als auch einige Konten aus und gibt einen Zeitraum für die Abfrage an. Es sind zwei Abfragemodi vorgesehen:

- Leistungscenter-Abfrage: Man erhält eine Liste von Salden jedes gewählten Kontos, summiert über alle gewählten Leistungscenter.
- Konten-Abfrage: Sie ist Gegenteil zur LC-Abfrage, denn hier erhält man eine Liste von Salden jedes Leistungscenters, summiert über die gewählten Konten.

Der Benutzer wählt ferner aus, welche Salden angezeigt werden sollen: Menge, Betrag und Gewichtung, jeweils als Soll- oder Istwert oder als Soll-Ist-Abweichung. Jede Saldenart ergibt eine zusätzliche Spalte im Abfrageergebnis. Beim Entwurf von komplexeren Klassen, die durch die Eingabemöglichkeiten für den Benutzer geprägt sind, empfiehlt es sich, zunächst die Fensteroberfläche zu entwerfen.[1] Dies erleichtert das Verständnis des Problems und der damit verbundenen Klassen. Abbildung 4.11 zeigt das Fenster des Saldenabfrage-Editors von ECoSys. Die Salden der Outputkonten „Glas“, „Blech“, „Alu“ und „Kunststoff“ sollen aufgelistet werden, und zwar summiert über die Leistungscenter „Produkt 1 - 5“. Die Abfrage läuft über die Monatsperioden 1995/4 bis 1995/8, also von April bis August. Das Abfrageergebnis wird eine Spalte mit dem Mengensaldo und eine mit DM-Betragssaldo enthalten.

Ein Saldenabfrageobjekt muß alle Informationen enthalten, die im gezeigten Fenster eingestellt werden können. Aus den möglichen Informationen und Zuständen ergeben sich die

[1] Der in Abschnitt 4.2.1 erwähnte Smalltalk-Entwicklungszyklus stellt beim Prototyping den Fensterentwurf vor den Klassenentwurf.

Instanzvariablen einer Saldenabfrage. Die Buttons und Menüs des Fensters, z.B. „Ausführen" oder „Speichern", geben Hinweise auf wichtige Methoden der Objekte.[1]

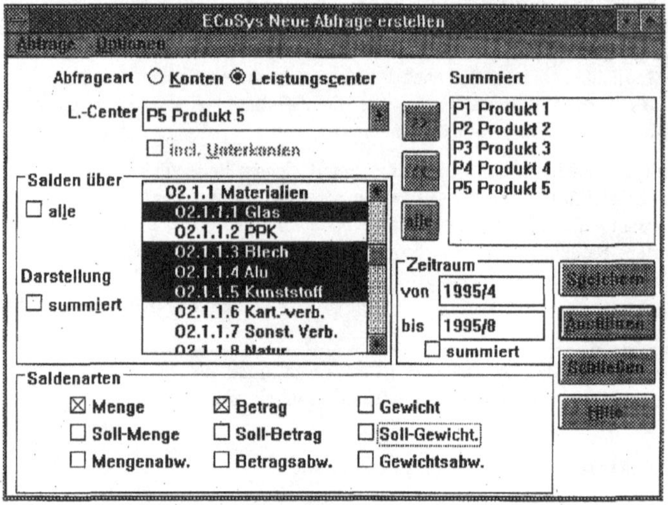

Abbildung 4.11: Der Saldenabfrage-Editor von ECoSys[2]

Eine Stoffabfrage ist einer Saldenabfrage sehr ähnlich. Doch während bei einer Saldenabfrage nur einzelne Konten und Leistungscenter ausgewählt werden, können mit Stoffabfragen auch einzelne Inhaltsstoffe ausgewählt werden. Bis auf diese Spezialisierung besitzen Stoffabfrageobjekte die gleichen Attribute und die gleiche Methodenschnittstelle wie Saldenabfrageobjekte. Das Fenster des Stoffabfrage-Editors ist im Rahmen der Fallbeispiele in Abschnitt 6.5.1 zu sehen. Eine Saldenabfrage berechnet die Salden stets inklusive aller Inhaltsstoffe, was bei Gewichtungen eine Rolle spielt.

Abbildung 4.12 zeigt, daß die gemeinsamen Eigenschaften der Objekte von der abstrakten Oberklasse *AbfrageObject* geerbt werden. Jede Instanz der Klasse *SaldenAbfrage* und *StoffAbfrage* besitzt folgende Attribute:

- *name:* Der Name der Salden- oder Stoffabfrage als String
- *zeitraum:* Ein *ZeitIntervall* für den Zeitraum der Abfrage
- *zugriffsArten:* Ein Array mit *ZugriffsArt*-Objekten für die Saldenarten
- *flags:* Ein Array mit Symbolen für gewählte Ja-Nein-Einstellungen, z.B.: Summiert ja/nein, Protokollfenster ja/nein.
- *lcs* und *konten:* Eine Collection mit Leistungscentern, bzw. Konten

Stoffabfragen enthalten zusätzlich das Attribut *stoffe* mit einer Collection von Stoffen.

---

[1] Natürlich ist die Viewklasse des Abfrageeditor-Fensters von der Modelklasse für die Abfrage getrennt. Die Methoden und Attribute der Viewklasse gehen noch klarer aus der Abbildung hervor, als die des Models. Die Implementierung der Views wird jedoch nicht beschrieben, um den Rahmen dieser Ausarbeitung nicht zu sprengen.

[2] Quelle: Bildschirmausdruck aus ECoSys V1.0

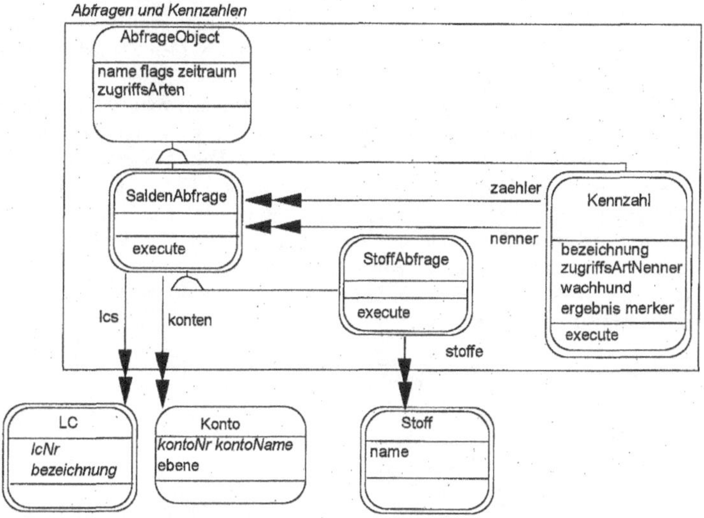

Abbildung 4.12: Instanzbeziehungen und Vererbung bei Abfragen und Kennzahl[1]

Um die Implementierung der Instanzverbindungen mit Abbildung 4.12 eindeutig darzustellen, steht ein Doppelpfeil für eine Instanzvariable, die die Collection mit Objektverweisen enthält. Die Methode *execute* wird aufgerufen, um eine Abfrage auszuführen. Die Methoden für Persistenzeigenschaften, z.B. Speichern, werden von der Klasse *IdefixObject* geerbt, die eine Oberklasse von *AbfrageObject* ist.

Die Klasse *Kennzahl* ist ebenfalls eine Unterklasse von *AbfrageObject*. Eine Instanz der Klasse *Kennzahl* beschreibt eine Kennzahl mit folgendem Aufbau:

$$\text{Kennzahl} = \frac{\sum_i \text{Saldo}(\text{Abfrage}_i)}{\sum_j \text{Saldo}(\text{Abfrage}_j)}$$

Mit Hilfe dieser Struktur ist es möglich, aus dem Ergebnis verschiedener Abfragen alle gängigen Kennzahlen zu bilden, da ökologische Kennzahlen fast immer ein Bruch sind. Die Kennzahlenbeschreibung kann gespeichert und wieder neu zur Bearbeitung oder Berechnung aufgerufen werden. Im Zusammenhang mit Berichten bieten Kennzahlen komfortable Möglichkeiten, die in den Fallbeispielen demonstriert werden[2]. In Abbildung 4.12 ist zu sehen, daß eine Kennzahl zwei Collections mit Verweisen auf Salden- oder Stoffabfragen enthält. Die Collection *zaehler* enthält die Abfragen, deren Salden für die Berechnung des Zählers der Kennzahl aufsummiert werden. Die Collection *nenner* enthält die Abfragen für den Nenner der Kennzahl. Da jede Abfrage mehrere Saldenspalten enthalten kann, muß bestimmt werden, welche Saldenart in der Kennzahl für die Berechnung dienen soll. Die Berechnung einer Kennzahl wird mit der Botschaft *execute* veranlaßt.

---

[1] Quelle: eigene Darstellung

[2] Zur Einbindung von Kennzahlen in einen Bericht siehe Kapitel 6.7.3.

Ein Salden- oder Stoffabfrageobjekt oder eine Kennzahl kann nicht wie die bisher besprochenen Objekte in einer Datenbanktabelle gespeichert werden. Da jedes Abfrageobjekt eine große Anzahl an Verweisen auf Konten, LCs, bzw. Stoffe haben kann, ist mindestens eine zusätzliche Tabelle nötig, in der diese Verweise gespeichert werden. Aus diesem Grund ist die Klasse *AbfrageObject*, von der die Abfrageklassen und die Klasse *Kennzahl* erben, eine direkte Unterklasse von *NTableObject*. Die Klasse *NTableObject* ist bereits in Abbildung 4.7 als Unterklasse von *IdefixObject* dargestellt. In Abbildung 4.13 sind alle Unterklassen von *NTableObject* zu sehen, auch die Klasse *Bericht*, die in Abschnitt 4.7 „Konzeption von Berichten" besprochen wird. *NTableObject* ist die abstrakte Oberklasse für alle persistenten Objekte, die in mehr als einer Datenbanktabelle gespeichert sind. Dort sind vor allem die Methoden zum Laden, Speichern und Löschen der persistenten Instanzen für die Mehrtabellenfähigkeit erweitert worden.

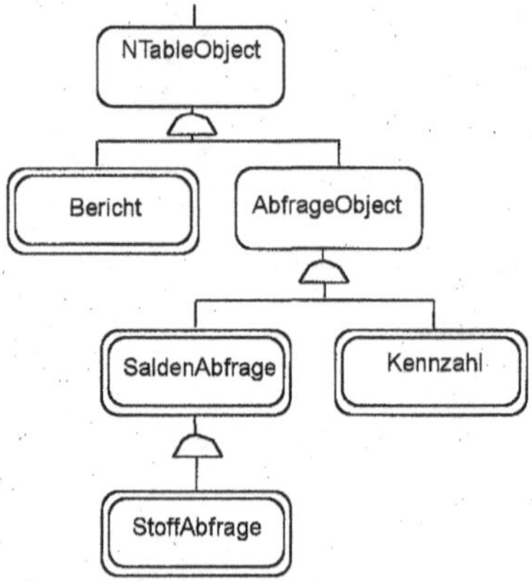

Abbildung 4.13: Die Klasse *NTableObject* mit ihren Unterklassen[1]

4.6.2 Datenbankentwurf

Abbildung 4.14 zeigt die Tabellen der IDEFIX-Datenbank, in denen persistente Instanzen von Saldenabfragen, Stoffabfragen und Kennzahlen gespeichert werden. Zu Saldenabfragen dienen die Tabellen *Abfrage* und *AbfrageObjekte*, zu Stoffabfragen *StoffAbfrage* und *StoffAbfrageObjekte* und zu Kennzahlen *Kennzahl* und *KennzahlElement*. Es ist deutlich zu erkennen, daß sich eine Kennzahl sowohl aus Salden- als auch aus Stoffabfragen zusammensetzen kann. Jede der drei Hilfstabellen (*AbfrageObjekte, StoffAbfrageObjekte* und *KennzahlElement*) enthält einen Fremdschlüssel (Feldname: „id") auf den eindeutigen, automatisch generierten Primärschlüssel der Haupttabelle (*Abfrage, StoffAbfrage* und *Kennzahl*).

Die Hilfstabellen befinden sich streng genommen nicht in 3. Normalform. Eigentlich müßte jede Hilfstabelle in zwei oder bei Stoffabfragen sogar drei Tabellen aufgelöst werden. Jede Tabelle enthielt dann nur noch den Fremdschlüssel „id" und ein Feld mit Fremdschlüssel entweder auf die Tabelle *Konto, LC, Stoff, Abfrage* oder *StoffAbfrage*. Die hier angewandte

[1] Quelle: eigene Darstellung

Denormalisierung hat zur Folge, daß mit einer Tabellenzeile, z.B. von *AbfrageObjekte* zwei Verweise gespeichert werden können: einen auf ein Konto und einen auf ein Leistungscenter. Mit einer Zeile in der Tabelle *StoffAbfrageObjekte* können sogar drei Verweise gespeichert werden. In den Feldern für die Fremdschlüssel sind auch Nullwerte erlaubt.

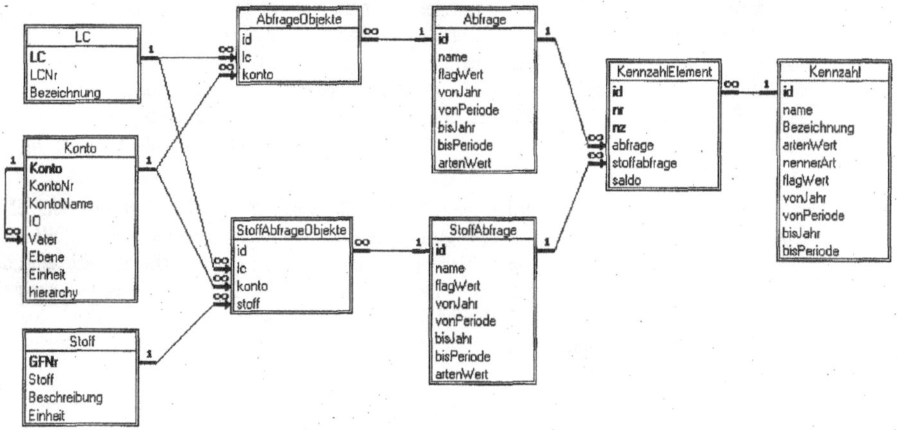

Abbildung 4.14: Tabellen für Abfragen und Kennzahl[1]

Die Beschränkung der Tabellenanzahl führt zu Geschwindigkeitsvorteilen beim Laden und Speichern der Objekte, weil weniger SQL-Statements ausgeführt werden müssen. Umfangreiche Abfragen werden kompakter gespeichert, da bis zu 50% an Zeilen in der Datenbank eingespart werden und genauso viele zusätzliche Felder mit dem Fremdschlüssel „id“.

Die in der Klasse *AbfrageObject* enthaltene Instanzvariable *flags* wird in der Datenbank als Byte- oder Integerzahl gespeichert (Feld *flagWert*). Während die Instanzvariable ein Set von Symbolen enthält, was die Lesbarkeit und Übersicht in der Smalltalkumgebung erhöht und den Inhalt der Variablen fast selbstdokumentierend macht, ist die Speicherung in der Datenbank sowohl kompakt als auch von Änderungen weitgehend unabhängig. Jede Bitposition des Datenbank-Integerfeldes entspricht einem möglichen Flagsymbol der Instanzvariable und wird auf 1 gesetzt, wenn das Symbol in *flags* enthalten ist. Die Konvertierung zum Speichern und die Rückkonvertierung beim Laden übernimmt jeweils eine kurze Methode von *NTableObject.* Solange noch freie Bitpositionen vorhanden sind, können weitere Flagsymbole aufgenommen werden. Reichen 8 oder 16 Flags nicht aus, so es ist problemlos möglich, das Integerfeld in ein Longintegerfeld umzuwandeln, was 16 weitere Möglichkeiten ergibt. Das gleiche Vorgehen wurde für das Feld *artenWert* verwendet, das die in der Abfrage gewünschten Saldenarten enthält. Es entspricht der Instanzvariable *NTableObject>>zugriffsArten.*

[1] Quelle: eigene Darstellung

4.7 Konzeption von Berichten

Der Berichtsgenerator ist der wichtigste Bestandteil im Öko-Controlling-System. Im Gegensatz zu den restriktiven Möglichkeiten der Salden- und Stoffabfragen, sollen Berichte frei definierbar sein und alle Auswertungen unterstützen, die der Umweltcontroller benötigt. Die Definition eines Berichtes ist durch die Vielzahl an Möglichkeiten aufwendiger als das Erstellen einer Abfrage. Die Implementierung der Dialogschritte des Berichtsgenerators und die Ausführung von Berichten werden im Rahmen dieser Arbeit nicht beschrieben, sondern nur grob skizziert, um den Rahmen nicht zu sprengen. Die Erläuterungen der nächsten Abschnitte konzentrieren sich auf das Klassenmodell von Berichten und die Speicherung von Berichtsdefinitionen in der Datenbank.

Zunächst muß geklärt werden, welche Einstellungen und Auswahlen vom Benutzer zu treffen sind, um einen Bericht flexibel zu beschreiben. Die verschiedenen Bestandteile einer Berichtsdefinition müssen möglichst klar voneinander getrennt werden. Die Tabelle zeigt den Grundaufbau eines Berichtsergebnisses. Auch Abfragen liefern eine solche Ergebnistabelle, doch deren Beschreibung ist nicht variabel. Mit Berichten sollen sowohl die Möglichkeiten der Saldenabfragen, als auch die der Stoffabfragen eingeschlossen und übertroffen werden.

Rang 1	Rang 2	Spalte 1	Spalte 2	...	Spalte n
1.	1.1				
	1.2				
	Summe				
2.	2.1				
	2.2				
	Summe				
Summe					

Tabelle 4.1: Grundstruktur eines Berichtsergebnisses[1]

Bei der Betrachtung der Kernentitäten von ECoSys kann man vier unabhängige Dimensionen erkennen, nach denen in einem Bericht abgefragt und gruppiert werden kann:

- Konten
- Leistungscenter
- Stoffe
- Zeit, bzw. Perioden

Tabelle 4.1 zeigt zwei Ränge. Ränge werden auch als Gruppenwechsel bezeichnet. Ein Bericht kann maximal vier Ränge enthalten, die den vier unabhängigen Dimensionen entsprechen, die in ECoSys vorkommen. Die Reihenfolge ist beliebig. Es sind alle Kombinationen denkbar, nicht nur die beiden, die in Tabelle 4.2 beispielhaft dargestellt sind.

[1] Quelle: eigene Darstellung

Zeit	Konto	Stoff
1991/1	I1.1	Glas
		Kunststoff
	I1.2	Glas
		Kunststoff
1991/2	I1.1	Glas
		Kunststoff
	I1.2	Glas
		Kunststoff

oder

Konto	LC	Zeit
I1.1	P1	1991/1
		1991/2
	P2	1991/1
		1991/2
I1.2	P1	1991/1
		1991/2
	P2	1991/1
		1991/2

Tabelle 4.2: Zwei Beispiele für Gruppenwechsel mit drei Rängen[1]

Bei der Bestimmung der Gruppenwechsel ist es möglich, Summenzeilen bei bestimmten Rängen einzufügen, wie in Tabelle 4.1 zu sehen ist. Die Definition der **Gruppenwechsel** ist unabhängig von den übrigen Berichtsdefinitionen.

Für den gesamten Bericht muß bestimmt werden, welche Objekte überhaupt im Bericht abgefragt werden sollen. Sollen beispielsweise nur bestimmte Outputkonten berücksichtigt werden oder der Bericht nur einen begrenzten Zeitraum umfassen? Die Einschränkung des Zeitraumes und der Objekte ist von den Abfragen her bereits bekannt. In Berichten soll die Zeit flexibler festgelegt werden können. Die Angabe eines Zeitintervalls mit Anfangs- und Endperiode genügt nicht. Sollen einzelne Zeiten im Gruppenwechsel aufgeführt werden, die beispielsweise auf vierteljährliche Werte verdichtet werden, so muß die Angabe einer Größe für die einzelnen Zeitabschnitte in den Zeilen festgelegt werden. Wenn nur die ersten Halbjahre der letzten Jahre einzeln erscheinen sollen, so muß dies ebenfalls in der Zeitdefinition festgelegt werden können. Solche Angaben sind sinnvoll, wenn z.B. starke Unterschiede, bedingt durch saisonale Schwankungen, in den Jahren vorkommen, o.ä. Die Auswahl der Objekte (LC, Konten, Stoffe) und die Festlegung der Zeiten wird als Globaldefinition oder auch als **Zeilendefinition** des Berichts bezeichnet und ist ein weiterer unabhängig festzulegender Bestandteil einer Berichtsbeschreibung.

Die Leistungsfähigkeit eines Berichtes gegenüber den Abfragen kommt entscheidend daher, daß ein Bericht in der Gegenüberstellung von Werten mehr Möglichkeiten bietet. In Abfragen konnten nur einzelne Saldenarten ausgewählt werden, die in einzelnen Spalten gegenübergestellt wurden. Oft ist aber zusätzlich die Gegenüberstellung von Input- und Outputkonten, wie z.B. in einer Ökobilanz, oder das Vergleichen mit Vorjahreswerten erforderlich. Auch das Vergleichen von Produkten oder Lagerorten in einzelnen Spalten soll in einem Bericht möglich sein. Die Anzahl an Spalten pro Bericht ist beliebig. Eine Obergrenze kann nicht festgelegt werden, da sie unabhängig von den verfügbaren Saldenarten oder anderen Dimensionen ist. Jede Spalte wird einzeln festgelegt. Zur Gegenüberstellung einzelner Konten, Stoffe oder Leistungscenter werden die Objekte in den Spalten durch Auswahl nochmals eingeschränkt. Die tatsächlichen Werte in den Zellen erhält man aus der Schnittmenge von den Objekten der Zeilendefinition und den Objekten in der **Spaltendefinition**. Ein Beispiel soll dies verdeutlichen:

[1] Quelle: eigene Darstellung

Zeilendefinition	**Spalte 1**	**Spalte 2**
• Konten: alle • Stoffe: alle • Zeit: 1995/1 • LC: Produkt 1, Produkt 2 und Produkt 3 **Gruppenwechsel** • Über die angegebenen LCs	• Konten: I1.1, I1.2 • Stoffe: alle • LC: alle • Saldenart: Istmenge • Titel: „Inputkonten 1“	• Konten: O2.1, O2.2 • Stoffe: alle • LC: alle • Saldenart: Istbetrag • Titel: „Outputkonten 2“

Tabelle 4.3: Beispiel für eine Berichtsdefinition mit Spalten[1]

Das Berichtsergebnis hätte nach dieser Definition folgenden Aufbau:

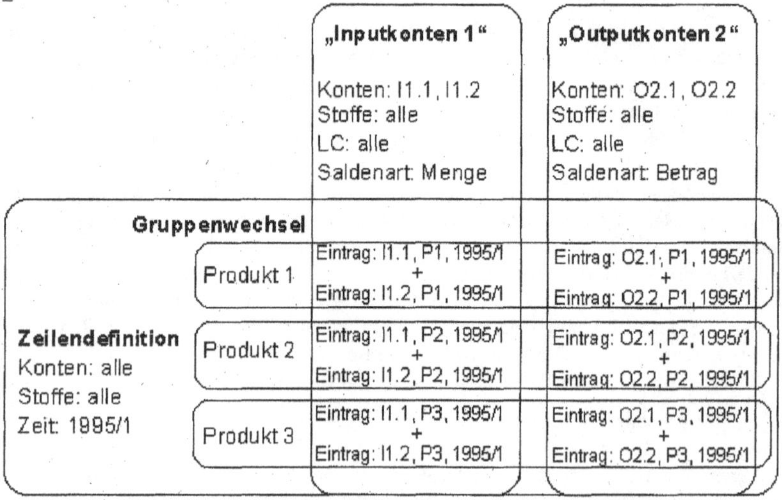

Abbildung 4.15: Schnittmengen aus Spalte und Zeilen in Feldern eines Berichtsergebnisses[2]

In Berichten kann innerhalb einer Zeile mit den Werten der Spalten gerechnet werden. Eine Berichtsspalte kann daher entweder eine sogenannte Abfragespalte sein, wie im gezeigten Beispiel aus Abbildung 4.15, oder eine Rechenvorschrift. Eine Rechenvorschrift ist eine Spalte, in der eine Berechnung hinterlegt wird. In der Berechnung kann auf Werte in den anderen Spalten Bezug genommen werden, z.B. Spalte1 + Spalte2. Es soll außerdem die Möglichkeit bestehen, Kennzahlen in die Berechnung aufzunehmen oder konstante Werte mit einzubeziehen. Alle vier Grundrechenarten sind möglich. Die sich daraus ergebenden

[1] Quelle: eigene Darstellung

[2] Quelle: eigene Darstellung

Möglichkeiten sind so vielfältig, daß an dieser Stelle nur auf das Fallbeispiel in Kapitel 6.7 verwiesen wird.

Die Bestandteile, die unabhängig voneinander für die Beschreibung eines Berichts festzulegen sind, sind also

- eine Global- oder Zeilendefinition
- die Rang- oder Gruppenwechseldefinition
- beliebig viele Spaltendefinitionen.

4.7.1 Objektorientiertes Design der Klassen

Der Klassenentwurf für Berichte bildet die unabhängigen Bestandteile in Form von eigenen Klassen ab. Gemeinsamkeiten werden in Vererbungsbeziehungen berücksichtigt. Abbildung 4.16 zeigt sowohl die Whole-Part-Beziehungen, als auch Vererbungsbeziehungen und einige Instanzverbindungen eines Berichts.

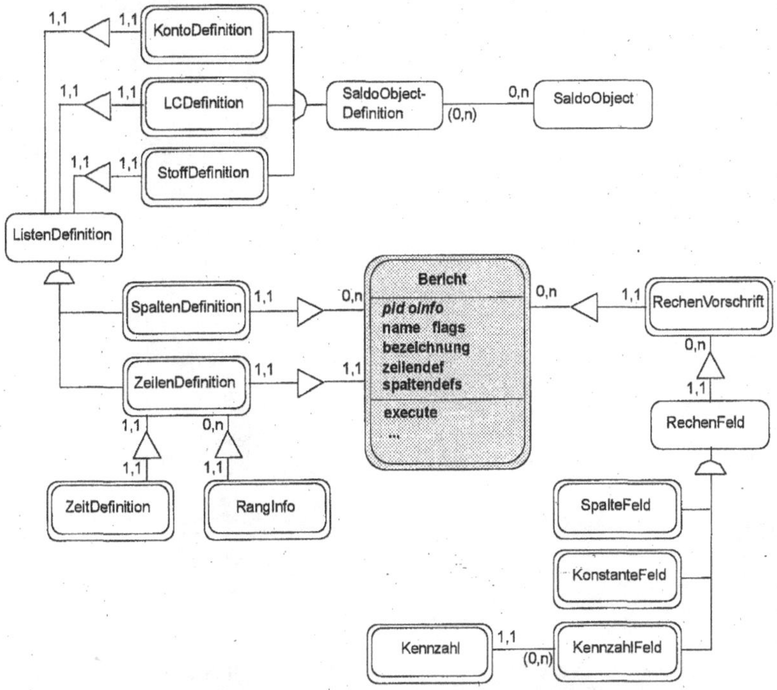

Abbildung 4.16: Klassenstruktur für Berichte[1]

Die Klasse *Bericht* ist, wie bereits in Abbildung 4.13 zu sehen war, indirekt eine Unterklasse von *IdefixObject* und somit die Klasse für persistente Berichtsinstanzen. Die übrigen Klassen (bis auf die bekannten Klassen *Kennzahl* und *SaldoObject*) sind Unterklassen

[1] Quelle: eigene Darstellung

von *BerichtDefinition*, die Unterklasse von *HilfsObject* ist. Die Attribute dieser Klassen sind der Übersicht halber nicht dargestellt. Abbildung 4.17 zeigt auch die Attribute, die wichtigsten Methoden und die vollständige Vererbungshierarchie der Unterklassen von *BerichtDefinition*.

Die Whole-Part-Beziehungen in Abbildung 4.16 zeigen deutlich, daß sich ein Bericht aus einer *ZeilenDefinition* und beliebig vielen Abfragespalten (Klasse *SpaltenDefinition*) und *RechenVorschriften* zusammensetzt. Eine *RechenVorschrift* besteht aus mehreren *RechenFeldern*. Ein *RechenFeld* ist ein Element in der Formel einer *RechenVorschrift* mit einem Verknüpfungsoperator (+, -, *, /) und kann konkret eine Spalte (*SpaltenFeld*), ein konstanter Wert (*KonstanteFeld*) oder die Einbindung einer Kennzahl (*KennzahlFeld*) sein. Bestandteil der *ZeilenDefinition* ist die *ZeitDefinition* mit der Möglichkeit, eine Anfangs- und Endzeit, die Größe der Zeitintervalle und die Schrittweite festzulegen. Außerdem enthält die *ZeilenDefinition* die Informationen über die Gruppenwechsel des Berichts, als Instanzen der Klasse *RangInfo*.

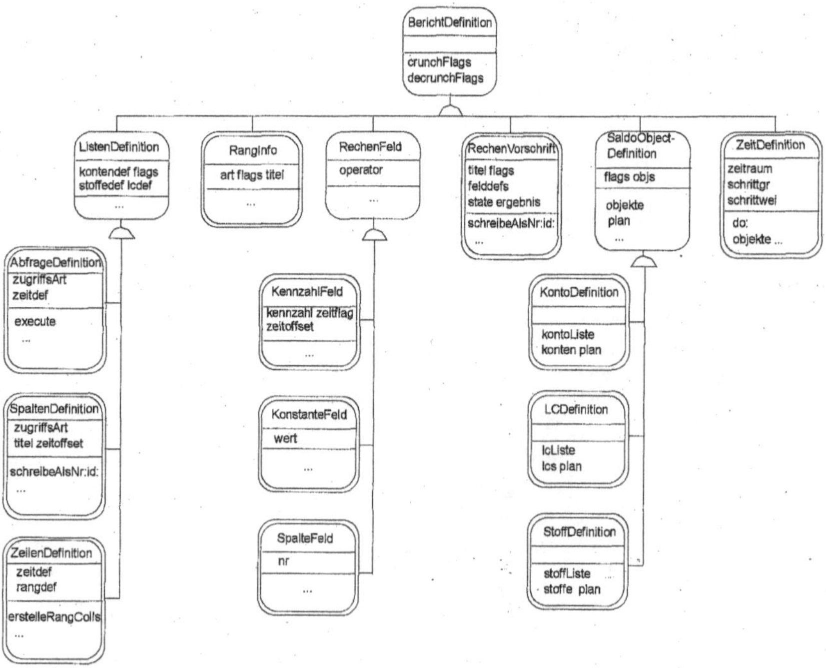

Abbildung 4.17: Vererbungshierarchie der Hilfsobjektklassen eines Berichts[1]

Der *Zeilen-* und der *SpaltenDefinition* ist gemeinsam, daß sie Listen von LCs, Konten und Stoffen enthalten können, aus denen, wie in Abbildung 4.15 veranschaulicht, die Schnittmengen für die Felder eines Berichts ermittelt werden. Die gemeinsame Oberklasse *ListenDefinition* besteht daher je aus einer Instanz der Klassen *KontoDefinition*, *LCDefinition*

[1] Quelle: eigene Darstellung

und *StoffDefinition*. Diese Klassen erben von der Klasse *SaldoObjectDefinition*, die für die Verwaltung der Instanzbeziehung zu den persistenten *SaldoObjects* (*LC, Konto, Stoff*) verantwortlich ist. In vielen der erwähnten Klassen sind noch weitere Angaben möglich, die für den Komfort eines Berichts benötigt werden, z.B. bestimmte Optionen und Flags, Angabe von Titeln und Überschriften usw. Auf eine Beschreibung wird hier im einzelnen verzichtet.

Die Klasse *AbfrageDefinition* (siehe Abbildung 4.17), eine Unterklasse von *ListenDefinition*, kommt in Abbildung 4.16 nicht vor. Die Instanzen existieren nur temporär während der Ausführung eines Berichts. Sie stellen die konkret berechnete Abfragebeschreibung nach der Schnittmengenberechnung für ein Feld eines Berichts dar. Durch die Methode *AbfrageDefinition>>execute* wird das Ergebnis eines Feldes im Bericht berechnet und in das Berichtsergebnis eingetragen. Diese Klasse ist also von großer Bedeutung, obwohl sie in der statischen Whole-Part-Sicht nicht dargestellt ist.

Das **Ausführen eines Berichts** ist aufgrund der Vielzahl an Definitionsmöglichkeiten ein komplizierterer Vorgang, als bei Abfragen und Kennzahlen. Der Bericht erstellt zunächst die möglichen Zeilen des Berichtsergebnisses anhand der Definition der Gruppenwechsel (*ZeilenDefinition>>erstelleRangColls*) und geht dann mit dem Berechnen der Werte für die Ergebnisfelder spaltenweise vor. Spalten mit Rechenvorschriften werden zunächst nicht bearbeitet. Die Schnittmengenberechnung, d.h. das Erzeugen eines *AbfrageDefinitions*-Objektes, wird für jedes Feld im Berichtsergebnis durchgeführt. Vor dem Berechnen eines Feldinhaltes wird vom *AbfrageDefinitions*-Objekt eine optimale Abfragestrategie ausgewählt, um nicht unnötig viele Daten aus der Datenbank laden zu müssen. Das Generieren und Absetzen von SQL-Statements durch das Objektmanagement und das Erzeugen der *Eintrag*-Instanzen zählt bei großen Datenmengen zu den laufzeitintensivsten Vorgängen der Berichtsausführung. Durch zahlreiche Optimierungen konnte die Ausführungszeit von Berichten so verbessert werden, daß sie sich kaum von den Abfragen unterscheidet. Auch ist die Laufzeit bei gefülltem Objekt-Cache erheblich kürzer als bei einer Ausführung sofort nach dem Starten von ECoSys.

Nachdem alle Abfragespalten bearbeitet wurden, werden die Rechenvorschriften zeilenweise berechnet. Beim Auflösen einer Rechenvorschrift kann diese wieder auf Ergebnisse von Spalten zugreifen, die selbst durch Rechenvorschriften definiert sind. Die Ausführung einer Rechenvorschrift ist also ein rekursiver Algorithmus, der bestehende Zirkelbezüge in der Rechendefinition und weitere Fehler (z.B. Division durch Null) erkennt. Es bestehen prinzipielle Ähnlichkeiten zur Berechnung eines Spreadsheatfeldes bei Tabellenkalkulationen.

Wenn alle Felder berechnet wurden, werden die gewünschten Summenzeilen ins Berichtsergebnis eingetragen und vorhandene Leerzeilen auf Wunsch entfernt. Das Ergebnis eines Berichts kann, wie bei Abfragen, in einem Fenster dargestellt und als Datei exportiert werden. Mit dem Ergebnis können graphische Analysen durchgeführt werden.

4.7.2 Datenbankentwurf

Entsprechend der Komplexität im objektorientierten Entwurf von Berichten, ist auch die Speicherung in der Datenbank nicht mit ein oder zwei normalisierten Tabellen möglich. Ein Berichtsobjekt ist die komplexeste persistente Instanz im Konzept von ECoSys. Da sie in acht verschiedenen Tabellen gespeichert wird, ist die Klasse *Bericht* eine Unterklasse von

NTableObject. Alle 1:N-Beziehungen aus Abbildung 4.16 werden in eigenen Tabellen abgelegt. Um die Verwaltung der referenziellen Integrität dem DBMS überlassen zu können, sind die Verweise auf Konten, LCs und Stoffe der Zeilendefinition und den Spaltendefinitionen in drei eigenen Tabellen gespeichert: *LCListe*, *KontoListe* und *StoffListe*. Auf eine Speicherung mehrerer Verweise in einer Zeile wie bei Abfragen und Kennzahlen wurde bei Berichten verzichtet.

Die Tabellennamen geben Aufschluß darüber, welche Bestandteile eines Berichtsobjekts darin abgelegt werden. Die unterschiedlichen Arten von Rechenfeldern einer Rechenvorschrift (*SpalteFeld*, *KonstanteFeld* und *KennzahlFeld*) konnten mit ein paar Zugeständnissen bei der Normalisierung in einer Tabelle (*RechenFeld*) gespeichert werden. Die möglichen Flags von verschiedenen Teilen der Berichtsdefinition werden in der Datenbank wieder als Integerwerte gespeichert und automatisch beim Laden in die Darstellung des Objekts übersetzt. Das Verfahren dazu wurde bereits im Zusammenhang mit dem Datenbankentwurf für Abfragen und Kennzahlen (Abschnitt 4.6.2) beschrieben.

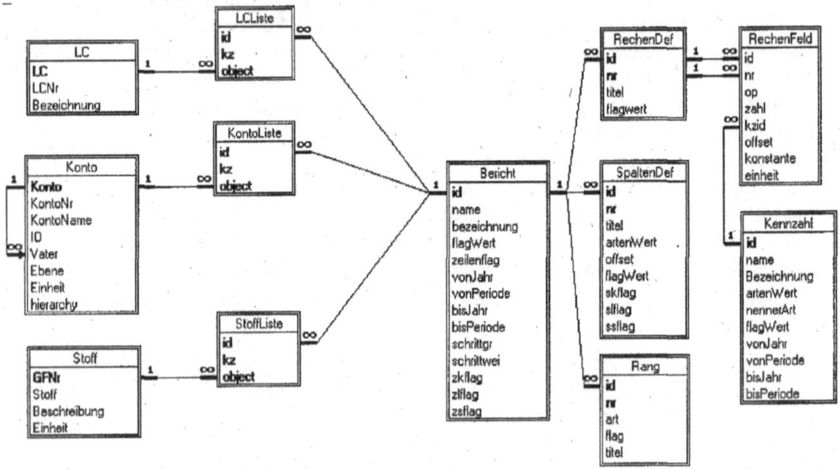

Abbildung 4.18: Tabellen für Berichte[1]

4.8 Konzeption von Diagrammen

Für ein Controlling-Tool ist die graphische Darstellung von Daten genauso wichtig wie ein leistungsfähiger Berichtsgenerator. Das Öko-Controlling-System unterstützt daher verschiedene Typen von Geschäftsgraphiken, die auf dem Ergebnis von Saldenabfragen oder Berichten aufgesetzt werden können. Mit Berichtsergebnissen sind alle angebotenen Diagrammarten möglich, während bei dem Ergebnis der Abfragen in der Version 1.0 von ECoSys einige Diagrammtypen nicht unterstützt werden.

---

[1] Quelle: eigene Darstellung

Abbildung 4.19 zeigt alle Grundtypen von Diagrammen, die mit ECoSys erstellt werden können. Für jede Diagrammart sind besondere Attribute einstellbar, z.B. 3D ein- und ausschalten, horizontale oder vertikale Darstellung, Prozentwerte, Legende und Achsenbeschriftung, Schriftarten, Bearbeitung von Farben und Mustern, statistische Hilfslinien, u.v.m.

Bei der Konzeption der Diagrammkomponenten von ECoSys waren sehr viele Einzelheiten zu berücksichtigen, weswegen sich die folgenden Ausführungen nur auf die wichtigsten Konzepte beschränken. Es werden die Eigenschaften der einzelnen Diagrammtypen genannt und anschließend auf das Konzept für den Diagrammgenerator und die Diagramme eingegangen. Auch die Speicherung in der Datenbank wird kurz angesprochen.

Zum Gegenüberstellen und Vergleichen einer beliebigen Anzahl von Datenreihen eignen sich Balken-, Flächen-, Streifen- und Liniendiagramme. Vor allem Balkendiagramme werden häufig verwendet, da sie die meisten einstellbaren Attribute zur Verfügung stellen und oftmals besonders anschaulich sind. Die Stärke von Liniendiagrammen sind statistische Hilfslinien, die automatisch eingetragen werden können, z.B. Regressionsgerade, Standardabweichung, Durchschnitt, etc. Lineare Trends können einfach erkannt und bei verschiedenen Datenreihen in einem Diagramm verglichen werden.

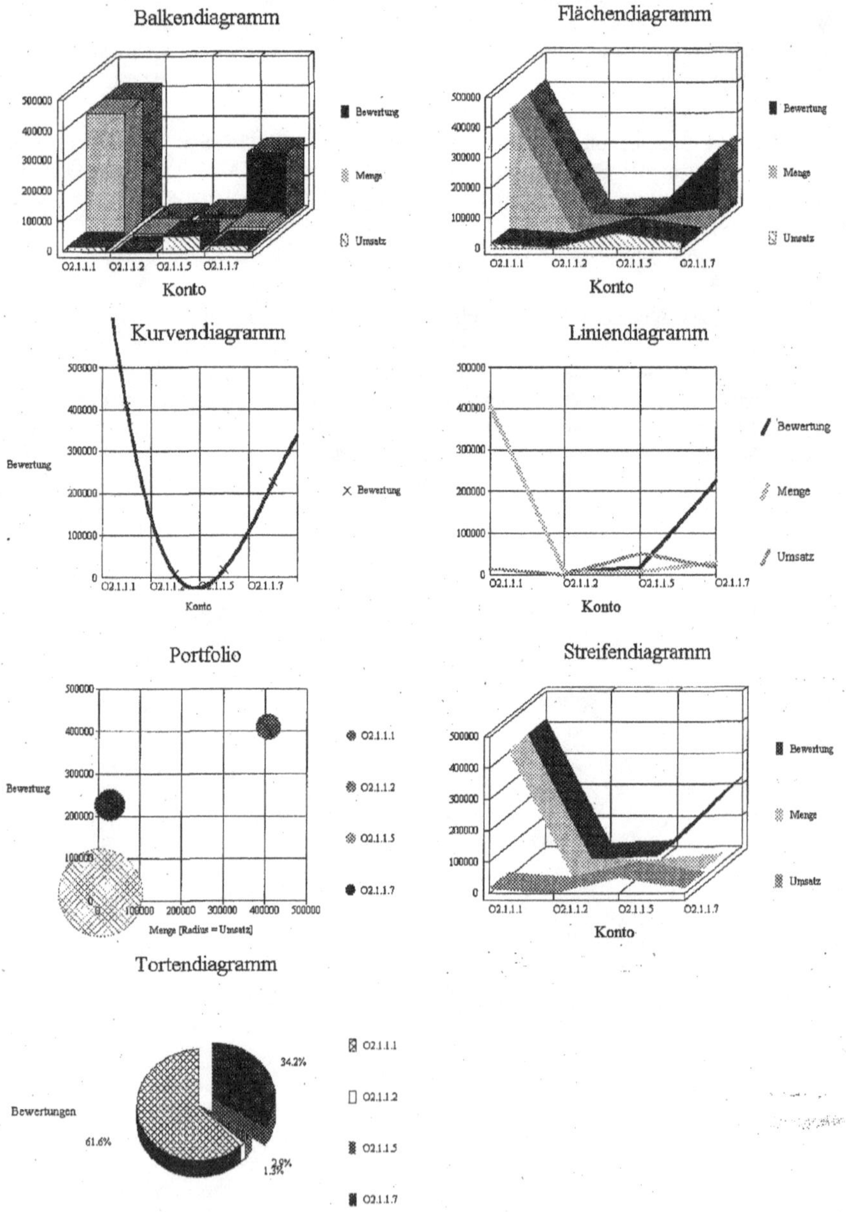

Abbildung 4.19: Diagrammarten von ECoSys (Quelle: ECoSys V1.0)

Sind weitere mathematische Analysen einer Datenreihe erforderlich, so eignet sich das Kurvendiagramm. Es kann zwar nur eine Datenreihe anzeigen, bietet aber die Darstellung mit verschiedensten Glättungsfunktionen (Polynome n'ten Grades, Logarithmus, Exponentialfunktionen, u.v.m.).

Um Zusammensetzungen einer Datenreihe zu veranschaulichen, ist das Tortendiagramm ein bekanntes Hilfsmittel. Vor allem das Herausschieben („Explosion") von Teilen der Tortengraphik ist eine ansprechende Methode, auf besondere Daten aufmerksam zu machen.

Das Portfolio ist ein für Controllingaufgaben besonders charakteristisches Diagramm. Eine Datenreihe kann anhand von zwei oder drei Kriterien (z.B. Menge, Betrag, Gewichtung) dargestellt werden. Bei sinnvoller Achsenbelegung erlaubt das Portfolio die Durchführung strategischer Analysen.

4.8.1 Konzept des Diagrammgenerators

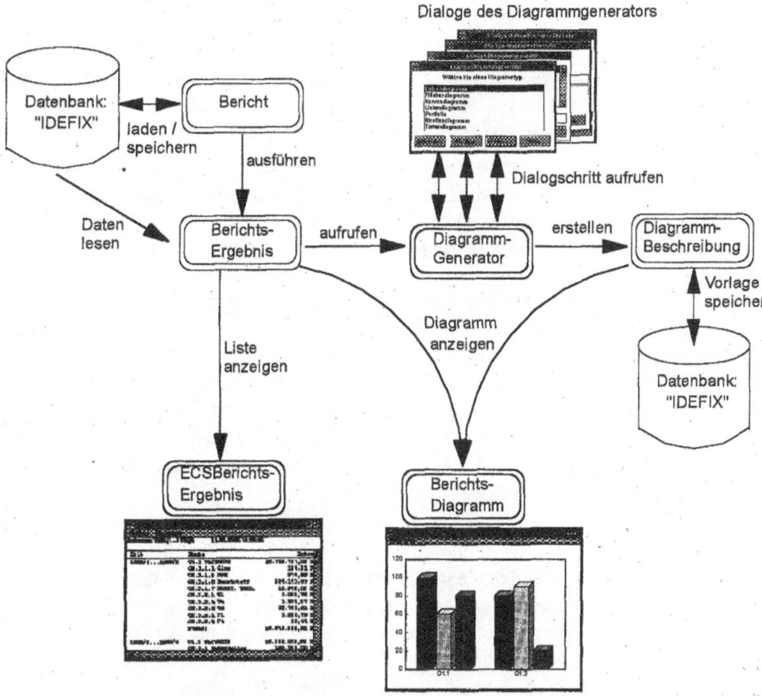

Abbildung 4.20: Ablauf beim Aufsetzen eines Diagramms auf ein Berichtsergebnis[1]

Die Datengrundlage für Diagramme liefert das Ergebnis einer Abfrage oder eines Berichts. Das Ergebnis eines Berichts ist eine Instanz der Klasse *BerichtsErgebnis*. Im Model-View-

[1] Quelle: eigene Darstellung

Controller-Prinzip stellt diese Klasse das Model dar. Der View zur Darstellung kann sowohl ein Fenster mit Mehrspaltenliste (Klasse *ECSBerichtsErgebnis*) als auch ein Diagramm (Klasse *BerichtsDiagramm*) sein. Die beiden Views sind in Abbildung 4.20 zu sehen.

Ein Berichtsergebnis kann zwar als ASCII-Datei exportiert werden, jedoch nicht als Objekt in der Datenbank gespeichert und geladen werden. Dem Erzeugen eines Berichts- oder Abfrageergebnis-Objekts muß also stets die Ausführung eines Berichts oder einer Abfrage vorausgehen.

In Abbildung 4.20 sind die Informationsflüsse zwischen Klassen dargestellt, um den Ablauf und die beteiligten Klassen bei der Erstellung eines Diagramms im Überblick zu zeigen. Es sind stets alle Informationsflüsse, die zu einer Klasse zeigen, nötig, um diese zu erzeugen. Es ist zu erkennen, daß für ein Diagramm (Klasse *BerichtsDiagramm*) sowohl ein *BerichtsErgebnis* als auch eine *DiagrammBeschreibung* benötigt wird.

Für das Festlegen eines Diagramms enthält ECoSys einen Diagrammgenerator, der für das Aufrufen der jeweils richtigen Dialoge zuständig ist, mit denen der Benutzer das Diagramm beschreibt. Mit dem Diagrammgenerator wird eine Instanz der Klasse *DiagrammBeschreibung* erstellt und initialisiert.

Die Dialogfenster, die mit dem Diagrammgenerator aufgerufen werden, hängen sowohl von der Struktur des Ergebnisses, als auch vom Diagrammtyp ab. Die Erstellung einer Diagrammbeschreibung verläuft stets in vier Dialogschritten:

1. **Auswahl eines Diagrammtyps** aus den angebotenen Möglichkeiten, die für das Berichts- oder Abfrageergebnis zulässig sind. Es kann auch eine Diagrammvorlage aus der Datenbank geladen werden.
2. **Einschränkung der Datenmenge und Angabe eines Diagrammtitels.** In ECoSys wird der Benutzer aufgefordert, ein Titelobjekt zu wählen, um die darzustellenden Daten des Ergebnisses einzuschränken. Oft können oder sollen nicht alle Daten im Diagramm erscheinen.
3. **Festlegung der Diagrammachsen.** Die Diagrammbeschreibung ist nach diesem Schritt so vollständig, daß der vierte Schritt übersprungen werden kann.
4. **Einstellung der Diagrammattribute.** Die verfügbaren Attribute hängen vom Diagrammtyp ab. Wird dieser Schritt übersprungen, so wird das Diagramm mit den Voreinstellungen dargestellt. Die Attribute können auch nachträglich noch verändert werden.

Anschließend wird das Diagramm aufgebaut und angezeigt. Den Aufbau und die Darstellung des Diagramms übernimmt die Klasse *BerichtsDiagramm*, bzw. *AbfrageDiagramm*. Nicht das Diagramm selbst, sondern die Diagrammbeschreibung, in ECoSys als Diagrammvorlage bezeichnet, kann in der Datenbank gespeichert werden, wie auch aus Abbildung 4.20 hervorgeht. Der Name des Berichts bzw. der Abfrage wird ebenfalls mit der Diagrammbeschreibung gespeichert, damit für einen Bericht die zugehörigen Diagramme angezeigt werden können und ein Diagramm seinen zugehörigen Bericht aufrufen kann.

4.8.2 Datenbankentwurf

Eine Instanz der Klasse *DiagrammBeschreibung* kann zwar geladen und gespeichert werden, ist aber kein persistentes Objekt, das vom ECoSys-Objektmanagement verwaltet wird wie z.B. Berichte, Konten, Einträge, usw. Bei der Überlegung, auf welche Art eine Diagrammbeschreibung zu speichern ist, wurde zwischen Speichern in der Datenbank und Datei abgewogen. Es wurde die Speicherung in der Datenbank gewählt, weil eine wachsende Anzahl an Dateien für den Benutzer unübersichtlich wird und die Datenbank ohnehin vorhanden ist.

Das besondere Problem beim Speichern einer Diagrammbeschreibung ist, daß unterschiedlichste Informationen vieler Einzelheiten in ihr enthalten sind. Eine Diagrammbeschreibungs-Instanz hat dafür keine begrenzte Anzahl Instanzvariablen, sondern verwaltet alle enthaltenen Informationen über ein Diagramm in einem *Dictionary*[1]. Die Informationen einer Diagrammbeschreibung variieren mit dem Diagrammtyp und den eingestellten Attributen. Der Entwurf einer normalisierten Datenbanktabelle hätte zur Folge gehabt, daß entweder für jede Diagrammart eine eigene Tabelle benötigt worden wäre oder die meisten Felder in der Zeile einer einzigen Tabelle stets leer geblieben wären. Außerdem ist es möglich, daß an einer Diagrammbeschreibung alles geändert wird. Sogar die Änderung des Diagrammtyps ist möglich, so daß die Speicherung in getrennten Tabellen pro Diagrammtyp nicht praktikabel ist.

Das Prüfen von referenzieller Integrität zwischen einer Diagrammvorlage und dem zugehörigen Bericht, bzw. einer Abfrage ist ebenfalls nicht möglich. Es kann eine Diagrammvorlage für beliebig viele Berichte verwendbar sein und aus einem Bericht können beliebig viele Diagramme erstellt werden. Aber auch wenn dies als M:N Beziehung realisiert würde, ist nicht gewährleistet, daß eine Diagrammvorlage noch zum Berichtsergebnis paßt. Theoretisch kann jede Änderung an der Berichtsdefintion dazu führen, daß die Diagrammvorlage ohne Überarbeitung nicht mehr zu verwenden ist. Selbst wenn die Berichtsdefinition nicht geändert wurde, genügen schon Änderungen der Stammdaten (Kontenplan, LCs) oder Buchungen, um eine bestehende Diagrammvorlage unbrauchbar zu machen. Für die Realisierung bedeutet dies, daß die Methoden für den Diagrammaufbau besonders robust und tolerant gegen falsche Angaben der Diagrammbeschreibung sein müssen.

Eine Diagrammbeschreibung wird in zwei Tabellen gespeichert: *DiagrammVorlage* und *DiagrammAssociation*. Abbildung 4.21 zeigt den Aufbau und die Beziehungen der Tabellen.

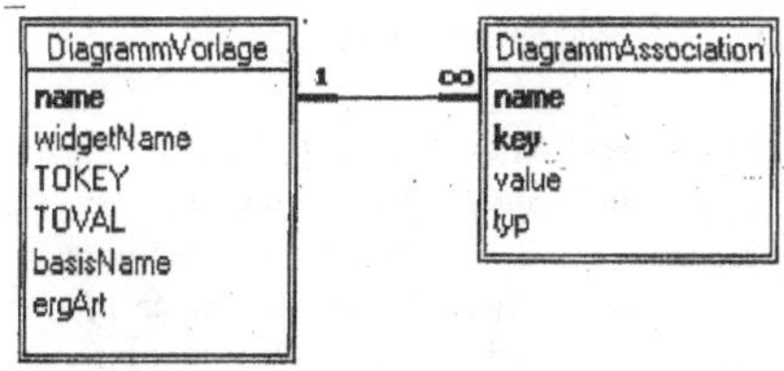

Abbildung 4.21: Tabellen für Diagrammvorlagen[2]

[1] Die Klasse *Dictionary* ist eine in Smalltalk vorhandene Collectionklasse. Auf jedes enthaltene Element wird über einen eindeutigen Schlüssel zugegriffen. Einem *Dictionary* können beliebig Elemente hinzugefügt oder entnommen werden.

[2] Quelle: eigene Darstellung

Die Tabelle *DiagrammVorlage* enthält Felder, die in jeder Diagrammbeschreibung vorhanden sein **müssen**, während in der Tabelle *DiagrammAssociation* die übrigen Elemente des Dictionarys der Diagrammbeschreibung gespeichert sind. Elemente eines Dictionarys sind sogenannte Associations (Klasse *Association*). Jede *Association* hat einen Schlüssel und einen Wert. Die Schlüssel der Associations im Dictionary sind eindeutig. Daher setzt sich der Primärschlüssel der Tabelle *DiagrammAssociation* aus dem Diagrammnamen und dem Association-Schlüssel zusammen. Die Werte können von verschiedenen Datentypen sein. Um beim Laden die richtigen Datentypen für die Werte rekonstruieren zu können, ist das Feld *value* ein großzügig ausgelegtes Stringfeld. Das Feld *typ* enthält eine Kennzeichnung (als Buchstabe) für den Datentyp. Beim Laden einer Diagrammbeschreibung wird der Inhalt des *value*-Feldes in den entsprechenden Datentyp umgewandelt.

4.9 Zusammenfassung

Die Ausarbeitung und Realisierung der vorgestellten Konzepte beinhalten etwa vier Monate intensiver Entwicklungsarbeit. Als Vorgehensweise wurde der Rapid-Prototyping-Ansatz gewählt. Nach ca. 1,5 Monaten konnte der erste Prototyp von ECoSys, der noch stark eingeschränkte Funktionalitäten aufwies, einem ersten Praxistest unterzogen werden. Im weiteren Projektverlauf wurde nach Rücksprache mit potentiellen Anwendern und Entwicklern und anhand der durchgeführten Fallstudien die Weiterentwicklung bis zum vorgestellten Reifegrad vorangetrieben.

Es wären, um den Einsatz von ECoSys noch komfortabler und leistungsfähiger zu gestalten, etliche Erweiterungen des Systems denkbar:

- Graphische Anzeige einer Kennzahlenhierarchie im System
- Hierarchischer Leistungscenterplan analog zum hierarchischen Kontenrahmen
- Ausgestaltung der Dauerbuchung
- Importschnittstellen für Stammdaten
- Ausgestaltung des Gefahrstoffmoduls mit Datenbankfeldern einer Gefahrstoffdatenbank
- Weitere Möglichkeiten des Berichtsgenerators (Einzelzeilendefinition, Rechenvorschriften mit Zellenoperationen)
- Modul für eine Umweltbestandsrechnung
- u.v.m.

Die in diesem Kapitel vorgestellten Konzepte beschränkten sich auf die wichtigsten Klassen, deren Beziehungen und ihre Speicherung in der Datenbank. Detailliertere Informationen sollten direkt aus der Smalltalk-Entwicklungsumgebung von ECoSys entnommen werden. Mit Hilfe des Class Browsers und abrufbaren Cross-References für Klassen und Methoden ist die Einarbeitung und Weiterentwicklung in die Konzepte von ECoSys möglich. Bei der Erstellung der Methoden wurden reichlich Kommentare verwendet und auf aussagekräftige Namensgebung geachtet. Ein Hauptbestandteil des Konzepts, der im vergangenen Abschnitt nicht behandelt wurde, ist die Dialogsteuerung und die Fensterlogik bei der Implementierung der Views. Auch die Anpassungen der Entwicklungsumgebung und die Weiterentwicklung der vorhandenen Klassen kann in dieser Arbeit nicht behandelt werden.

Dem speziellen Problem, der Überwindung des logischen Bruchs zwischen relationaler Tabellensicht in der Datenbank und objektorientierter Sicht, widmet sich das folgende Kapitel. Die darin vorgestellten Konzepte wurden hier nicht behandelt, da sie in keinem direkten Anwendungszusammenhang mit der Konzeption von ECoSys als Öko-Controlling-System stehen, sondern technische Ursachen haben.

5 Bruch zwischen objektorientierter und relationaler Sicht

5.1 Problemstellung

Die gewählte Entwicklungsumgebung, relationale Datenbank ACCESS einerseits und das streng objektorientierte Smalltalksystem andererseits, wirft einige Probleme bezüglich des Datenzugriffs in der Anwendung auf.

Im Smalltalkprogramm kann selbstverständlich nur mit Objekten gearbeitet werden, da nur Objekte Botschaften wie „Anzeigen“, „Buchen“ oder „Drucken“ verstehen können, während in der Datenbank nicht die Objekte selbst, sondern nur die Daten zu finden sind. Aus den Daten der Datenbank müssen also beim Laden Objekte erzeugt werden. Die Daten in der Datenbank werden, bedingt durch den relationalen Entwurf in 3. Normalform, nicht redundant gehalten. Das daraus erzeugte persistente Objekt darf nicht mehrmals im Hauptspeicher vorkommen, sonst würde eine inkonsistente Situation und damit alle möglichen Probleme wie „Lost Updates“, etc. entstehen.

Es muß also eine Verwaltungsinstanz geschaffen werden, die koordiniert, welche persistenten Objekte bereits im Hauptspeicher stehen, damit diese nicht mehrfach erzeugt werden. Dadurch sollen auch unnötige Datenbankzugriffe vermieden werden.

Ein weiteres Problem, das durch das Zusammenprallen der relationalen und der objektorientierten Welt entsteht, ist, daß Instanzverbindungen zwischen Objekten in der Regel mittels Zeigern realisiert sind. Dies wird gerade von objektorientierten Datenbanken auch so unterstützt und sollte bei den persistenten Objekten in ECoSys auf jeden Fall erhalten bleiben. Diese Forderung ist die Grundlage für eine Aufrechterhaltung des Geheimnisprinzips und der Datenunabhängigkeit[1]. In einer relationalen Datenbank werden solche Zeigerverbindungen, wenn überhaupt, nur durch Fremdschlüssel dargestellt. Primär- und Fremdschlüssel sind jedoch als datenbankspezifische Werte möglichst ganz vor dem Applikationsprogrammierer zu verbergen. Wenn beim Erzeugen eines persistenten Objekts sofort all dessen Zeiger auf weitere persistente Objekte initialisiert werden sollen, müßte durch das Laden weniger Objekte ein großer Teil der Datenbank über die Zeigerabhängigkeiten in den Hauptspeicher geladen werden. Dies ist natürlich unhaltbar. Daher muß auch für dieses Problem eine Lösung gefunden werden, die garantiert, daß nicht auf mehr Daten als im Moment benötigt zugegriffen wird und die Objekte nach außen hin dennoch vollständig erzeugt scheinen.

---

[1] „Datenunabhängigkeit (engl. data independence) ist die Möglichkeit, in die Definition der Datenbank Änderungen einzubringen, und gleichzeitig die Auswirkungen auf die vorhandenen Anwendungen,...“ - in diesem Fall die Objekte in ECoSys - „....die auf die Datenbank zugreifen, gering zu halten.“ (Barry, „Entscheidende Features eines ODBMS“ 32)

Der konzeptionelle Unterschied zwischen objektorientiertem Entwurf und Datenbankentwurf wurde bereits im vorigen Kapitel deutlich und jeweils getrennt besprochen. Es sei hier zum Vergleich nochmals auf die Abbildungen 4.5 „Instanzverbindungen der Kernentitätsklassen„ und 4.8 „Tabellen der Kernentitäten“, 4.9 „Klassenkonzept von Dauerbuchungen“ und 4.10 „Datenbanktabelle für Dauerbuchungen“, sowie 4.16 „Klassenstruktur für Berichte“ und 4.18 „Tabellen für Berichte“ verwiesen.

Im Sinne eines übersichtlichen Entwurfs, guter Wartbarkeit und Datenunabhängigkeit, soll sich der Anwendungsprogrammierer, der mit den persistenten Objekten arbeitet, nicht mehr darum kümmern müssen, auf welche Weise diese in der Datenbank abgelegt werden. Die Objekte sollten sich weitgehend wie alle anderen Objekte verhalten und eine einheitliche Schnittstelle zur Verfügung stellen. Es sollten auch nicht über alle Klassen verteilt SQL-Statements innerhalb von Smalltalkmethoden eingebettet sein, da auch dies die Wartbarkeit erschweren würde, gerade bei einer Änderung des Datenmodells. Da mit einer streng objektorientierten Sprache gearbeitet wurde, käme dieser Bruch nicht zustande, wenn eine objektorientierte Datenbank anstelle der relationalen verwendet worden wäre. In unserem Fall mußten die Probleme und Anforderungen durch ein eigenes Konzept gelöst werden, das die relationale Datenbank in etwa so kapselt, als sei es eine objektorientierte Datenbank[1].

5.2 Anforderungen an persistente Objekte

Natürlich wurde nicht der Anspruch erhoben, in der relativ langsamen Sprache Smalltalk über die ODBC-Schnittstelle ein Laufzeitsystem aufzubauen, das die ebenfalls nur mäßig performante ACCESS-Datenbank zu einer quasi objektorientierten Datenbank macht. Aber einige Mindestanforderungen müssen vom Konzept doch erfüllt werden:

- Das **Identitätsproblem** muß gelöst werden, d.h. jedes persistente Objekt darf nur einmal im Hauptspeicher sein.
- Persistente Objekte müssen **einheitlich** erzeugt, geladen und gespeichert werden können und deren Design sollte dadurch nicht beeinträchtigt werden.[2]
- Es soll vom Anwendungsprogrammierer nicht geprüft werden müssen, ob ein Objekt **bereits geladen** ist oder nicht.
- Mehrere Objekte müssen **gleichzeitigen Zugriff** auf ein persistentes Objekt haben können.
- Objekte müssen für Lösch- und Änderungszugriffe im Sinne der Dialogsteuerung zum Arbeiten mit nicht-modalen Fenstern **gesperrt** werden können.
- **Gelöschte Objekte** müssen ganz aus dem System entfernt werden, nicht nur aus der Datenbank. Alle Objekte, die solch ein Objekt noch referenzieren, müssen ggf. **benachrichtigt** werden.

---

[1] Vgl. Kapitel 4.2.3. Dort werden die Gründe genannt, warum für diese Arbeit eine relationale Datenbank bevorzugt wurde.

[2] Diese Forderung ähnelt einem von drei Grundsätzen für Dauerhaftigkeit in objektorientierter Programmierung, wie z.B. in (Hughes, „Objektorientierte Datenbanken“ 158) erwähnt: „Der Zugriff auf, bzw. die Manipulation von dauerhaften und flüchtigen Objekten sollten in derselben Art erfolgen.“

- Ein **Objekt-Cache** soll realisiert werden, um Datenbankzugriffe zu minimieren.
- **Beziehungen** zwischen persistenten Objekten sollen über gewöhnliche Zeiger dargestellt werden, ohne daß sofort alle abhängigen Objekte mit geladen werden müssen.
- Es soll soweit wie möglich auf SQL-ähnliche Statements in den Methoden verzichtet werden, um **unabhängig vom Datenmodell** zu bleiben.

Das für ECoSys entwickelte und realisierte Konzept trennt die mit den Anforderungen verbundenen Aufgaben in mehrere Komponenten, die in Abbildung 5.1 dargestellt sind.

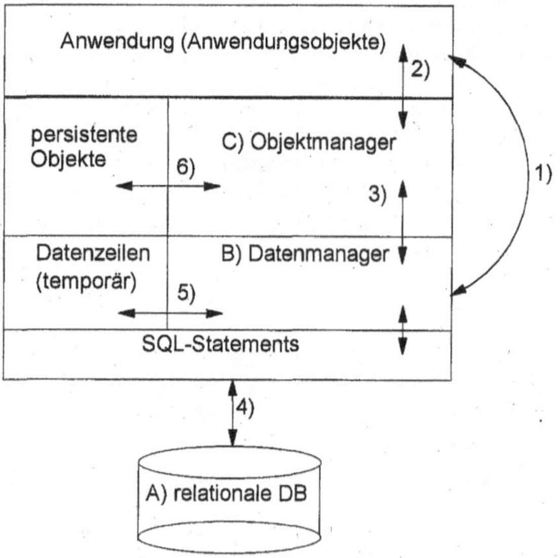

Abbildung 5.1: Konzept für Objektmanagement und Datenbankzugriffe in ECoSys[1]

A) Relationale ECoSys-**Datenbank** in 3. Normalform.

B) **Datenmanager**: Er enthält das Wissen über den Aufbau der Datenbank (Tabellen, Spalteneigenschaften, Schlüssel). Der Datenmanager ist zuständig für das Absetzen und Generieren von SQL-Statements und kann auf Anfrage einen neuen, eindeutigen Primärschlüssel für eine Tabelle erzeugen. Er operiert nur mit Daten (z.B. in Form von Arrays) und kennt keinerlei persistente Objekte.

C) **Objektmanager**: Er enthält die Schnittstelle für die Anwendungen, die mit persistenten Datenbankobjekten arbeiten. Hier werden aus Daten der Datenbank die Objekte zusammengebaut und die Instanzen verwaltet. Das Objektmanagement ist zuständig für das Laden, Erzeugen, Verändern, Speichern, Freigeben und Sperren von persistenten Objekten oder von Objektmengen (Collections von persistenten Objekten).

---

[1] Quelle: eigene Darstellung

Für SQL-SELECT-Statements (1) kann die Anwendung direkt Aufträge an den Datenmanager weitergeben. Er liefert aber nur Arrays von Daten - keine persistenten Objekte. Dieses Vorgehen unterliegt bestimmten Bedingungen, z.B. daß die Daten nur zum Lesen genutzt werden und keine „richtigen“ Objekte benötigt werden. Da Verwaltungsaufwand entfällt, ist der Zugriff schneller.

Wenn die Anwendung persistente Objekte benötigt (2), gibt sie Anfragen an den Objektmanager, der diese entweder aus dem Hauptspeicher holt (6) oder die Anfrage umwandelt in eine Anfrage an den Datenmanager (3), der die benötigten Daten über die ODBC-Schnittstelle lädt (4). Es werden nicht alle abhängigen Objekte sofort geladen, sondern u.U. erst bei einem „Object Fault“.

Durch diese Architektur soll eine klare Trennung zwischen der relationalen Sicht auf die Daten und der objektorientierten gemacht werden. Die Übersetzung zwischen diesen Sichten obliegt dabei dem Objektmanager, der wiederum über den Datenbankaufbau möglichst wenig Wissen enthalten soll, um nicht mit SQL-Statements gespickt zu sein. Im Objektmanager herrscht also die objektorientierte Sicht vor, während der Datenmanager eine rein relationale Sicht besitzt. Der Datenmanager stellt somit „niedere Dienste“ für das Objektmanagement zur Verfügung.

Der Objektmanager besteht zu einem großen Anteil aus Hauptspeicherverwaltung. Dies ist für den Datenmanager nicht nötig, da die geladenen Daten sofort zu Objekten umgebaut und nur in Ausnahmefällen länger benötigt werden. Der Datenmanager greift bei jedem Lese- oder Schreibauftrag direkt auf die Datenbank zu, während der Objektmanager ausgefeiltere Strategien haben muß, um dies nach Möglichkeit zu vermeiden.

Abbildung 5.2 zeigt, wie die wichtigsten ECoSys-Oberklassen in der Klassenbibliothek von Smalltalk/V einzuordnen sind. Die Klassen, die in der Implementierung des Daten- und Objektmanagements wichtig sind und in den folgenden Abschnitten erläutert werden, sind grau hinterlegt dargestellt. Es ist zu erkennen, daß zwischen diesen Klassen in der Regel keine engeren Vererbungsbeziehungen bestehen.

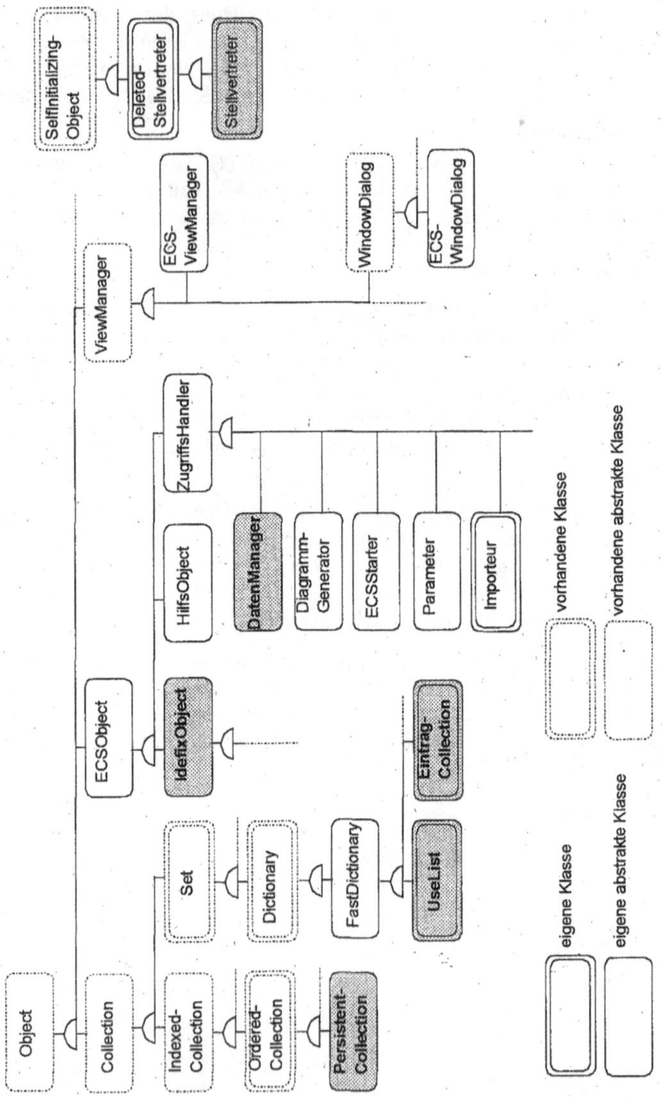

Abbildung 5.2: Klassen des Daten- und Objektmanagers (grau hinterlegt)

5.3 Realisierung Datenmanager

Die Aufgaben des Datenmanagers, die im vorigen Abschnitt beschrieben wurden, wurden in Smalltalk hauptsächlich in zwei Klassen realisiert: *DatenManager* und *Idefix*.

DatenManager ist eine abstrakte Klasse, die in der Lage ist, sich über den Aufbau einer Datenbank zu informieren und diese Informationen zu verwalten. Zur Verwaltung dieser Informationen werden spezielle passive Objekte verwendet, deren Klassen *TableInfo* und *ColumnInfo* sind. Diese dienen eigentlich nur als Datencontainer für bestimmte Informationen über den Aufbau einer Datenbank. Abbildung 5.3 zeigt die beschriebenen Sachverhalte graphisch als Whole-Part-Struktur. Die Klasse *DatenManager* ist vollständig datenbankunabhängig, d.h. in ihr sind keine Informationen codiert, die mit der ECoSys-Datenbank „Idefix" zusammenhängen. Man könnte diese Klasse also unverändert mit anderen Datenbanken verwenden. *DatenManager* stellt eine Kapselung der ODBC-Schnittstelle dar. Nur in dieser Klasse werden direkte ODBC-Aufrufe abgesetzt. Fast alle im folgenden beschriebenen Fähigkeiten sind in dieser abstrakten Klasse implementiert.

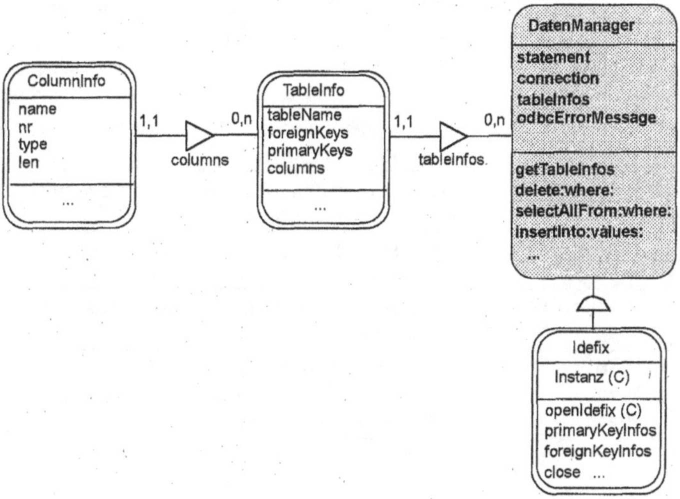

Abbildung 5.3: Klassenstruktur des Datenmanagers

Die nicht-abstrakte Unterklasse von *DatenManager* ist *Idefix*, von der in ECoSys nur eine einzige Instanz existiert. Diese Instanz kann über eine der wenigen globalen Variablen, nämlich *IDEFIX*, angesprochen werden. Dadurch können alle anderen Objekte bei Bedarf die Dienste des Datenmanagements nutzen. *Idefix* ist der Verwalter der spezifischen ECoSys-Datenbank „IDEFIX". Hier sind einige datenbankspezifische Informationen, sowie spezielle Queries enthalten.

5.3.1 Schnittstelle des Datenmanagers

Der Datenmanager stellt die folgenden Methoden zur Verfügung, deren Konzepte anschließend beschrieben werden.

Klassenmethoden:

`DatenManager>>connect: string1 userId: string2 password: string3`

Diese Methode baut eine neue ODBC-Verbindung zu einer Datenbank auf und erzeugt eine neue *DatenManager-Instanz.*

string1 ist der Name der Datenquelle.

string2 ist die ID des Benutzers (z.B. ADMIN).

string3 ist das Paßwort für die Datenbank, falls vorhanden.

Instanzmethoden:

`getCommitOption`	Gibt 1 zurück, wenn AUTOCOMMIT eingeschaltet ist, d.h. jeder Befehl wird sofort „committed".
`commit`	„Committed" alle Befehle einer Verbindung.
`rollback`	Setzt alle Befehle einer Verbindung zurück. Der für ECoSys verwendete MS-ACCESS ODBC-Treiber unterstützt diese Funktion nicht.
`getTableInfos`	Lädt die Strukturinformationen der Datenbank in die Verwaltungsobjekte, wie in Abschnitt 5.3.2 beschrieben.
`delete: table` `where: whereList`	Löschen aller Zeilen in Tabelle „table" gemäß der „whereList". Siehe Beispiel in Abschnitt 5.3.3.
`insertInto: table` `values: anArray`	Einfügen einer Zeile. anArray enthält die Werte aller Spalten für eine Zeile der Tabelle „table".
`selectAllFrom: table` `where: whereList`	SQL-SELECT siehe Beispiel in Abschnitt 5.3.3.
`sqlSelect: string`	Primitivere SQL-SELECT-Methode. Erwartet komplettes SQL-Statement als String.

`update: table`
`set: values`
`where: whereList`
	SQL-UPDATE generieren und ausführen.
	„values" ist ein Dictionary mit Schlüssel = Spaltenname und Werten = Spaltenwert.

`newHiddenKeyFor:`
`table`
`where: whereList`
	Ermittelt einen freien Hidden Key. Siehe Abschnitt 5.3.4.

`table: tableName`	Gibt das *TableInfo-Objekt* von Tabelle „tableName" zurück.
`table: tableName` `cIdx: columnName`	Spaltenindex von Spalte „columnName" in Tabelle „tableName" zurückgeben.
`table: tableName` `cLen: columnName`	Maximale Anzahl Zeichen für Spalte „columnName" in Tabelle „tableName" zurückgeben.

5.3.2 Verwaltung der Datenbankstruktur

Beim Hochfahren der ECoSys-Anwendung wird die Verbindung zur Datenbank hergestellt, die bis zum Beenden bestehen bleibt. Der Datenmanager untersucht dabei alle Spalten aller Tabellen der Datenbank und füllt damit seine Verwaltungsstrukturen. Das globale

„IDEFIX"-Objekt kann nun über bestimmte Eigenschaften der Datenbank befragt werden. Folgende Informationen über die Datenbankstruktur werden verwaltet:

- Namen und Primärschlüsselspalten der einzelnen Tabellen (Klasse *TableInfo*)
- Spalteninformationen für eine Tabelle (Klasse *ColumnInfo*)
- Maximal zulässige Spaltenlänge in Zeichen
- Spaltenname, Spaltenindex in der Tabelle und Datentyp einer Spalte
- Information darüber, ob ein Primärschlüssel automatisch vom Datenmanager erzeugt wird, oder nicht.
- Informationen über evtl. bestehende Fremdschlüssel in einer Tabelle.

Die Informationen sind über eine einheitliche Schnittstelle zugänglich. Diejenigen Angaben, die nicht über ODBC ermittelt werden können, was teils vom verwendeten ODBC-Treiber abhängt, sind als Smalltalkobjekte im Image enthalten. Dies betrifft die Primär- und Fremdschlüsselinformationen.

5.3.3 Erzeugen von SQL-Statements

SQL-Statements werden vom Datenmanager selbst erzeugt. Dadurch entfällt für alle weiteren Klassen des Systems die Notwendigkeit, syntaktische Unterschiede, z.B. zwischen INSERT, UPDATE und DELETE-Befehlen in SQL zu kennen. Der Datenmanager generiert für diese SQL-Befehle Strings, die zur Ausführung an die ODBC-Schnittstelle weitergeleitet werden. Für jede Befehlsart SELECT, INSERT, UPDATE und DELETE existiert eine Methode des Datenmanagers.

Für die Angabe der WHERE-Klausel wurde ein einheitliches Konzept erstellt, das durch die Klasse *WhereList* realisiert ist. Die einzelnen Bedingungen, die in der WHERE-Klausel in SQL aufgeführt sind, werden in einem *WhereList-Objekt* gespeichert, welches an den Datenmanager übergeben wird. Dabei kann die *WhereList* entweder mit einer sehr SQL-nahen oder über eine problemorientiertere Notation gefüllt werden.

Es soll beispielsweise folgendes SQL-Statement abgesetzt werden, um Daten eines bestimmten Kontos zu laden:

```
SELECT * FROM KONTO WHERE KONTONR = 'I13' AND IO = 'I'
```

Eine WhereList für die darin enthaltene WHERE-Klausel könnte dann entweder wie im SQL-Statement erzeugt werden:

```
whereList := WhereList new.
whereList and: 'KONTONR = ''I13'' AND IO = ''I'''.
```

oder auf diese Art:

```
whereList := WhereList new.
whereList
     andColumn: #KONTONR is: 'I13';
     andColumn: #IO is: 'I'.
```

Um den SQL-Befehl auszuführen und die Daten zu erhalten, wird folgende Botschaft an den Datenmanager gesendet:

```
datenArray := IDEFIX selectAllFrom: #KONTO where: whereList.
```

Um nun den gleichen Datensatz zu löschen[1], kann die gleiche *WhereList* verwendet werden. Der Datenmanageraufruf lautet dann:

```
antwort := IDEFIX delete: #KONTO where: whereList.
```

An diese Art, SQL-Befehle abzusetzen, gewöhnt man sich schnell. Eine falsche SQL-Syntax ist somit quasi ausgeschlossen. Fehler im Methodenaufruf des Datenmanagers hingegen werden von Smalltalk erkannt und sind dadurch leicht zu finden und zu beheben. Kann ein SQL-Befehl nicht ausgeführt werden, so wird vom Datenmanager eine sprechende Fehlermeldung (als ein Objekt der Klasse *Fehler*) zurückgegeben.

5.3.4 Automatische Vergabe von Primärschlüsseln

Der Datenmanager ist in der Lage, für einen neuen Satz in einer Tabelle automatisch einen freien Primärschlüssel zu generieren. Dies vereinfacht und vereinheitlicht die Identifikation von persistenten Objekten und deren Verwaltung. Dieser automatische Primärschlüssel ist für einen Benutzer an keiner Stelle sichtbar und wird daher im folgenden als **Hidden Key** bezeichnet. Er dient als eindeutige Objektidentifikation zum Laden persistenter Objekte und ist immer eine Ganzzahl.

Die automatische Generierung eines Hidden Keys entspricht somit ein Stück weit den Zielen, die durch die Objektidentizifierung mittels Surrogaten verfolgt wird:

- Unabhängigkeit der Objekt-ID vom Ablageort der physischen Speicherung (location independence)
- Unabhängigkeit der Objekt-ID von Werten der Instanzvariablen, d.h. vom Zustand des Objekts (value independence)
- Unabhängigkeit der Objekt-ID von der Struktur des Objekts, z.B. von der Anzahl der Instanzvariablen (structure independence)[2]

Der Datenmanageraufruf für einen freien Hidden Key in der Tabelle *Konto* lautet z.B.:

```
id := IDEFIX newHiddenKeyFor: #KONTO where: (WhereList new).
```

Dieser ECoSys-interne Objektschlüssel ermöglicht es dem Benutzer z.B., nachträglich die Konto-Nr. eines Kontenobjekts zu ändern, ohne daß das Konto aus der Datenbank gelöscht und mit neuer Nr. wieder eingefügt werden muß. Die Konto-Nr. ist ja kein Teil des Datenbank-Primärschlüssels, sondern nur der „benutzerorientierte" Schlüssel, der auch nicht von anderen Tabellen als Fremdschlüssel genutzt wird. Fremdschlüssel enthalten konsequenterweise nur den Hidden Key. Bei den meisten persistenten Objekten ist der Datenbankschlüssel ein Hidden Key, der automatisch festgelegt wird.

---

[1] Das SQL-Statement dazu lautet: DELETE FROM KONTO WHERE KONTONR = 'I13' AND IO = 'I'

[2] Weitere Ausführungen und Techniken zur Implementierung der Objektidentität finden sich in (Hughes, „Objektorientierte Datenbanken" 158-168)

5.4 Realisierung des Objektmanagers

Der Objektmanager, der sich in dem Konzept, das in Abschnitt 5.2 vorgestellt wurde, als einheitlicher Block darstellt, wurde auf mehr Klassen aufgeteilt als der Datenmanager. Seine Aufgaben sind vielfältiger und komplexer, da nicht nur für die Überführung der Daten in Objekte und umgekehrt, sondern vor allem auch für das Hauptspeichermanagement gesorgt werden muß.

Die Objekte, mit denen sich der Objektmanager beschäftigt, sind persistente Objekte, die aus der Datenbank geladen und wieder abgespeichert werden können. Die damit verbundenen Anforderungen und Probleme wurden bereits genannt. Die abstrakte Klasse aller persistenten Objekte, sogenannter Datenbankobjekte, heißt *IdefixObject*. Sie stellt ein einheitliches Protokoll zum Arbeiten mit einem persistenten Objekt zur Verfügung. In den nicht-abstrakten Unterklassen, die in den Kapiteln 4.4 bis 4.7, hergeleitet wurden, befinden sich neben den anwendungsspezifischen Methoden nur noch drei zu überschreibende Methoden.

Die drei Methoden, die mindestens für jede neue Unterklasse von *IdefixObject*, geschrieben werden müssen, sind die Klassenmethode *tableName* und die Instanzmethoden *montiere:* und *getDBValues*. Die Methode *tableName* gibt lediglich den Namen der Datenbanktabelle zurück, mit der die Klasse zusammenhängt, z.B. Klasse *Stoff* und Tabelle STOFF.

Die Methode *montiere:* erwartet ein Array mit Werten einer Zeile aus der Datenbank und schreibt die enthaltenen Werte in die Instanzvariablen des Objekts. Sie stellt damit den objekt-spezifischen Teil der Übersetzung von der daten- in die objektorientierte Welt dar. Das Umgekehrte erledigt *getDBValues* („hole die Werte für die Datenbank"). Sie entnimmt Werte aus den Instanzvariablen des Objekts und füllt damit ein Dictionary, das vom Objektmanager zum Speichern in der Datenbank weiterverarbeitet wird. Durch diese beiden Methoden ist es sogar möglich, nicht alle Instanzvariablen abspeichern zu müssen, sondern nur eine beliebige Auswahl.

5.4.1 Methoden der Klasse *IdefixObject*

Im Anschluß sind alle Methoden aufgeführt, über die die Dienste des Objektmanagements vom Anwendungsprogrammierer genutzt werden können.

Klassenmethoden:

`create`	Erzeugen eines neuen persistenten Objekts (siehe Abschnitt 5.4.2).
`forceGet: id`	Hole das persistente Objekt mit der Id „id". Wenn es nicht existiert, wird es erzeugt.
`get: id`	Hole das persistente Objekt mit der Id „id". Wenn es nicht existiert, wird eine Fehlermeldung zurückgegeben.
`garbageCollection`	Auslösen einer Garbage Collection des Objektmanagers. Alle nicht reservierten Datenbankobjekte werden aus dem Hauptspeicher entfernt.

Instanzmethoden:

`asForeignKey`	Ergibt den Datenbankschlüssel des Empfängers.
`delete`	Der Empfänger wird aus der Datenbank und dem Hauptspeicher gelöscht. (siehe Abschnitt 5.4.9)
`free`	Der Empfänger wird einmal freigegeben. Kein Rückgabewert. (siehe Abschnitt 5.4.4)
`isCreated`	Antworte true, wenn der Empfänger persistent sein soll, aber noch nicht in der Datenbank steht.
`isLocked`	Antworte true, wenn der Empfänger gesperrt ist.
`isPersistent`	Antworte true, wenn der Empfänger ein Datenbankobjekt ist.
`isRecursive`	Antworte true, wenn der Empfänger über eine Schleife indirekt ein abhängiges Objekt von sich selbst ist. (siehe Abbildung 5.5)
`lock`	Empfänger sperren (exklusiv reservieren). Wenn schon gesperrt, wird ein Fehler zurückgegeben. (siehe Abschnitt 5.4.6)
`reserve`	Empfänger einmal mehr reservieren. (siehe Abschnitt 5.4.4)
`save`	Speichert den Empfänger in der Datenbank. Es wird true oder ein Fehler zurückgegeben. (siehe Abschnitt 5.4.5)
`unlock`	Sperrung des Empfängers aufheben. Es wird true oder ein Fehler zurückgegeben. (siehe Abschnitt 5.4.6)

5.4.2 Erzeugen von persistenten Objekten

Um ein neues, persistentes Objekt zu erzeugen, werden eigene Konstruktoren (Klassenmethoden) verwendet. Der einfachste Fall ist die Methode *create*. Sie liefert ein neues, persistentes Objekt zurück, das noch nicht in der Datenbank, sondern zunächst nur im Hauptspeicher steht. Diese Methode ist performant, da hier nicht auf die Datenbank zugegriffen werden muß. Das neue Objekt wird lediglich dem Objektmanager bekanntgemacht.

Um auf gespeicherte, persistente Objekte zuzugreifen, wird die Methode *get:* verwendet. Sie erwartet als Parameter den Datenbankschlüssel und liefert das Objekt oder einen Fehler, wenn es nicht gefunden wurde. Sollte das Objekt noch nicht im Hauptspeicher stehen, so wird es geladen. Ein besonderer Fall, der die beiden Vorgenannten beinhaltet, ist die Methode *forceGet:*. Mit ihr kann durch Angabe des Datenbankschlüssels ebenfalls auf ein gespeichertes Object zugegriffen werden. Der Unterschied ist aber, daß das Objekt neu erzeugt wird, wenn es noch nicht in der Datenbank zu finden ist.

Hier einige Beispiele für die drei Möglichkeiten:

```
konto := InputKonto create. „Ein neues InputKonto-Objekt erzeugen"
stoff := Stoff get: 23.„Auf Inhaltsstoff mit ID = 23 zugreifen"
lc := LC forceGet: 10. „Auf LC mit ID = 10 zugreifen oder erzeugen"
```

Für Klassen mit persistenten Objekten kann auch weiterhin der Standardkonstruktor *new* verwendet werden. Man erhält dann zwar eine entsprechende Instanz; diese ist jedoch nicht persistent, d.h. sie wird nicht vom Objektmanager verwaltet und kann nicht gespeichert werden. Für temporären Gebrauch, z.B. zum Zwischenspeichern von Informationen, kann dies durchaus sinnvoll sein.

5.4.3 Grundbegriffe im Kontext der Objektverwaltung

In den folgenden Abschnitten werden des öfteren einige Begriffe benutzt, deren Bedeutung im Kontext der Objektverwaltung nun zunächst definiert wird.

Reservierung — Ein Objekt wird reserviert, wenn es beim Objektmanagement explizit angefordert wird. Für jede Anforderung wird ein Reservierungszähler erhöht.

Freigeben — Vom Freigeben eines Objektes wird gesprochen, wenn der Reservierungszähler um eins erniedrigt wird. Das Objekt wird dadurch nicht aus dem Hauptspeicher entfernt. Es wird nur mitgezählt, daß eine Anforderung (Reservierung) nicht mehr benötigt wird.

Sperren — Das exklusive Reservieren eines Objekts bedeutet das Sperren des Objekts. Jedes persistente Objekt kann zu einem Zeitpunkt nur einmal gesperrt werden. Weitere Sperrungsversuche werden abgewiesen. Sperren ist durch die Verwendung nicht-modaler Dialoge notwendig. Gesperrte Objekte können weiterhin reserviert oder geändert werden. Das Prüfen auf eine bestehende Sperrung ist eine Vereinbarung, die vom Programmierer freiwillig einzuhalten ist.

Garbage Collection — Es ist hier nicht die automatische Garbage Collection (Speicherbereinigung) von Smalltalk gemeint, sondern eine Methode des ECoSys Objektmanagements, die angestoßen wird, wenn eine Obergrenze an Objekten im Hauptspeicher überschritten wird. Alle persistenten Objekte, deren Reservierungszähler Null ist, werden tatsächlich aus dem Hauptspeicher entfernt.

5.4.4 Verwaltung persistenter Objekte im Hauptspeicher

In der Klasse *IdefixObject* wird eine Tabelle als Klassenvariable gehalten, über die alle persistenten Objekte verwaltet werden. Für jede Klasse von persistenten Objekten existiert in dieser Tabelle ein Verwaltungsobjekt der Klasse *UseList*, die eine Unterklasse von *Dictionary* ist.

Eine *UseList* führt Buch darüber, welche Objekte sich im Hauptspeicher befinden und wie oft diese reserviert sind. Die Menge von UseLists stellt somit den Objekt-Cache dar, denn Objekte, die in einer *UseList* stehen, brauchen nicht noch einmal aus der Datenbank geladen zu werden.

Alle Objektpointer für geladene Objekte werden im *UseList-Dictionary* gehalten. Zugriffsschlüssel für ein Objekt ist dessen Datenbank-ID in Instanzvariable *oid*, für die ein Hash-Wert errechnet wird, da der Objektzugriff in der *UseList* zu den zeitkritischsten Teilen der Anwendung gehört. Um Reservierungen und Sperrungskennzeichen eines persistenten Objekts zu verwalten, besitzt jedes persistente Objekt eine Objektinfo. Diese ist eine Instanz der Klasse *OInfo*. Ein OInfo-Objekt besitzt einen Zähler für die bestehenden Reservierungen und eine boolsche Instanzvariable, die aussagt, ob das Objekt gesperrt ist. Abbildung 5.4 zeigt dies nochmals vereinfacht.

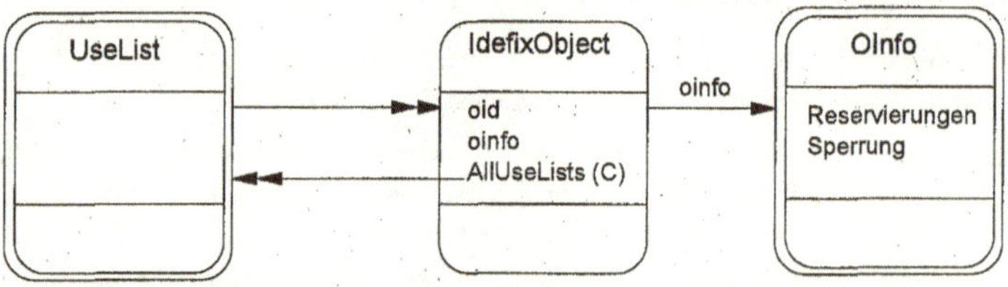

Abbildung 5.4: Verwaltung persistenter Objekte im Hauptspeicher[1]

Jedesmal, wenn ein Objekt beim Objektmanagement angefordert wird, wird der Reservierungszähler um eins erhöht. Erniedrigt wird der Zähler bei Freigabe eines persistenten Objekts. Zum Reservieren existiert die *IdefixObject*-Methode *reserve*; die Methode zum Freigeben lautet *free*.

Da ein persistentes Objekt auch Zeiger auf weitere persistente Objekte beinhalten kann, können durch das Senden von Botschaften an ein persistentes Objekt noch weitere Objekte implizit erzeugt und reserviert werden. Diese implizit reservierten Objekte werden als abhängige Objekte (engl. *dependents)* vermerkt. Es soll beim Zugriff auf ein Objekt transparent sein, ob und welche abhängigen Objekte erzeugt werden. Genauso sollen die abhängigen Objekte nicht explizit freigegeben werden müssen. Die Forderung lautet: pro *reserve* genau ein *free* an das gleiche Objekt!

Die abhängigen Objekte müssen bei *free* ebenfalls freigegeben werden, so daß im Zeitverlauf keine Reservierungen „stehenbleiben" und ein Objekt nicht mehr aus dem Hauptspeicher entfernt werden kann. Es kann auch durchaus vorkommen, daß zyklische Verweisstrukturen entstehen, d.h. „daß ein Objekt direkte oder indirekte Verweise auf sich selbst enthält" (Meyer 393). Dies kommt vor, wenn ein Objekt *dependents* hat, unter deren *dependents* es selbst wieder zu finden ist, also eine Schleife entstanden ist. Dies führt zu Problemen, die vom Objektmanagement erkannt und berücksichtigt werden müssen. Zu diesem Problem bemerkt schon Bertrand Meyer:

> „Zyklische Strukturen gehören genau zu denjenigen, bei denen ein 'Selbstverwaltungsansatz' auf der Bausteinebene am schwierigsten zu implementieren ist; ..." (Meyer 393)[2]

In Abbildung 5.5 sind die Schleifen durch „!!" markiert. Wird eine Schleife erkannt, so wird der Reservierungszähler (unter den Objekten dargestellt) nicht weiter erhöht!

[1] Quelle: eigene Darstellung

[2] Bertrand Meyer zeigt Probleme der automatischen Speicherverwaltung und verschiedene Techniken dazu auf. Die in ECoSys implementierte Technik des „Verweiszählens" wird von ihm zwar aufgeführt; es werden jedoch keine Lösungsansätze vorgestellt, mit denen zyklischen Strukturen begegnet werden kann. (vgl. Meyer 385-399)

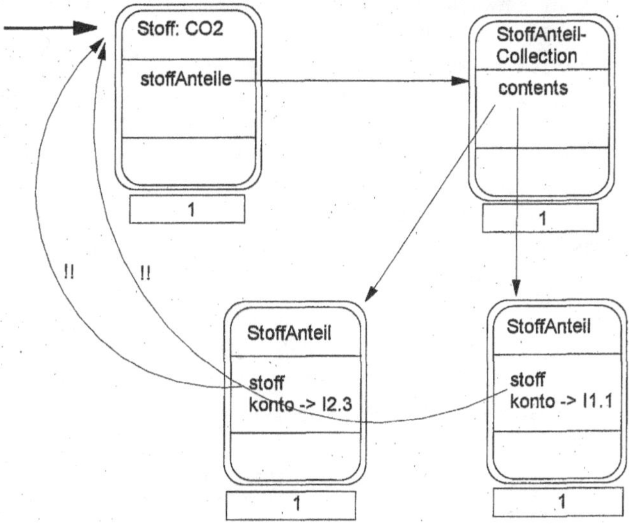

Abbildung 5.5: Gegenseitige Abhängigkeitsbeziehungen zwischen Objekten[1]

Der Grund dafür wird deutlich, wenn man verfolgt, wie das Freigeben des Stoffobjektes CO_2 abläuft: Zunächst wird der Verweiszähler von CO_2 erniedrigt. Wenn keine Reservierungen mehr bestehen (d.h. Zähler = 0), werden alle abhängigen Objekte freigegeben. Dort läuft das Verfahren analog, so daß am Ende alle Objekte, die über das Stoffobjekt implizit erzeugt wurden, freigegeben sind. Wenn trotz der Schleife der Reservierungszähler weiter erhöht worden wäre, hätte er in diesem Beispiel bei CO_2 den Wert drei. Nach dem Freigeben von Stoffobjekt CO_2 wären somit noch Reservierungen „stehengeblieben". Der Verweiszähler wird hingegen **jedesmal** erhöht, wenn ein Objekt explizit angefordert oder mit *reserve* reserviert wird. Dann wird aber auch ein explizites Freigeben erwartet.

Garbage Collection des Objektmanagements

Überschreitet der Objekt-Cache eine bestimmte Größe, so werden alle Objekte, die nicht mehr reserviert sind, aus dem Hauptspeicher entfernt. Es handelt sich dann um eine „garbage collection" des Objektmanagers. Die Cachegröße kann in der ECoSys-Systemdatei eingestellt werden. Beim Entfernen eines Objekts aus dem Hauptspeicher genügt es u.U. nicht, nur die Verweise in der *UseList* zu entfernen.

Damit die automatische Speicherbereinigung von Smalltalk den Speicherbereich, den das Objekt belegt, freigeben kann, sollen keine Referenzen auf das Objekt bestehen bleiben. Es kann vom Objektmanager aber nicht ausgeschlossen werden, daß andere Objekte der Anwendung noch eine Referenz auf das Objekt halten. Das Objektmanagement kann nämlich nur die Referenzen durch Reservierungen, d.h. explizite Neuanforderungen von Objekten,

[1] Quelle: eigene Darstellung

zählen. Weitere Verweise mit Variablen, z.B. durch einfache Zuweisungen innerhalb von Smalltalkmethoden, können nicht mitgezählt werden:

```
stoffVariable1 := Stoff get: 1.     „Reservieren: z.B. Zähler = 1"
stoffVariable2 := stoffVariable1. „Zuweisung: Objektmanagement bemerkt nichts"
stoffVariable1 free.  „Freigeben: evtl. Zähler = 0"
  „stoffVariable2 zeigt noch auf das Stoff-Objekt"
```

Es muß unbedingt verhindert werden, daß das gleiche persistente Objekt in zwei verschiedenen Instanzen im Speicher vorkommt. Dies könnte passieren, wenn das Objekt zwischenzeitlich aus der *UseList* entfernt wurde, mit einer Variable (z.B. *stoffVariable2*) aber noch referenziert wird und dann ein weiteres Mal explizit angefordert wird. Der Objektmanager würde das Objekt neu laden und erzeugen, da er selbst keine Referenz mehr dafür besitzt. Dadurch wäre das gleiche Objekt zweimal vorhanden! Das Zustandekommen dieser Situation ist in Abbildung 5.6 zu sehen.

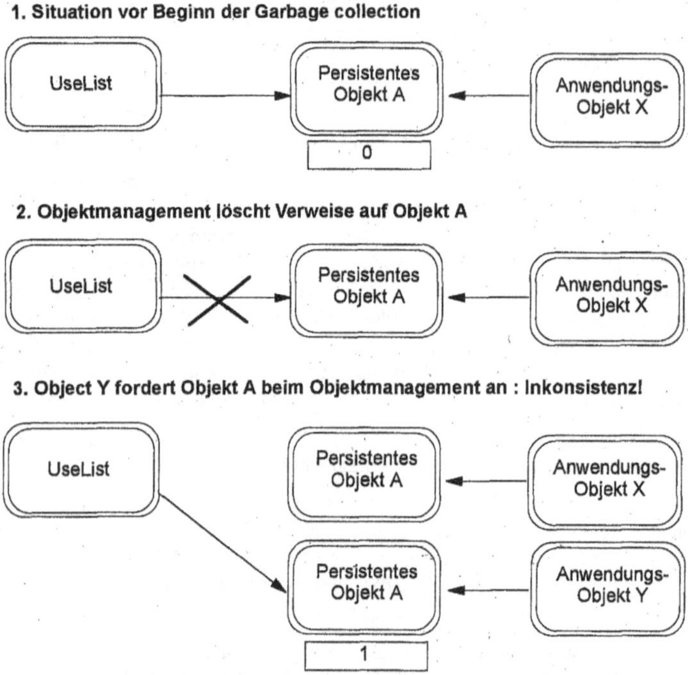

Abbildung 5.6: Inkonsistenz durch Löschen des Verweises in der *UseList*[1]

Um das Zustandekommen der Inkonsistenz von Abbildung 5.6 zu verhindern, dient die **Klasse *Stellvertreter*:**

[1] Quelle: eigene Darstellung

In Smalltalk ist es möglich, alle Verweise auf ein Objekt im Image in Verweise auf ein anderes Objekt „umzubiegen". Die Methode dafür heißt *become:*.

Die Klasse *Stellvertreter* stellt Objekte dar, die stellvertretend für ein persistentes Objekt stehen, das u.U. nicht im Hauptspeicher ist. Wenn auf einen *Stellvertreter* verwiesen wird, so ist dies transparent, so als ob auf das eigentliche Objekt verwiesen würde. Der *Stellvertreter* versteht nämlich keine Botschaften, die an das Objekt geschickt werden, das er vertritt. Es war bereits in Abbildung 5.2 zu sehen, daß *Stellvertreter* nicht von der Klasse *Object* erbt, und daher eine Sonderstellung in der Klassenhierarchie einnimmt.

Bekommt der *Stellvertreter* eine Botschaft, die er nicht versteht, so tritt automatisch die Smalltalk-Fehlerbehandlung in Aktion („Object-Fault"), die jedoch in der Klasse *Stellvertreter* überschrieben wurde. Anstelle einer Fehlermeldung fordert der *Stellvertreter* beim Objektmanager das Originalobjekt an und wandelt dann alle Referenzen auf sich selbst mittels *become:* in Referenzen auf das Originalobjekt um. Die zuvor nicht verstandene Botschaft wird anschließend nochmals an das Original gesendet, das sie ausführen kann.

Mit Hilfe eines Stellvertreters kann nun die Inkonsistenz aus Abbildung 5.6 verhindert und der automatischen Speicherbereinigung dennoch die Möglichkeit zum Freigeben des Speicherbereiches gegeben werden. Es werden zwar alle Verweise in der *UseList* auf ein zu entfernendes Objekt gelöscht. Alle möglicherweise übrigen Verweise auf das Objekt werden jedoch in Verweise auf ein *Stellvertreter*-Objekt umgewandelt. Dadurch sind alle Verweise auf das Objekt gelöscht und dessen Speicherbereich wird freigegeben. Der Stellvertreter ist an die Stelle des Originalobjekts getreten. Existieren keine Verweise von Anwendungsobjekten auf den Stellvertreter mehr, so wird auch er automatisch entfernt.

Wird der Stellvertreter über eine Botschaft aktiviert, so wird das Objekt geladen und in der *UseList* vermerkt. Der Stellvertreter sorgt mittels *become:* dafür, daß die Anwendungsobjekte wieder auf das persistente Objekt zeigen. Dadurch kann es nie vorkommen, daß persistente Objekte am Objektmanagement vorbei verwendet werden oder mehrfach im Hauptspeicher stehen. Natürlich ist die Laufzeit einer Garbage Collection des Objektmanagers dadurch schlechter. Der beschriebene Mechanismus ist in Abbildung 5.7 dargestellt. Schritt 1 ist der gleiche wie in Abbildung 5.6.

1. Situation vor Beginn der Garbage collection

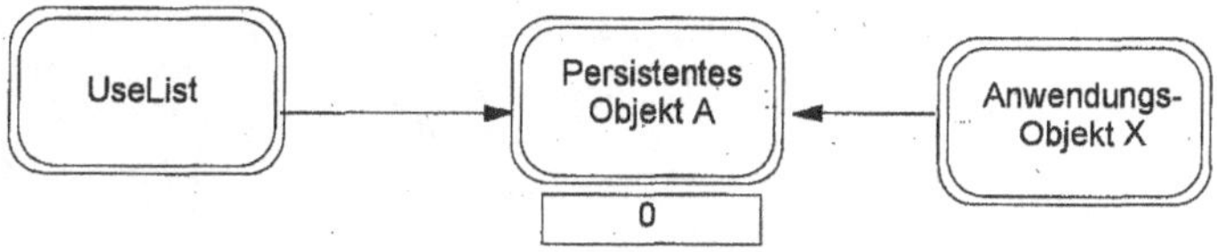

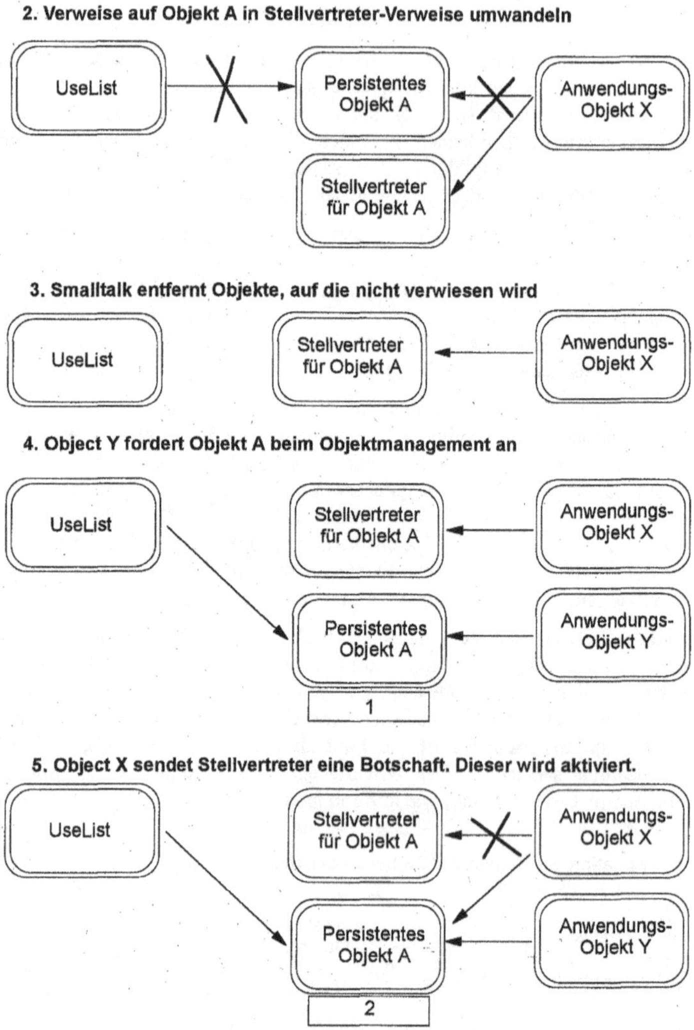

Abbildung 5.7: Stellvertretermechanismus beim Entfernen eines Objekts aus dem Hauptspeicher[1]

[1] Quelle: eigene Darstellung

5.4.5 Laden und Speichern persistenter Objekte

Der Stellvertretermechanismus, der soeben beschrieben wurde, findet auch beim Laden eines persistenten Objekts Anwendung. Das Problem, daß Zeigerbeziehungen zwischen Objekten beim Laden und Initialisieren einen Zugriff auf weite Teile der Datenbank erfordern würden, die dann in den Hauptspeicher geladen werden müßten, wurde bereits in Abschnitt 5.1 aufgezeigt. Mit Hilfe von Stellvertretern wurde in ECoSys eine Lösung des Problems implementiert.

Soll ein Objekt, das noch nicht im Hauptspeicher steht, mittels *get:* angefordert werden, so muß es geladen werden. Das Objektmanagement generiert die SQL-Statements zum Lesen der zugehörigen Zeilen in den Datenbanktabellen. Die Instanzvariablen des Objekts werden in der Methode *montiere:* mit den gelesenen Daten gefüllt.

Für jedes weitere persistente Objekt, auf das das geladene Objekt verweist, wird ein Stellvertreter-Objekt erzeugt. Jeder Zeiger für eine Instanzverbindung wird mit dem Zeiger auf den entsprechenden Stellvertreter initialisiert. Wenn zum ersten Mal eine Botschaft an einen Stellvertreter gesendet wird, sorgt dieser für einen Zugriff auf das persistente Objekt und wandelt die Verweise auf sich in Verweise auf das Objekt um. Erst ab dann ist die Instanzverbindung wirklich zustande gekommen. Da dies automatisch durch das Überschreiben der Smalltalk-Fehlerbehandlung in der Klasse *Stellvertreter* abläuft, ist der Vorgang in der Applikationsprogrammierung transparent.

Das Problem der Zeigerbeziehungen ist somit gelöst, denn einerseits wird beim Laden eines Objekts wirklich nur ein einziges Objekt geladen, was meist nur ein SQL-Statement erfordert. Andererseits ist dieses Objekt sofort voll funktionstüchtig, denn für die Verbindung zu weiteren persistenten Objekten, ob im Hauptspeicher oder nicht, sorgen die Stellvertreter.

Ein persistentes Objekt wird mit der Methode *save* gespeichert, die entweder ein SQL-UPDATE oder SQL-INSERT veranlaßt, je nachdem, ob das Objekt bereits in der Datenbank steht oder nicht. Wenn das Speichern aufgrund ungültiger Inhalte des Objekts nicht durchgeführt werden konnte, wird ein ausführlicher *Fehler* zurückgegeben. Es wird z.B. auch nicht gespeichert, wenn das Objekt gesperrt ist. Das Objektmanagement erkennt anhand des internen Zugriffsschlüssels des Objekts, ob das Objekt bereits in der Datenbank steht. Der Zugriffsschlüssel besteht bei noch nicht gespeicherten Objekten aus dem Zeitstempel (engl. *Timestamp*) der Erzeugung des Objekts. Beim ersten Speichern wird der Primärschlüssel für das Objekt generiert (u.U. automatisch durch den Datenmanager, wie in Abschnitt 5.3 beschrieben) und ab dann als Zugriffsschlüssel verwendet. Beim Speichern eines Objekts wird in der zugehörigen *UseList* ein Timestamp aktualisiert, der in Abschnitt 5.4.7 „Arbeiten mit Collections von persistenten Objekten" noch von Bedeutung sein wird.

5.4.6 Sperrmechanismen

Über den Objektmanager (Klasse *IdefixObjekt)* ist es auch möglich, Objekte exklusiv zu reservieren, d.h. zu sperren. Reservierungen (mittels *reserve*) sind in beliebiger Anzahl möglich und beinhalten keinerlei Zugriffsbeschränkungen. Ein Objekt kann aber nur einmal gesperrt sein; weitere Sperrversuche werden mit einer Fehlermeldung abgewiesen. Gesperrte Objekte können nicht aus dem Hauptspeicher oder der Datenbank gelöscht werden, werden nicht von der Garbage Collection entfernt und können nicht gespeichert werden. Sperrungen sind dann sinnvoll, wenn ein Anwendungsobjekt ein persistentes Objekt ändern will und es dazu in einem Fenster darstellt. Das gesperrte Objekt kann dann zwar gleichzeitig von anderen Objekten verwendet werden, ein weiteres Fenster zum Ändern des Objekts kann jedoch nicht mehr geöffnet werden.

Sperrungen werden mit der Methode *lock* gesetzt und mit der Methode *unlock* wieder aufgehoben. Der Verwaltungsaufwand beschränkt sich für den Objektmanager auf das Setzen des Sperrungskennzeichens in der *OInfo*-Instanz des persistenten Objekts.

5.4.7 Arbeiten mit Collections von persistenten Objekten

Oft ist es nötig, nicht nur ein bestimmtes Datenbankobjekt zu laden, sondern auf eine Menge zuzugreifen, z.B. um eine Listbox mit dem gesamten Kontenplan zu füllen. In Smalltalk ist die am häufigsten verwendete Klasse für Objektmengen die Klasse *OrderedCollection*, eine Art dynamisches Array. Es liegt also zunächst nahe, auch eine Menge von Datenbankobjekten in einer *OrderedCollection* unterzubringen. Dies genügt aber nicht, denn das allein würde bald zu schweren Inkonsistenzen in der Anwendung führen!

Um das Arbeiten mit Collections persistenter Objekte zu vereinfachen und komfortabel zu gestalten, ist eine Klasse verantwortlich. Die Klasse *PersistentCollection* übernimmt diese Aufgaben, verhält sich aber ansonsten wie eine *OrderedCollection*, da sie als Unterklasse alle Methoden von *OrderedCollection* erbt. *PersistentCollection* ist eine abstrakte Klasse, die alle im folgenden beschriebenen Aufgaben übernimmt.

Für jede Klasse persistenter Objekte existiert eine nicht-abstrakte Unterklasse, die nur zwei Methoden enthalten muß, welche zurückgeben, auf welche Datenbanktabelle, bzw. Objektklasse sie spezialisiert ist. Für Inhaltsstoffe existiert z.B. die Klasse *StoffCollection*, die auf die Datenbanktabelle *STOFF* und die Objektklasse *Stoff* spezialisiert ist. Die Collectionklasse kann außerdem noch Methoden für besondere Filterfunktionen haben, z.B. alle *StoffAnteile* eines *Kontos* festzustellen, die zu einem bestimmten Zeitpunkt gültig waren, o.ä.

Der Hauptgrund für die Verwendung von *PersistentCollection* liegt aber in der Konsistenzerhaltung im Umgang mit persistenten Objekten. Wird z.B. ein Objekt gelöscht, so wird es auch aus allen *PersistentCollections* entfernt, in denen es vorkommt. Eine *PersistentCollection* wird oft zur Darstellung in einer Listbox in einem Fenster verwendet. Sie ist in der Lage, ein weiteres Objekt, z.B. die Listbox oder den View, bei der Löschung eines Objekts zu benachrichtigen und automatisch zu aktualisieren. Dies ist vor allem durch das Arbeiten mit nicht-modalen Fenstern erforderlich und kann in ECoSys beobachtet werden.

Eine *PersistentCollection* kann entweder durch das Hinzufügen von persistenten Objekten, durch Objektmengen oder durch die Botschaft *refresh* gefüllt werden. Es werden dann alle Objekte einer Klasse in die *PersistentCollection* eingetragen, die einem Datenbank-Filterkriterium, angegeben als *WhereList*, entsprechen. Dadurch ist es möglich, beliebige Zugriffe auf Objektmengen wie bei einem SQL-SELECT Statement mit WHERE-Klausel zu definieren. Ferner wurden Methoden zum Freigeben, Duplizieren, Sperren, usw. einer *PersistentCollection*, bzw. aller darin enthaltenen persistenten Objekte implementiert.

Wenn eine *PersistentCollection* erzeugt wird, kann sie entweder sofort mit Objekten gefüllt werden oder erst durch den expliziten Aufruf von *refresh*. Es existieren mehrere

Konstruktoren (Klassenmethoden) zum Erzeugen von *PersistentCollections*. Im folgenden Beispiel wird eine Liste aller Konten eingelesen:

```
konten := KontoCollection with: (WhereList new).
```

Das gleiche kann mit folgenden Aufrufen geschehen, wo die *PersistentCollection* erst durch den expliziten *refresh*-Aufruf gefüllt wird:

```
konten := KontoCollection for: (WhereList new).
konten refresh.
```

Das Objekt, das bei der Löschung eines Objekts aus einer *PersistentCollection* benachrichtigt werden soll, kann sofort angegeben werden. Im Beispiel wird es „aListBox" genannt:

```
konten := KontoCollection for: (WhereList new) owner: aListBox.
konten refresh.
```

Die Methode *refresh* versucht, Datenbankzugriffe zu minimieren, indem nicht bei jedem Aufruf der Methode tatsächlich ein Neuerstellen der *PersistentCollection* durchgeführt wird.

Die Objekte müssen nur dann eingelesen werden, wenn

- die Collection neu ist und bisher noch nie eingelesen wurde.
- die Collection durch das Einfügen oder Löschen von Objekten verändert wurde.
- die *WhereList* der *PersistentCollection* geändert wurde.
- seit dem letzten *refresh*-Aufruf möglicherweise neue Objekte der entsprechenden Klasse in der Datenbank gespeichert wurden.

Um Letzteres zu realisieren, wird mit jeder *PersistentCollection* ein Timestamp geführt, der bei jedem durchgeführten *refresh* aktualisiert wird. Ob seit dem letzten Aufruf Änderungen (z.B. neue Objekte) in der Datenbank vorgenommen wurden, kann so durch einen Vergleich mit dem in Abschnitt 5.4.5 erwähnten Timestamp in der *UseList* festgestellt werden, der den Zeitpunkt des letzten Speicherns eines Objekts enthält. Da es in der Regel notwendig ist, sicherzustellen, daß die *PersistentCollection* wirklich die aktuellsten Daten enthält, ist ein Aufruf von *refresh* vor dem Zugriff auf die Inhalte nötig. In den meisten Fällen trifft jedoch keines der oben genannten Kriterien zu, so daß die Methode *refresh* nicht voll durchlaufen wird. Der Performanzvorteil ist spürbar und rechtfertigt den zusätzlichen Verwaltungsaufwand.

5.4.8 Methoden der Klasse *PersistentCollection*

Es folgen die Methoden, die der Anwendungsprogrammierer zum Arbeiten mit Collections von persistenten Objekten nutzen kann.

Klassenmethoden:

`for: whereList`	Erzeuge eine neue *PersistentCollection* für Objekte, die dem Filterkriterium in der *WhereList* „whereList" entsprechen. Collection wird nicht sofort eingelesen. (siehe Abschnitt 5.4.7)
`for: whereList owner: aPane`	Wie *for:*. Zusätzlich wird „aPane" zum Owner, der in besonderen Fällen benachrichtigt wird (z.B. durch Löschen).
`shallowFrom: persistentCollection`	Antworte eine neue *PersistentCollection*, die die gleichen Elemente und die gleiche *WhereList* wie „persistentCollection" enthält. Das „owner"-Objekt wird nicht berücksichtigt.
`with: whereList`	Wie *for:*. Die Collection wird jedoch sofort eingelesen.
`with: whereList owner: anObject`	Wie *for:owner:*. Die Collection wird jedoch sofort eingelesen.
`withColumn: column is: value`	Liefere eine neue *PersistentCollection* mit Objekten, deren Wert in Spalte „column" = „value" ist. Wenn keine Objekte gefunden wurden, wird ein Fehler zurückgegeben. Wenn mehrere gefunden wurden, wird eine *Persistent-Collection* zurückgegeben. Wenn nur ein Objekt gefunden wurde, wird es zurückgegeben.

Instanzmethoden:

`add: persistentObj`	Das Objekt „persistentObj" hinter der letzten Position anfügen.
`add: persistentObj after: oldObject`	Das Objekt „persistentObj" hinter dem Objekt „oldObject" einfügen. „oldObject" muß im Empfänger enthalten sein.
`add: persistentObj before: oldObject`	Das Objekt „persistentObj" vor dem Objekt „oldObject" einfügen. „oldObject" muß im Empfänger enthalten sein.
`addAllLast: aCollection`	Alle Objekte in „aCollection" werden dem Empfänger hinten angefügt.
`at: anInteger`	Antworte das Objekt an Position „anInteger".
`delete`	Jedes Objekt in der Collection löschen.
`free`	Alle Objekte im Empfänger freigeben und den Empfänger abmelden.
`includes: anObject`	Antworte true, wenn „anObject" im Empfänger enthalten ist, sonst antworte false. Es wird nicht auf inhaltliche Gleichheit, sondern auf Identität geprüft.
`lock`	Alle Objekte im Empfänger mit *lock* sperren.
`owner: anObject`	Das Objekt zuweisen, das in besonderen Fällen benachrichtigt werden soll.
`refresh`	Einlesen der Objekte gemäß den Angaben der *WhereList*.
`remove: persistentObj`	Das Objekt „persistentObj" aus dem Empfänger entfernen. Das

	„owner"-Objekt benachrichtigen.
`reserve`	Alle Objekte im Empfänger mit *reserve* reservieren.
`save`	Alle Objekte im Empfänger mit *save* speichern.
`unlock`	Alle Objekte im Empfänger mit *unlock* freigeben.
`whereList`	Antworte die *WhereList* des Empfängers.
`whereList: whereList`	Die *WhereList* „whereList" dem Empfänger zuweisen.

5.4.9 Löschen persistenter Objekte

Das Löschen persistenter Objekte wirft einige Probleme auf, die berücksichtigt werden müssen, damit es nicht zu Inkonsistenzen zwischen den Objekten im Hauptspeicher und der Datenbank kommt. Der Anwendungsprogrammierer löscht ein persistentes Objekt, indem er ihm die Botschaft *delete* sendet. Konnte es nicht gelöscht werden, so wird ein Fehler zurückgeliefert, der die Ursache enthält.

Das Objektmanagement verbietet das Löschen, während ein Objekt gesperrt (*lock*) ist und natürlich auch dann, wenn die Datenbank das Objekt durch bestehende Beziehungen nicht löschen kann.

Die Forderung für das Löschen persistenter Objekte soll lauten, daß ein erfolgreich gelöschtes Objekt tatsächlich aus der Datenbank und dem Hauptspeicher verschwindet und nicht weiter verwendet werden darf. Es dürfen also keinerlei Botschaften an gelöschte Objekte gesendet werden! Zeiger auf gelöschte Objekte sollen nicht bestehen bleiben! Das Objektmanagement muß die Einhaltung der Forderung garantieren.

Die *delete*-Methode läuft so ab, daß zuerst festgestellt wird, ob das Objekt gelöscht werden darf (bestehen keine Sperrungen?). Ist dies der Fall, so wird das Objekt zunächst aus der Datenbank gelöscht, sofern es bereits in der Datenbank steht. War dies erfolgreich, so muß das Objekt aus dem Hauptspeicher entfernt werden. Das Objekt wird daher aus allen *PersistentCollections* entfernt, in denen es vorkommt. Wie bereits erwähnt, können diese nun ein weiteres Objekt, z.B. einen View, benachrichtigen, damit dieser aktualisiert wird. Das Objekt wird anschließend aus der *UseList* entfernt.

Um zu garantieren, daß andere Anwendungsobjekte keine Zeiger mehr auf das nun gelöschte Objekt halten, bedient sich das Objektmanagement wieder eines besonderen Stellvertreterobjekts. Dies ist nötig, damit dem gelöschten Objekt keine Botschaften mehr gesendet werden können. Alle Zeiger auf das gelöschte Objekt werden in Zeiger auf ein Objekt der Klasse *DeletedStellvertreter* umgewandelt. Der *DeletedStellvertreter* versteht keinerlei Botschaften und hat nur die Aufgabe, eine Warnmeldung auszugeben, wenn ihm eine Botschaft geschickt wird. Wird auf ihn nirgends mehr verwiesen, so entfernt ihn die Smalltalk-Garbage-Collection automatisch.

5.4.10 Besonderheiten in der Verwaltung der Buchungseinträge

Buchungseinträge, persistente Objekte der Klasse *Eintrag*, sind die Objekte, die als Massendaten anfallen. Für jede Buchung wird ein *Eintrag*-Objekt angelegt, das die Buchungssalden (Betrag, Menge, Soll- und Istwerte) einer Periode für ein Konto und ein Leistungscenter enthält. Der Schlüssel eines *Eintrags* setzt sich also aus Zeitangabe,

Kontoschlüssel und Leistungscenterschlüssel zusammen. Bedingt durch die große Anzahl an Objekten dieser Klasse, die mit jedem Datenimport weiter zunimmt, müssen die Instanzen auf besondere Art verwaltet werden. Der Zugriff auf Einträge und deren Verwaltung muß außerdem performanter sein als bei anderen Objekten, da viel mehr Zugriffe (z.B. bei Berechnungen) getätigt werden. Das Problem ist somit einerseits ein Hauptspeicherproblem und andererseits ein Performanzproblem.

Die Verwendung von *Eintrag*-Objekten unterliegt außerdem einigen Besonderheiten, die es erlauben, auf Verwaltungsaufwand, der für andere persistente Objekte nötig ist, zu verzichten. Da Instanzen nur innerhalb eines Laufes von Methoden (z.B. Berechnungen oder Buchungen) benötigt werden, die sich atomar verhalten, d.h. bei denen keine Unterbrechung durch andere Methoden möglich ist, kann auf das Reservieren (*reserve*) und Freigeben (*free*) verzichtet werden. Es wird zwar mit der Methode *get:* oder *forceGet:* (siehe Abschnitt 5.4.2 oder 5.4.5) auf Instanzen zugegriffen, es ist jedoch kein *free* erforderlich. Auch auf Sperrmechanismen kann verzichtet werden. Die Instanzen werden ebenfalls über eine *UseList* verwaltet.

Für den Zugriff auf *Eintrag*-Mengen wurde die Klasse *EintragCollection* konzipiert. *EintragCollection* ist eine Unterklasse von *Dictionary* und dient dazu, den Zugriff auf Einträge einer Periode über ein Konto oder ein Leistungscenter zu beschleunigen und dafür zu sorgen, daß nicht zu viele Eintragsinstanzen den Hauptspeicher belasten. Die Anzahl zulässiger Einträge kann in der ECoSys-Systemdatei eingestellt werden. Das Entfernen von Instanzen aus dem Hauptspeicher ist unproblematischer und geht schneller vor sich, da keine Stellvertreterobjekte für Einträge erzeugt werden müssen.

Es existiert nur eine einzige Instanz von *EintragCollection*, was für den Anwendungsprogrammierer transparent ist. Diese Instanz verwaltet eine Menge von Eintragsmengen, auf die über einen eigenen zusammengesetzten Schlüssel und Hashing zugegriffen wird. Um z.B. in einem Konto auf alle Einträge der Periode 1995/5 dieses Kontos zuzugreifen, kann folgendes Smalltalkstatement verwendet werden:

```
eintraege := EintragCollection new
      zuZeit: (1995\5)
      konto: (self asForeignKey).
```

EintragCollection minimiert die Anzahl an Datenbankzugriffen, da sie alle einmal gelesenen Einträge kein zweites Mal liest, solange diese noch im Hauptspeicher sind. Beim Speichern von Einträgen (durch Buchungen) und Löschen (durch „Daten löschen") wird die *EintragCollection* benachrichtigt und aktualisiert sich sofort ohne Datenbankzugriff. Sollten benötigte Einträge nicht geladen sein, so wird gleich eine Menge von Einträgen durch einen einzigen Datenbankzugriff gelesen (Methode *EintragCollection>>lade:*).

EintragCollection entfernt nur Einträge aus dem Hauptspeicher, wenn die zulässige Anzahl an Instanzen überschritten wird (Methode *EintragCollection>>rebalance:)*. Der Datenimport (eine Menge von Buchungen im Stapelbetrieb) konnte durch die besondere Verwaltung von Einträgen deutlich beschleunigt werden.

5.4.11 Methoden der Klasse *EintragCollection*

Der Vollständigkeit halber sind nun die Methoden der Klasse *EintragCollection* aufgeführt.

Instanzmethoden:

`lade: hashkey`	Private - Nachladen von Einträgen aus der Datenbank.
`rebalance`	Alle Einträge aus dem Hauptspeicher entfernen.
`rebalance: anInteger`	Alle Einträge aus dem Hauptspeicher entfernen, wenn mehr als „anInteger" Einträge im Hauptspeicher sind.
`zuZeit: einerZeit konto: kid`	Gibt eine OrderedCollection zurück, die die Einträge enthält, die beim Konto mit dem Hidden Key „kid" in Periode „einerZeit" stehen. Einträge werden, wenn nötig, geladen.
`zuZeit: einerZeit lc: lcid`	Gibt eine OrderedCollection zurück, die die Einträge enthält, die beim LC mit dem Hidden Key „lcid" in Periode „einerZeit" stehen. Einträge werden, wenn nötig, geladen.

5.5 Kritische Würdigung

Das vorgestellte Konzept für die Überwindung des Bruchs zwischen objektorientierter und relationaler Sicht und die Realisierung persistenter Objekte genügt den Anforderungen, die in Abschnitt 5.2 gestellt wurden.

Wenn man über die zu beachtenden Prinzipien Bescheid weiß, ist es relativ einfach möglich, weitere Klassen für persistente Objekte hinzuzufügen oder das Konzept in einem anderen Projekt mit anderer Datenbank wiederzuverwenden. Auch nicht-persistente Klassen können nachträglich durch Vererbung und ein paar Methoden ohne großen Aufwand zu persistenten gemacht werden. An dieser Stelle könnte es passieren, daß der Entwickler das Fehlen von Mehrfachvererbung in Smalltalk bedauert, da er die Klasse dazu von *IdefixObject* erben lassen muß. Wenn dies im Design nicht berücksichtigt wird, könnte es zu beträchtlichem Mehraufwand führen.

Besonders der Datenmanager bietet eine leicht verständliche Schnittstelle zum Umgang mit einer relationalen Datenbank und erleichtert mengenorientierte SQL-Aufrufe. Er verhindert ungewollte Programmabstürze, die sonst durch falsche Verwendung der ODBC-Schnittstellenklassen von Smalltalk sehr schnell auftreten können. Anstelle von Laufzeitfehlern oder Abstürzen liefert der Datenmanager ausführliche Fehlermeldungen. Seine Fähigkeiten gehen (durch *commit* und *rollback*) sogar über den Rahmen einiger ODBC-Treiber hinaus.

Ein SQL-Cursorkonzept zum satzweisen Abarbeiten bietet er nicht an, da es in diesem Projekt nicht benötigt wurde. Tatsächlich nutzt der Datenmanager selbst zur automatischen Primärschlüsselvergabe das satzweise Lesen. Durch einige Erweiterungen könnten dafür Methoden in die „öffentliche" Schnittstelle aufgenommen werden.

Als eigenständige Erweiterung (oder gar als Zusatzprodukt zur Klassenbibliothek) kann das Objektmanagement nicht angesehen werden. Es fehlen dazu einige wünschenswerte Features. Das Objektmanagement ist für die speziellen Anforderungen und Problemstellungen dieser Anwendung konzipiert und in möglichst kurzer Zeit realisiert worden. Beim Programmieren mit persistenten Objekten ist daher besondere Aufmerksamkeit notwendig.

Es fehlt z.B. eine Trennung zwischen verschiedenen Kunden von persistenten Objekten. Mit Kunde ist hier ein nicht-persistentes Objekt gemeint (z.B. eine *ListBox* oder ein *ViewManager*), das ein persistentes Objekt anfordert und später freigibt. Es hat daher auf andere Objekte eine Auswirkung und bringt das Objektmanagement möglicherweise durcheinander, wenn der Kunde zu oft oder nicht oft genug freigibt. Die Aufrufe von *reserve* (implizit durch *get:* oder *create)* und *free* müssen in der Summe Null ergeben. Durch den Stellvertretermechanismus der Speicherverwaltung (siehe Abschnitt 5.4.4) sind krasse Inkonsistenzen jedoch ausgeschlossen. Es kann allerdings zu unnötigen Datenbankzugriffen, Datenverlust einzelner Objekte und Speicherverschwendung durch nicht mehr freigegebene Objekte kommen! Leider sind solche Fehler nur äußerst schwer zu finden. Der komfortable Smalltalk-Debugger kann dabei auch nur wenig weiterhelfen. Der Nachweis auf Korrektheit einer Klasse, die persistente Objekte verwendet, ist schwer zu führen und bedurfte einiger Übung. Gerade die Suche nach Fehlern im Umgang mit *free* nahm viel Zeit und Geduld in Anspruch.

Die Verwaltung der Objekte in einer *UseList* ist prinzipiell ein Verweiszählen mit Berücksichtigung von Schleifen. Dennoch könnte es passieren, daß ein abhängiges Objekt B eines noch nicht freigegebenen Objekts C einen Reserviert-Zähler = 0 hat und bei einer Garbage Collection aus dem Speicher entfernt wird. Zur Veranschaulichung wird dieser unerwünschte Fall in der folgenden Abbildung dargestellt.

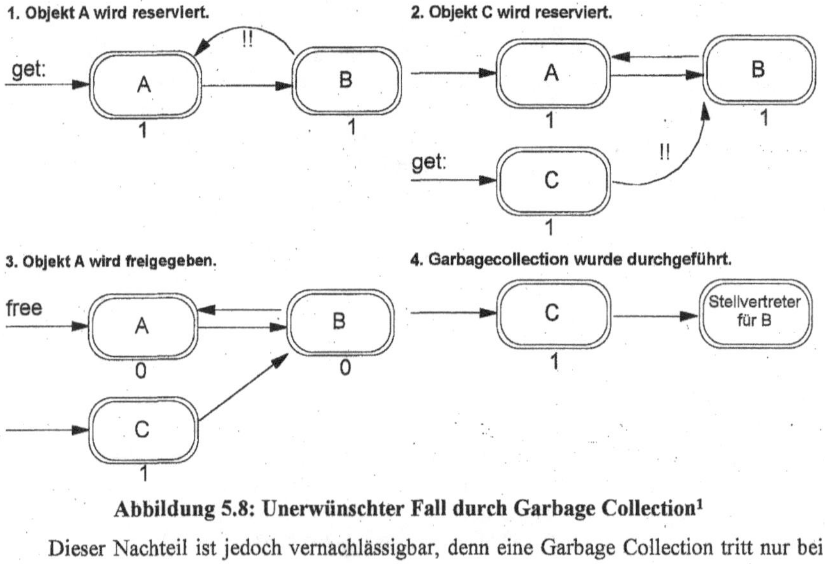

Abbildung 5.8: Unerwünschter Fall durch Garbage Collection[1]

Dieser Nachteil ist jedoch vernachlässigbar, denn eine Garbage Collection tritt nur bei Speichermangel auf, so daß der zusätzlich gewonnene Platz von Objekt B von Vorteil sein kann. Außerdem bleibt ja noch der Stellvertreter bestehen, der automatisch für eine ordentliche Fortsetzung sorgt, wie in Abbildung 5.7 gezeigt wurde. Lediglich die Performanz leidet darunter.

[1] Quelle: eigene Darstellung

Die Performanz ist das Hauptproblem des Objektmanagements. Das Erzeugen und Freigeben von persistenten Objekten sind laufzeitkritische Methoden. Der Stellvertretermechanismus bremst zudem merklich. Eine Garbage Collection des Objektmanagers dauert relativ lange. Eine alternative Art der Implementierung für Speicherverwaltung und -bereinigung wäre denkbar gewesen; vielleicht über einen mit *fork* erzeugten parallelen Smalltalk-Prozeß, der ständig für die Speicherverwaltung sorgt und für eine Garbage Collection nicht das ganze System anhält. Eine solche Lösung wäre aber von größerem Schwierigkeitsgrad bezüglich Konzept und Implementierung gewesen und daher eventuell unsicherer und nicht in vertretbarer Zeit zu realisieren. Es wäre zudem wünschenswert, wenn sich das Objektmanagement noch dynamischer verhalten würde, was Speicherbedarf angeht.

Durch dieses Konzept können so nur Einplatzsysteme realisiert werden. Der Objektmanager geht davon aus, daß kein anderes Programm auf die Datenbank zugreift, was durch exklusives Öffnen der Datenbank garantiert wird. Die Voraussetzungen für Mehrbenutzerzugriff sind weitreichend, waren hier nicht gegeben und hätten den Zeitrahmen gesprengt.

6 Die Funktionalität von ECoSys

6.1 Ausgangssituation für die beiden Fallbeispiele

Zum leichteren Verständnis werden die nachfolgenden Beschreibungen von ECoSys anhand von Beispieldaten gezeigt, wie sie bei den Programmtests bei Lingner + Fischer[1] und Herkommer & Bangerter vorkamen.

6.1.1 ECoSys-Einsatztest bei Lingner + Fischer

Die Lingner + Fischer GmbH ist ein mittelständischer Mundpflegemittelhersteller. Markennamen wie „Odol" oder „Dr. Best" zählen zu ihrem Sortiment. Der Sitz der Gesellschaft ist in Bühl (Baden). Der Marktführer in Sachen Mundpflege beschäftigt in Bühl etwa 150 Mitarbeiter. Produziert wird von Fremdfirmen gemäß Stückliste von L+F. Auch der Fuhrpark wurde ausgelagert. So konzentriert sich das Geschäft auf Produktentwicklung, Marketing und Vertrieb. Das Umwelt- und Sozialengagement von L+F bezieht sich im wesentlichen auf einzelne Projekte wie Baumpatenschaften oder die Unterstützung von Schulen.

Von der Umweltproblematik sieht man sich dort vor allem durch die Verpackungsverordnung betroffen. Das Aufkommen für die Verpackungsentsorgung wurde durch den Betritt zur DSD[2] geregelt. Danach müssen je nach auf den Markt gebrachter Verpackungsmenge Lizenzzahlungen an die DSD geleistet werden. Diese liegen im Pfennigbereich je Verpackung.

Mit Hilfe von ECoSys sollte in diesen Bereich eine bessere Transparenz gebracht werden. Es galt, Verpackungsalternativen miteinander zu vergleichen und dadurch eine aus der Sicht der Umwelt und des Unternehmens optimale Verpackung zu finden.

6.1.2 ECoSys-Einsatz bei Herkommer & Bangerter

Herkommer & Bangerter ist ein mittelständischer Chemikalienhandel mit Sitz in Neuenburg (Baden). Das Unternehmen beschäftigt 120 Mitarbeiter. Pro Jahr werden etwa 70.000 t Chemikalien umgeschlagen, was einem Umsatz von 70 Millionen DM entspricht. Neben dem Lager in Neuenburg werden in Leinfelden und in Ulm Lager unterhalten. Herkommer & Bangerter kauft Chemikalien von den Herstellern in großen Mengen auf, packt diese falls notwendig um und verkauft sie an die Verbraucher weiter. Hierzu wird ein eigener Fuhrpark mit ca. 50 Fahrzeugen unterhalten, die den Vorschriften für Gefahrguttransporte genügen

---

[1] Die jeweils gezeigten Daten wurden aus Gründen der Geheimhaltung verändert.

[2] Duales System Deutschland GmbH

müssen. Neben dem Verkauf von Chemikalien beschäftigt man sich in dem Handelsunternehmen auch zunehmend mit der Rücknahme von Stoffen. Dafür existiert ein eigener Unternehmensbereich „Entsorgung".

Im Rahmen eines Pilotprojektes der IHK Freiburg strebt das Unternehmen nach einer Zertifizierung durch Öko-Audit. Um das jährlich wiederkehrende Öko-Audit effizient unterstützen zu können, sucht man derzeit auch nach Software, die Umweltdaten verarbeiten kann.

In dieser Situation sollte ECoSys in einem eng gesteckten Zeitrahmen von fünf Tagen getestet werden. Ziel war es, neue ökologische Kenndaten für das Unternehmen zu gewinnen. Da es in dem kurzen Zeitraum nicht möglich war, eine Vollerhebung im Unternehmen durchzuführen, beschränkte man die Projektarbeit auf die Verpackungsproblematik. Grob kann man die Verpackungsarten bei Herkommer & Bangerter unterscheiden nach:

- Einweg (Sackware)
- Mehrweg
- Tankzug
- Kesselwagen

Die Einwegverpackung wird bei Waren verwendet, die ohne Umpacken vom Hersteller zum Verbraucher gelangen. Mehrwegverpackungen kommen beim Umpacken zum Einsatz. Innerhalb der Mehrwegverpackungen gibt es wiederum qualitative Unterschiede. Hier findet man Polyballons (= Kunststoffkanister), Kunststoff- und Blechfässer, leichte und schwere Container. Die Untersuchungen mit ECoSys sollten die Beziehungen zwischen Einweg- und Mehrwegverpackung und Informationen wie Kosten für Mehrweg und Umlaufhäufigkeiten zeigen. Der Bereich Tankzug (eigener Fuhrpark) und Kesselwagen (Deutsche Bahn AG) wurde nur am Rande betrachtet.

Langfristig strebt Herkommer & Bangerter folgendes Szenario an:

- Anlieferung der Chemikalien vom Hersteller mit Kesselwagen per Bahn.

  Bisher werden noch große Teile der angelieferten Chemikalien über die Straße transportiert. Die höhere Sicherheit, gerade für Gefahrgüter, und der geringere Energieverbrauch sprechen für die Bahn. Auch das Verkehrschaos auf der Straße kann so umgangen werden. Weiterhin bietet die Bahn nach Ansicht der Geschäftsleitung die höhere Flexibilität. So kann die Lagerkapazität des Unternehmens einfach dadurch erweitert werden, daß Kesselwagen zeitweise bis zu ihrem Abruf im Bahnhof abgestellt werden können. Beim eigenen Fuhrpark ist diese Kapazitätserweiterung natürlich nicht möglich.

- Auslieferung in Container und Tankzug

  Ziel in der Kundenbelieferung ist der Wechsel von Einwegsäcken, Polyballons (= Kunststoffmehrwegkanister mit 60 l Fassungsvermögen), Blech-, Kunststoffässern und leichten Containern hin zu leichten Polyballons (30 l), schweren Containern und, falls möglich, Tankzügen. Sackwaren sollen aufgrund von Dosierungsproblemen und der mit ihnen verbundenen Unfallgefahr gemieden werden. Zusätzlich stellt das Recycling von Säcken, die mit Chemikalien verunreinigt sind, ein Problem dar. Die Polyballons mit 60 Liter Fassungsvermögen sind im Handling mit gleichem Aufwand verbunden wie Container, jedoch macht das geringe Fassungsvermögen dieses aufwendige Handling unrentabel. Für den großen Polyballon wird zur Verwendung des Inhalts eine Abpumpeinrichtung benötigt. Die Reinigung gestaltet sich schwierig, oft müssen Restentleerungen vorgenommen werden, ehe der Ballon wieder befüllt werden kann. Die Entwicklung soll daher vom 60-Liter-Polyballon zum im internationalen Handel üblichen 30-Liter-Polyballon gehen. Dieser benötigt in der Anwendung keinerlei Abpumpeinrichtungen. Andererseits soll, wo möglich, vom Polyballon auf den schweren Container umgestiegen werden. Der schwere Container zeichnet sich durch hohe Sicherheit, Langlebigkeit und einfaches Handling bei Transport und Reinigung aus. Fässer und leichte Container eignen sich nur für eine bestimmte Anzahl von Umläufen. Auch sie sollen nach Möglichkeit durch schwere Container ersetzt werden. Das Verlagern der Transporte zum Kunden auf die Schiene ist in der Regel nicht möglich, da nur wenige Kunden über einen Gleisanschluß verfügen.

6.2 Stammdatenverwaltung

6.2.1 Pflege der Leistungscenter

Wie bereits in 4.1.1 „Ökologische Stofffflußrechnung" erläutert, ist ein Leistungscenter der Verursacher einer Schadschöpfung. Solche Verursacher können Kostenstellen, Kostenträger, Produkte, Kunden, Marktgebiete, Prozesse, usw. sein. Ihnen wird jeweils beim Buchen der Stoffflüsse die Schadschöpfung angelastet.

Im Falle Lingner + Fischer wurden als Leistungscenter die Basiseinheiten[1] verwendet. Diese erhielten in ihrer Leistungscenternummer neben der Verkaufseinheitennummer zusätzlich die Produktgruppennummer, so daß Auswertungen sowohl über die Produktgruppe als auch über die Verkaufseinheiten möglich sind.

Die Liste zeigt auszugsweise die Leistungscenter von Lingner + Fischer.

```
LC Nr.   Bezeichnung
-------------------------------------
60000000 Odol Mundwasser
60000246 ODOL MW EXTRAFRISCH 75 ML
60011245 ODOL MW EXTRAFRISCH 150 ML
61000000 Odol Med 3
61000221 Blickfang STD.75ML
61011400 Normaltube STD.TB.75ML
61011405 Spender STD.SP.100ML
61011440 Mitteltube STD.TB.100ML
61011450 Familient. STD.TB.125ML
62000000 Odol Mundspray
...
63000000 Odol Nice
...
```

[1] Unter Basiseinheit versteht man den eigentlichen Artikel also ohne Verkaufs- oder Displaykartons

```
67000000 Corsodyl
...
69000000 Odol med 3 Kaugummi
...
71000000 Dr. Best Zahncreme
71012250 Raucher ZC 50ML
72000000 Settima
72012200 Medizinische ZC 25ML
80000000 Odol RTU
...
89000000 Dr. Best
...
```

Bei Herkommer & Bangerter wurde innerhalb der LCs zwischen den einzelnen Lagern und den Artikeln (die einzelnen Chemikalien) unterschieden. Beispielhaft sind hier einige Leistungscenter aufgeführt:

```
LC Nr. Bezeichnung
--------------------------------------
10000  Lager Leinfelden
10011  GENUSS/FUTTERMITTELABFÄLLE
10012  Abfälle v. pflanz/tier. Ölen
10014  Abfälle von Häuten und Fellen
10017  Holzabfälle a. Ver- u. Bearbei.
10018  Abfälle a. Zelluloseherstell.
10031  Ofenausbr., Gießereischutt
10035  Eisen- u. Stahlabfälle
10051  Galvanik- u. Metallh.-schlämme
10052  Säuren und Laugen
...
20000  Lager Ulm
20011  GENUSS/FUTTERMITTELABFÄLLE
20012  Abfälle v. pflanz/tier. Ölen
20014  Abfälle von Häuten und Fellen
...
30000  Lager Schwenningen
...
40000  Lager Neuenburg
...
50000  Lager Bitterfeld
...
90000  Direktgeschäfte
...
```

Die LCs werden in ECoSys als flache Liste verwaltet. Die Nummern können frei vergeben werden. Je nach Anwendungsfall kann sich der Aufbau des Leistungscenterplans stark unterscheiden.

6.2.2 Pflege des ökologischen Kontorahmens

Beim ersten Einrichten von ECoSys muß dem ökologischen Kontenplan besondere Aufmerksamkeit geschenkt werden. Sein Aufbau entscheidet letztlich über die Aussagekraft der eingepflegten Daten. Dabei sollte der Kontenplan so detailliert wie nötig sein, jedoch nicht übergenau! Dies könnte nämlich später im Umgang mit dem Tool, z.B. beim Erstellen eines Berichts, mehr hinderlich sein als nützlich. Die unterste Ebene im hierarchisch aufgebauten Kontenplan enthält die höchste Detallierungsstufe, d.h. Drill-Downs können maximal bis zu dieser Stufe durchgeführt werden. Diese Festlegung wird durch die Einrichtung des Kontenplans getroffen. Der Öko-Kontenrahmen läßt sich auch danach noch verändern, doch sind die ersten Buchungen im System, werden große Änderungen schwierig.

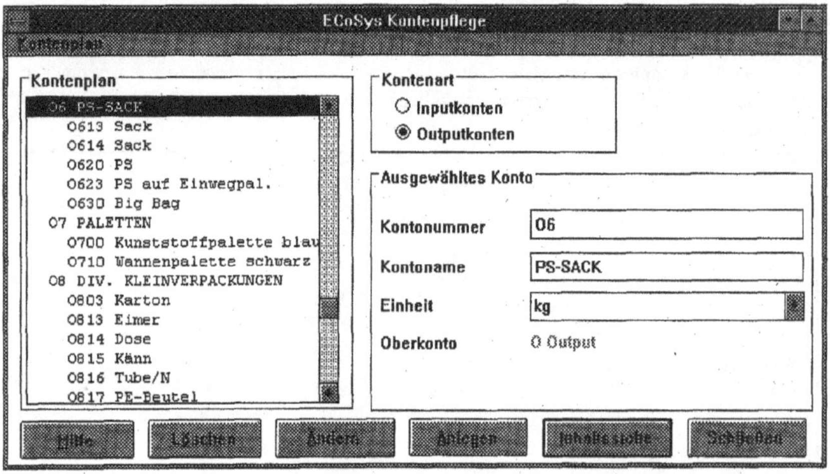

Abbildung 6.1: Pflege des ökologischen Kontenrahmens[1]

Abbildung 6.1 zeigt, welche Daten jeweils für ein Konto festgelegt werden müssen. Die Kontonummer kann dabei frei vergeben werden. Zu beachten ist, daß beim Anlegen eines Kontos auch eine Mengeneinheit angegeben werden muß. Diese Einheit legt die physikalische Größe fest, in der Stoffmengen für dieses Konto erfaßt werden. Beim Anlegen kann ein Oberkonto für das neue Konto angegeben werden. Dadurch wird eine Kontenhierarchie jeweils für die Input- und die Outputseite angelegt. Wird kein Oberkonto angegeben, handelt es sich um ein Konto der obersten Ebene[2].

Da es sich bei Lingner + Fischer um eine Untersuchung der erzeugten Verpackungsmengen handelt, ist der Kontenrahmen auf der Outputseite besonders detailliert. Inputseitig sind lediglich die Einzelkosten erfaßt, die als Vergleichsgröße für die Kosten der Verpackungsentsorgung auf der Outputseite dienen sollen. Die Konten der Outputseite lassen sich zunächst in zwei Gruppen gliedern: den erwünschten Output (Konto O1) und den nicht erwünschten Output (Konto O2). Innerhalb von O1 wird noch einmal zwischen verkaufter

---

[1] Quelle: Bildschirmdarstellung aus ECoSys V1.0

[2] Dies sind in der Beispielmaske von H&B die Konten O6, O7 und O8.

Menge in Stück (Konto O1.1), hier befindet sich auch der wertmäßige Umsatz, und verkaufter Menge als Bulkware[1] (Konto O1.2) unterschieden. Beim unerwünschten Output ist nur der Grüne Punkt (Konto O2.1) aufgeführt. Bei weiteren Untersuchungen zum Thema Abfallentsorgung könnten hier weitere Kategorien erscheinen. Innerhalb der Kontengruppe O2.1 wurde nach dem Gebührenschema der DSD aufgeschlüsselt. Dabei wird eine Verpackung nach drei Kriterien beurteilt:

- Material
- Volumen
- Fläche

Dem entsprechend wurden Konten angelegt. Innerhalb des Kriteriums Material gibt es acht Klassen: Glas, PPK, Blech, Alu, Kunststoffe, Kartonverbundmaterial, Sonstige Verbundmaterialien und Naturmaterialien. Die Volumenklassen V1 bis V8 und die Flächenklassen F1 bis F7 stehen für bestimmte Größen. Bewertet wurden bei L+F alle Outputkonten unter „O2.1 Grüner Punkt“.

[1] Unter Bulk versteht man den Inhalt eines Produkts, bspw. Zahncreme ohne Tube. Die Bulkware wird in Liter angegeben, im Gegensatz zur verkauften Menge, die in Stück angegeben wird.

Für Lingner + Fischer sieht der Kontenrahmen so aus:

Inputkonten:	Outputkonten:
I1 Prime Cost	O1 Produkte
I2 Advertising	O1.1 Verkäufe in Stück
I3 Promotion	O1.2 Verkaufte Menge
I3.1 Sales Promotion	O1.250 Odol Mundwasser
I3.2 Other Marketing	O1.251 Odol Med 3
	O1.252 Odol Mundspray
	O1.261 Dr. Best Zahncreme
	O1.262 Settima
	O1.270 Odol RTU
	O2 Verpackung
	O2.1 Grüner Punkt
	O2.1.1 Materialien
	O2.1.1.1 Glas
	O2.1.1.2 PPK
	O2.1.1.3 Blech
	O2.1.1.4 Alu
	O2.1.1.5 Kunststoff
	O2.1.1.6 Kart.-verb.
	O2.1.1.7 Sonst. Verb.
	O2.1.1.8 Natur
	O2.1.2 Volumen
	O2.1.2.1 V1
	O2.1.2.2 V2
	O2.1.2.3 V3
	O2.1.2.4 V4
	O2.1.2.5 V5
	O2.1.2.6 V6
	O2.1.2.7 V7
	O2.1.2.8 V8
	O2.1.3 Fläche
	O2.1.3.1 F1
	O2.1.3.2 F2
	O2.1.3.3 F3
	O2.1.3.4 F4
	O2.1.3.5 F5
	O2.1.3.6 F6
	O2.1.3.7 F7

Tabelle 6.1: Ökologischer Kontenrahmen für L+F[1]

Bei Herkommer & Bangerter wurden die Konten noch wesentlich differenzierter aufgebaut. Eine Besonderheit ist dabei, daß sich die Input- und Outputseite vom Kontenaufbau her entsprechen. Jedoch enthalten die Inputkonten als Mengen die eingekauften Mehrwegverpackungen in Stück und als Beträge die Anschaffungskosten für die Verpackungen. Auf der Outputseite wurden die mengen- und wertmäßigen Umsätze erfaßt.

Bewertet wurden inputseitig die Konten in den Klassen von I1 bis I3 und auf der Outputseite die Kontenklasse O4 und O6. Tabelle 6.2 zeigt diesen Zusammenhang noch einmal im Überblick. Innerhalb der Kontenklassen wurde für jede Verpackungsalternative ein Konto angelegt.

[1] Quelle: eigene Darstellung

Input				Output			
Konto	Betrag	Menge	Bewertung	Konto	Betrag	Menge	Bewertung
I1 BALLON / KANISTER	Anschaffungskosten	Angeschaffte Stückzahl	auf Stückzahlbasis	**O1**	Umsatz in DM	Umsatz in kg	
I2 BLECHFASS	Anschaffungskosten	Angeschaffte Stückzahl	auf Stückzahlbasis	**O2**	Umsatz in DM	Umsatz in kg	
I3 CONTAINER	Anschaffungskosten	Angeschaffte Stückzahl	auf Stückzahlbasis	**O3**	Umsatz in DM	Umsatz in kg	
I4 TANKZUG / KESSELWAGEN				**O4**	Umsatz in DM	Umsatz in kg	Anzahl Fuhren
I5 WAGGON / SILO				**O5**	Umsatz in DM	Umsatz in kg	
I6 PS-SACK				**O6**	Umsatz in DM	Umsatz in kg	Anzahl Säcke
I7 PALETTEN				**O7**	Umsatz in DM	Umsatz in kg	
I8 DIV. KLEINVERPACKUNGEN				**O8**	Umsatz in DM	Umsatz in kg	
I9 SONSTIGE				**O9**	Umsatz in DM	Umsatz in kg	

Tabelle 6.2: Aufbau des Kontenrahmens bei Herkommer und Bangerter[1]

6.2.3 Zuordnung von Inhaltsstoffen

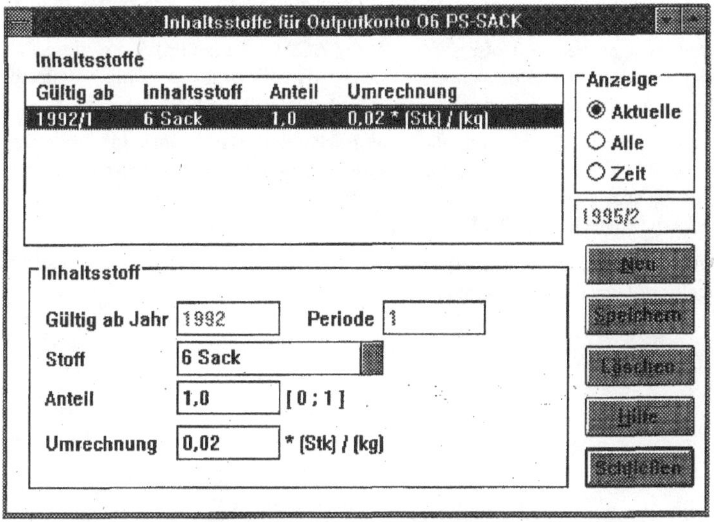

Abbildung 6.2: Zuordnen von Inhaltsstoffen zu einem Konto[2]

Jedem Konto kann eine Zusammensetzung zugeordnet werden. So kann eine Verpackungsform aus verschiedenen Stoffen bestehen. Im Beispiel besteht der PS-Sack zu

[1] Quelle: eigene Darstellung

[2] Quelle: Bildschirmdarstellung aus ECoSys V1.0

100% aus einem Sack. Diese direkte Beziehung kommt in Handelsunternehmen häufig vor. Bei einem Produktionsbetrieb könnte man hier Mengenübersichtsstücklisten einpflegen. Sie geben Auskunft z.B. über die Zusammensetzung eines Fertigprodukts. Auch die Zusammensetzung von Abfällen kann hier eingegeben werden. Die Inhaltsstoffe eines Kontos können sich im Laufe der Zeit ändern. Daher muß jeweils das Datum angegeben werden, ab dem die Zusammensetzung gültig ist. Im Feld „Anteil" wird der prozentuale Anteil des Inhaltsstoffes am Konto angegeben. Der Umrechnungsfaktor ermöglicht das Umrechnen von unterschiedlichen physikalischen Einheiten. In Abbildung 6.2 wird dadurch kg in Stück umgerechnet. Dabei wird davon ausgegangen, das ein PS-Sack 50 kg einer Chemikalie enthält. Dadurch ergibt sich der Umrechnungsfaktor von 1/50 oder 0,02 Stk/kg.

Die Inhaltsstoffe einer Schadart sind Grundlage für die ökologische Bewertung[1]. Durch die Veränderung der Zusammensetzung, z.B. bei einem Fertigprodukt, kann ein Unternehmen seine ökologische Bewertung verbessern. Beobachten kann man dies bei Kühlschränken ohne FCKW, benzolarmen Benzin, chlorfrei gebleichtem Papier, usw.

6.2.4 Ökologische Gewichtsfaktoren

Um nicht nur monetäre Bewertungen durchführen zu können, wurden ökologische Gewichtsfaktoren in ECoSys aufgenommen. Erst mit dieser Komponente können Stoffflüsse aus der Sicht der Umwelt bewertet werden. Bei der Stoffflußmengensicht wird jeder Inhaltsstoff separat betrachtet. Kumulationen sind hier zwar auch oft üblich, doch birgt diese Vorgehensweise die Gefahr in sich, daß Informationen verloren gehen. Im Kapitel 7.1.1 „Umweltreporting bei der Hoffmann-La Roche AG" wird ausführlich auf diese Problematik eingegangen. Bei der Hoffmann-La Roche AG ist es bspw. üblich unterschiedliche Abfallarten aufzuaddieren, ohne deren Giftigkeit zu berücksichtigen.

Jeder Gewichtsfaktor stellt die ökologische Bewertung eines Inhaltsstoffes dar. So erhielt der PS-Sack die „Note" 4,5. Die Bewertungsskala bei Herkommer & Bangerter reicht von eins bis sechs, wobei eins aus ökologischer Sicht die sinnvollste Verpackung darstellte und sechs die schlechteste. Die Bewertung wurde vom Geschäftsführer vorgenommen.

Auch im Fallbeispiel Lingner + Fischer wurde eine Bewertung der Abfallarten durchgeführt. Dabei reichte die Skala von eins bis zehn.

[1] Siehe folgender Abschnitt

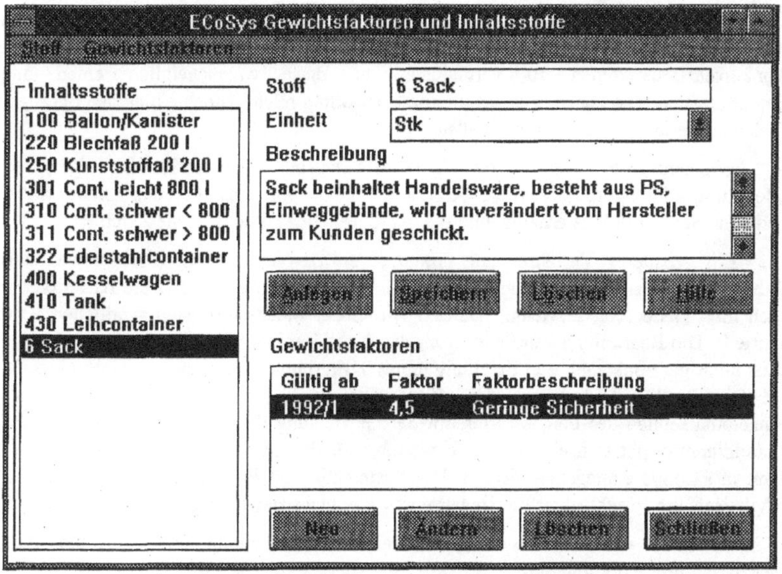

Abbildung 6.3: Pflege der Gewichtsfaktoren[1]

Analog zu den Zusammensetzungen können sich Gewichtsfaktoren im Laufe der Zeit ändern. Die Ursache dafür können veränderte Wertvorstellungen oder Veränderungen der ökologischen Ressourcen sein. Ein gutes Beispiel einer solchen Änderung der Bewertung zeigt der Verkehrsclub Deutschland mit seiner jährlich herausgegebenen VCD-Liste[2]. Diese Liste enthält die wichtigsten in Deutschland erhältlichen PKW-Typen, nach Umweltkriterien beurteilt. Waren noch vor drei Jahren Dieselfahrzeuge aufgrund ihres erhöhten Ausstoßes an karzinogenen Stoffen verpönt, tritt heute die Kohlendioxidproblematik als Ursache für die weltweite Klimaveränderung in den Vordergrund. In diesem Punkt schneiden Dieselfahrzeuge im Durchschnitt etwas besser ab als vergleichbare Benziner.

Berechnet wird die Bewertung für ein Konto in einer Periode wie folgt:

$$Bewertung = \sum_{über\_alle\_Zusammensetzungen} Anteil\% \bullet Umrechnungsfaktor \bullet Gewichtungsfaktor(Inhaltstoff)$$

Derzeit wird in Fachkreisen heftig diskutiert, wie die Gewichtungsfaktoren festgelegt werden sollen. Staatliche oder gesetzliche Vorgaben existieren dafür nicht. Einige plädieren dafür, jegliche Bewertung zu unterlassen, weil Gewichte nicht objektiv gefunden werden können.

Da derzeit kein allgemein anerkannter Bewertungsmaßstab verfügbar ist, sollte nach Ansicht der Autoren jedes Unternehmen, das ECoSys anwendet, selbst bewerten. Wichtig ist dabei die Transparenz des Zustandekommens des Bewertungsmaßstabes. Dadurch kann sich

[1] Quelle: Bildschirmdarstellung aus ECoSys V1.0

[2] Vgl. (VCD)

ein externer Betrachter selbst ein Urteil über die Güte des Bewertungsmaßstabes bilden. Natürlich ist es bei einem selbstentwickelten Bewertungsmaßstab nicht möglich, sich mit Konkurrenzunternehmen zu vergleichen, da diese wahrscheinlich einen anderen Bewertungsmaßstab haben. Für das interne Controlling reicht jedoch ein an den ökologischen Zielen ausgerichteter Bewertungsmaßstab.

Wie kann eine Bewertung der Inhaltsstoffe stattfinden? Im einfachsten Fall könnte eine „Benotung" durchgeführt werden, bei der die Skala von eins bis zehn reicht, wobei die „grünen" Stoffe die Eins erhalten und die ökologisch bedenklichsten die Zehn.

Ein genaueres Verfahren zur Findung von Bewertungen ist die Nutzwertanalyse[1]. Dabei werden Beurteilungskriterien für die Inhaltsstoffe aufgestellt. Diese Kriterien werden nach ihrer Bedeutung gewichtet. Danach wird jeder Inhaltsstoff nach sämtlichen Kriterien beurteilt. Die Beurteilung kann wiederum durch die Vergabe von Punkten geschehen, wobei eine niedrige Punktzahl die Erfüllung eines Kriteriums, bzw. eine hohe Punktzahl eine unbefriedigende Abdeckung des Kriteriums bedeutet. Durch Multiplikation der Einzelpunktzahlen des Inhaltsstoffes mit der Gewichtung der Kriterien und anschließendem Aufaddieren ergibt sich eine Gesamtbewertung für den Inhaltsstoff. Diese Bewertung kann dann in ECoSys eingegeben werden. Die Systematik von ECoSys geht davon aus, daß ein Inhaltsstoff um so schlechter für die Umwelt ist, je mehr Bewertungspunkte er erhält.

Im Falle von H&B wurde eine einfache Bewertung mittels Noten von der Geschäftsführung durchgeführt:

KontoNr.	Bezeichnung	Gewichtung
I100	Ballon/Kanister 60 l	5,00
I220	Blechfaß 200 l	3,00
I250	Kunststoffaß 200l	2,00
I301	Cont. leicht 800 l	4,00
I310	Cont. schwer < 800 l	1,00
I311	Cont. schwer > 800 l	1,00
I322	Edelstahlcontainer	1,00
O4	Zug/Straße gesamt	1,98
O400	Kesselwagen	1,00
O410	Tank	2,00
O430	Leihcontainer	1,00
O6	Sack	4,50

Tabelle 6.3: Gewichtungen bei H&B[2]

Die Gründe für die einzelnen Gewichtungen lassen sich aus den in 6.1.2 „ECoSys-Einsatztest bei Herkommer & Bangerter" genannten langfristigen Zielen des Unternehmens ableiten.

[1] Die Nutzwertanalyse ist ausführlich in (Böhme 90) beschrieben.

[2] Quelle: eigene Darstellung

6.2.5 Einheitenverwaltung

Öko-Controlling-Systeme, die Stofffflußdaten erfassen, müssen in der Lage sein, mit den unterschiedlichsten physikalischen Größen zu arbeiten. Hierfür wurde in ECoSys ein Recheneinheiteneditor realisiert. Mit ihm ist es möglich, beliebige Einheiten zu erzeugen. Dabei können nicht nur einfache Einheiten wie m, kg oder Liter erfaßt werden, sondern auch kombinierte Einheiten wie kWh, Stück/kg oder m^3. Auch Konstanten wie 1.000 sind in einer Einheit erlaubt. Der Zusammenbau der kombinierten Einheiten findet mit dem Einheiteneditor, ähnlich wie bei einem Taschenrechner, statt. Dabei stehen als Operationen nur „Mal" und „Geteilt" zur Verfügung. Einheiten, die durch „Plus" und „Minus" kombiniert werden, z.B. m + kg, sind in der Physik nicht bekannt.

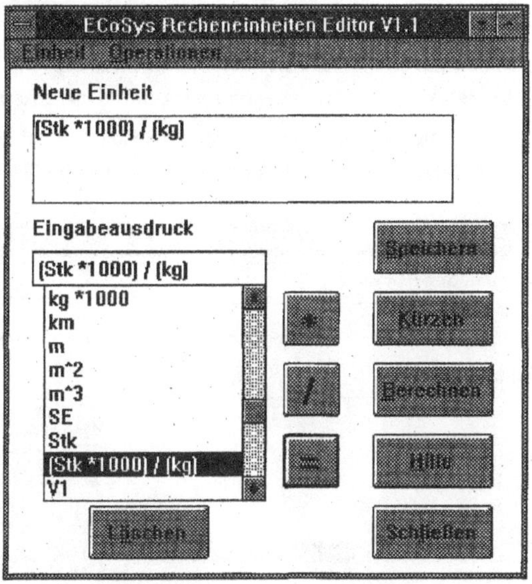

Abbildung 6.4: Eingabemaske des Recheneiheiteneditors[1]

Beim Umgang mit den verschiedenen Recheneinheiten fällt auf, daß viele Einheiten in eine andere Einheit umgewandelt werden können. So ist km nur ein Vielfaches von m. Dieses Wissen kann in ECoSys ebenfalls hinterlegt werden.

[1] Quelle: Bildschirmdarstellung aus ECoSys V1.0

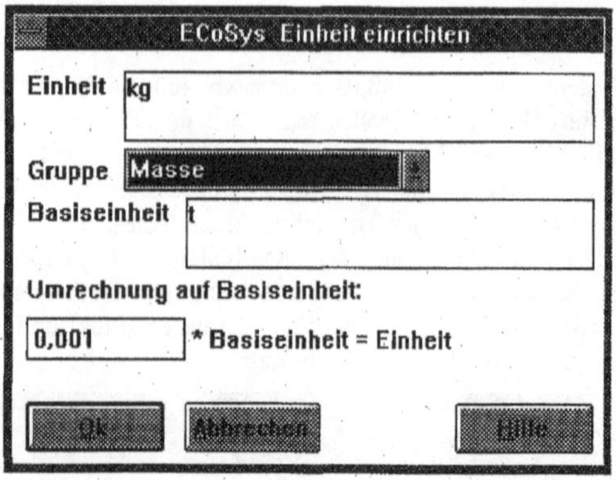

Abbildung 6.5: Hinterlegung der Umrechnungsfaktoren auf eine Basiseinheit[1]

Dabei wird jeweils die Umrechnung der eingegebenen Einheit zu einer Basisheit gepflegt. Abbildung 6.5 zeigt, wie die Einheit kg als die Basiseinheit t mal 0,001 ausgedrückt werden kann.

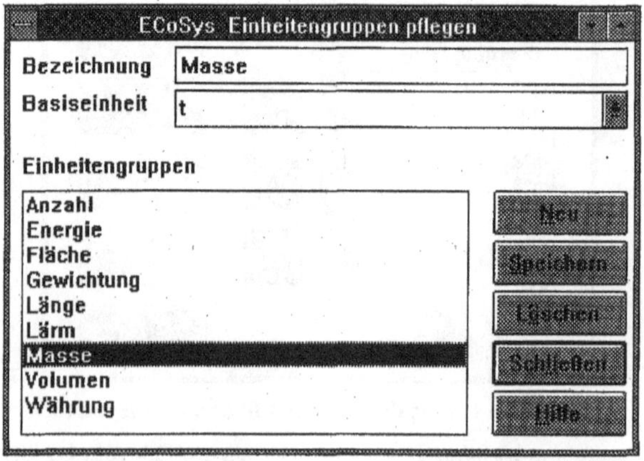

Abbildung 6.6: Pflege der Einheitengruppen mit Basiseinheit[2]

Jede Einheit kann einer Einheitengruppe zugeordnet werden. Aus jeder Einheitengruppe kann eine Einheit als Basiseinheit ausgewählt werden. Solche Einheitengruppen können Energie, Volumen, Gewicht, usw. sein. Die Einheitengruppe legt fest, welche Einheiten aufaddiert werden können. So kann die Einheit m^2 der Einheitengruppe Fläche nicht mit der Einheit kWh der Einheitengruppe Energie aufaddiert werden.

---

[1] Quelle: Bildschirmdarstellung aus ECoSys V1.0

[2] Quelle: Bildschirmdarstellung aus ECoSys V1.0

6.2.6 Datenquellenverwaltung

ECoSys kann aus verschiedenen Informationssystemen eines Unternehmens Daten erhalten. Es sollte immer transparent sein, woher die Daten stammen. Durch die Angabe der Datenquelle beim Import oder beim Buchen kann dies gewährleistet werden.

Innerhalb der Datenquellenverwaltung kann ein Verwendungsnachweis aufgerufen werden. Dieser gibt Auskunft, bei welchen Buchungen die entsprechende Datenquelle genannt wurde.

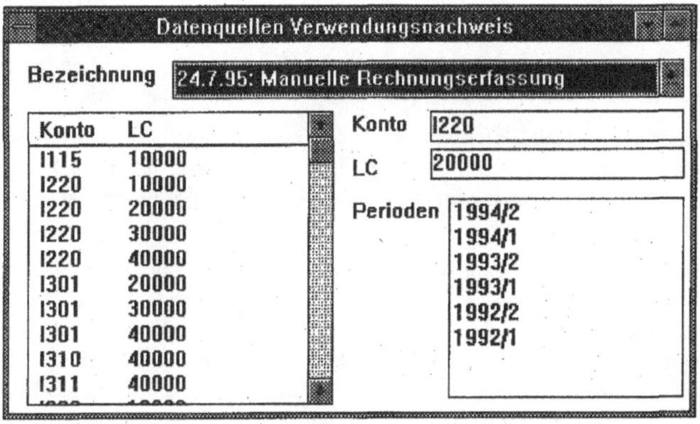

Abbildung 6.7: Verwendungsnachweis für Datenquellen[1]

Abbildung 6.7 ist ein Verwendungsnachweis aus dem Fallbeispiel Herkommer & Bangerter. Er zeigt sämtliche Buchungen der Datenquelle „24.7.95: Manuelle Rechnungserfassung“. So läßt sich leicht die manuelle Eingabearbeit dieses Projekttages nachvollziehen.

6.3 Ökologische Buchhaltung mit ECoSys

Die Basis für jedes Controlling sind zunächst Buchhaltungsdaten. Für die Realisierung einer Ökologischen Buchhaltung wurde ECoSys mit folgenden Komponenten ausgestattet:

- Datenimport
- Manuelle Buchung
- Dauerbuchung
- Journaldatei

Nachfolgend werden die einzelnen Komponenten vorgestellt.

[1] Quelle: Bildschirmdarstellung aus ECoSys V1.0

6.3.1 Datenimport

Grundlagen

Um den Erfassungsaufwand für ein Öko-Controlling-System möglichst gering zu halten, sollten im ersten Schritt zur Einführung eines solchen Systems die bisher im Unternehmen erfaßten Daten untersucht werden. Dabei ist zu prüfen, inwieweit die Daten ökologische Relevanz[1] besitzen. Daten über Energieverbräuche, Emissionen oder Verpackungsmengen sind für das Öko-Controlling von besonderem Interesse, während Größen wie Bankspesen oder Portokosten bei einer ökologischen Bewertung ignoriert werden können.

Neben ökologisch relevanten Daten gibt es auch Daten über die Leistungserstellung des Unternehmens. Diese Daten werden ebenfalls im Öko-Controlling verwendet. Sie dienen zur Erstellung von Intensitätskennzahlen. Eine solche Kennzahl ist bspw. die Abfallintensität[2].

Heutzutage wird in Unternehmen bereits eine Vielzahl von betriebswirtschaftlichen Anwendungssystemen eingesetzt. Aus der Finanzbuchhaltung, der Produktionsplanung und -steuerung (PPS), der Materialwirtschaft oder Abrechnungsprogrammen der DSD können wertvolle Informationen gewonnen werden.

Oft können Daten nicht direkt abgelesen werden. Hier kann man einfache Heuristiken und Erfahrungswerte nutzen. Dadurch kann man von ökologisch nicht relevanten Daten auf ökologisch relevante Daten schließen. Werden beispielsweise Mietwagen pauschal über die Anzahl gefahrener Kilometer abgerechnet, kann man den Benzin-, bzw. Dieselverbrauch nicht direkt von der Rechnung des Mietwagenunternehmens ablesen. Eine Möglichkeit, auf den Benzinverbrauch zu schließen, besteht nun darin, einen Durchschnittsverbrauch aus Angaben des Mietwagenunternehmens zu bilden. Da in einem Öko-Controlling-System nicht nur Mengenwerte, sondern auch die Geldbeträge der tatsächlich entstandenen Kosten erfaßt werden sollten, kann aufgrund des Geldbetrages auf die verbrauchte Menge zurückgeschlossen werden. Näheres hierzu ist im Abschnitt 6.3.3 „Dauerbuchung" beschrieben. Durch das indirekte Ermitteln von Werten erweitert sich die bereits erfaßte Datenbasis. Gerade in der Finanzbuchhaltung werden nur monetäre Ströme erfaßt. Die Umrechnung dieser Werte in Stoffflußgrößen ermöglicht erst die Erschließung der Finanzbuchhaltung als Datenquelle.

Übernahme mittels Dateien

Die meisten der heute im Einsatz befindlichen Anwendungssysteme verfügen über Schnittstellen. Sie können sowohl Daten einlesen als auch Daten exportieren. Das wohl wegen seiner Einfachheit am weitesten verbreitete Format sind ASCII-Textfiles. Fast alle Anwendungssysteme beherrschen den Datenexport auf dieser Ebene. Manchmal kann bei einfachen Systemen nicht auf eine explizite Exportschnittstelle zurückgegriffen werden. Hier

---

[1] Oft muß auch der umgekehrte Weg gegangen werden: Daten von ökologischer Relevanz werden nicht erfaßt, da sie mit geringen Kosten verbunden sind. Handelt es sich bei den Stoffflüssen jedoch um Gefahrstoffe, sollte darauf gedrängt werden, die einzelnen Stoffe dennoch zu erfassen.

[2] Diese Kennzahl entspricht der Menge erzeugten Abfalls je an den Markt abgegebener Produkteinheiten. Bei dieser Intensitätskennzahl wird im Zähler die Gesamtmenge Abfall, die bei der Beschaffung, Produktion, Verwendung und Entsorgung des Produkts entsteht, verwendet - also eine ökologisch relevante Größe. Diese Gesamtabfallmenge wird dividiert durch ein Datum der Leistungserstellung - wieviel Stück eines Produkts tatsächlich an den Markt abgegeben worden sind.

bietet sich die Nutzung eines Printout-Files an. Gerade bei Systemen mit zeichenorientierter Oberfläche sind Printouts im ASCII-Format üblich. Diese können meist sowohl auf den Drucker, als auch in ein File geleitet werden. Diese Files können dann mit geringen Veränderungen, die in einem ASCII-Editor in kurzer Zeit vorgenommen werden können, als Importdaten für ein anderes System dienen.

Die Datenexporte aus den einzelnen Systemen werden periodisch durchgeführt. Die Dateien werden dann in das Öko-Controlling-System eingespielt. Dieses periodische Überspielen von Salden führt zu redundanter Datenhaltung, da die gleichen Daten sowohl in den ursprünglichen Systemen wie der Materialwirtschaft, als auch in der Öko-Controlling-Datenbank vorhanden sind. Die Redundanz bietet jedoch Vorteile: Die Laufzeit von Auswertungen im Öko-Controlling-System kann erheblich verringert werden, da zum einen nicht auf die verschiedenen Datenbanken der Quellsysteme zugegriffen werden muß, zum anderen handelt es sich bei der Speicherung der Daten im Öko-Controlling-System meist um bereits verdichtete Werte[1], so daß nicht erst bei jedem Bericht eine Verdichtung im Quellsystem durchgeführt werden muß. Einen weiteren Vorteil bietet diese Konstellation im Bereich der Konfiguration des Öko-Controlling-Systems. Es wird nur der Zugriff auf die eigene Datenbank benötigt. Weitere direkte Datenbankanschlüsse finden nicht statt. Die Daten können über ein E-Mail-System oder über Datenträgeraustausch zum Öko-Controlling-System gelangen. Dadurch kann das Öko-Controlling-System praktisch im Stand-alone-Betrieb eingesetzt werden, was nur niedrige Anforderungen an die Einbettung in die EDV-Landschaft einer Unternehmung bedeutet.

Realisierung der Datenübernahme in ECoSys

ECoSys nutzt zum Import von Daten das ASCII-Format. Der Anwender kann das **Format seiner Schnittstellendatei** in ECoSys beschreiben. Bestimmte Angaben sind dabei notwendig. Als Mindestangabe sollte eine Schnittstellendatei folgende Daten beinhalten:

- Leistungscenternr. und Kontonr. oder
- einen beliebigen Schlüssel eines Fremdsystems
- einen zu verbuchenden Saldo

In der Formatdatei wird beschrieben:

- in welcher Spalte Leistungscenternr. und Kontonr., bzw. der Schlüssel im System steht
- die Position des Saldos, entsprechend der vier verschiedenen Möglichkeiten, eine Buchung auszuführen.

Die untenstehende Tabelle zeigt eine Formatdatei (Extension: „ECF" - ECoSys Formatdatei), die nur die Beschreibung für Mußeingaben enthält. Für die Buchungen wird als Buchungsperiode die aktuelle Systemzeit herangezogen. Die Position der Periode, in die die Buchung erfolgen soll, könnte jedoch auch in der Datei angegeben werden. Eine weitere Möglichkeit, um Daten aus den verschiedensten Systemen zu nutzen, ist die Option „Vorzeichen umgekehrt". Steht sie auf „true", so werden Betrag und Sollbetrag mit -1

[1] Ähnliche Konzepte der Datenhaltung findet man in MIS/EIS-Systemen. Zur Performanzsteigerung werden dort ebenfalls Daten redundant im System gehalten. Abfragen können dadurch deutlich schneller ausgeführt werden als bei Online-Anbindung an die Originaldatenbanken. Hinzu kommt, daß ein filebasierter Datenaustausch leichter zu realisieren ist als ein Direktzugriff auf eine fremde Datenbank.

multipliziert. Dies ist oft notwendig, da ECoSys Kosten als negative und Erlöse als positive Zahlen darstellt. Viele Systeme zeigen aber Kosten als positive Zahl.

```
Formatdatei (.ecf):
0        0        | Nummer des Saldos im Externen System
3        5        | LC
1        2        | Konto
0        0        | Jahr
0        0        | Periode
0        0        | Herkunft
6        16       | Betrag Ist
0        0        | Betrag Soll
0        0        | Menge Ist
0        0        | Menge Soll
true              | Vorzeichen umgekehrt
```

Die diesem Format entsprechende Datendatei könnte folgendes Aussehen haben:

```
Minimale Datendatei (.dat):
I1LC1 100
I3LC2 200
I4LC2 300
```

In der Praxis taucht das Problem auf, daß verschiedene Systeme auch verschiedene Schlüssel für gleiche Vorgänge vergeben. Dies ist besonders beim Einsatz von Insellösungen der Fall. Aber oft will man auch Daten von verschiedenen Positionen auf ein Konto oder ein Leistungscenter komprimieren. Dies wird in ECoSys durch eine **Übersetzungstabelle** unterstützt.

```
Übersetzungsdatei (.ect):
10,10              LC1       I1
20,20              LC2       I3
30,30              LC2       I4
40,40              LC2       I4
```

Die Übersetzungstabelle enthält auf der einen Seite den Schlüssel, wie er in dem System vorkommt, aus dem die Daten stammen. Auf der anderen Seite wird dieser fremde Schlüssel in jeweils eine Leistungscenternummer und Kontonummer übersetzt. Dieser Übersetzungsvorgang ermöglicht es, auch Dateien mit unterschiedlichen Schlüsseln für die einzelnen Sätze zu lesen und richtig zuzuordnen. Die Übersetzungstabelle wird in einer Datei mit der Extension „.ECT“ (= ECoSys Translation Table) gespeichert. Eine Datendatei, deren Schlüssel zunächst übersetzt werden muß, hätte dann z.B.. folgendes Aussehen:

```
Minimale Datendatei mit Schlüssel aus fremdem System (.dat):
10,10 100
20,20 200
30,30 300
40,40 400
```

Für den Import dieser Datei müßten dem System also neben der Datei selbst auch die Formatdatei und die Übersetzungsdatei bekanntgegeben werden. Abbildung 6.8 zeigt noch einmal den Gesamtablauf des Imports von Buchungen.

Treten beim Import Fehler auf, so werden diese Fehler in eine **Fehlerdatei** geschrieben. Sie trägt den gleichen Namen wie die Datendatei, jedoch mit der Extension „.ECE“ (= ECoSys Error). In der Fehlerdatei stehen die fehlerhaften Datensätze und jeweils dahinter eine Fehlermeldung. Der Benutzer kann nun den aufgetretenen Fehler beseitigen, z.B. durch

Anlegen eines Kontos. Danach kann der Benutzer die Fehlerdatei mit Hilfe der gleichen Formatdatei der ursprünglichen Schnittstellendatei einlesen. Der Datensatz, für den bspw. kein Konto existierte, wird nun korrekt eingelesen.

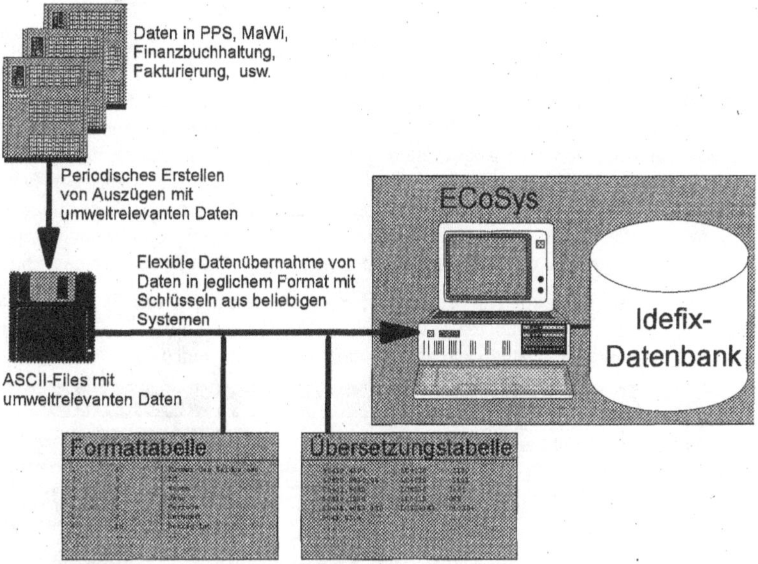

Abbildung 6.8: Ablauf des Datenimports aus Unternehmensdatenbanken über Formatdatei und Übersetzungstabelle in die IDEFIX-Datenbank[1]

Treten weitere Fehler auf, wird **erneut** eine Fehlerdatei gefüllt. Erst wenn die Fehlerdatei keinen Satz mehr enthält, war der gesamte Import erfolgreich. Da nach dem ersten Einlesen der Datendatei nur noch mit der Fehlerdatei gearbeitet wird, werden auch keine Daten doppelt eingelesen. Die in der Fehlerdatei stehenden Fehlermeldungen werden beim Einlesen ignoriert.

```
Fehlerdatei nach 1. Importversuch:
I1LC1 100| Zeile 1: LC LC1 nicht vorhanden.
I3LC2 200| Zeile 2: Konto I3 nicht vorhanden.
I4LC2 300| Zeile 3: Konto I4 nicht vorhanden.
```

Diese Fehlerdatei[2] kann mit dem ASCII-Editor von ECoSys aufgerufen und bearbeitet werden.

Die durch den Import erzeugten Buchungen können via Dauerbuchung neue Buchungen erzeugen. Wie eine Dauerbuchung erzeugt wird, ist im Abschnitt „Dauerbuchung" erläutert.

Im Fall Lingner + Fischer wurden auf diese Weise für zwölf Monate Daten eingespielt. Das waren über 1.000 Sätze. Bei Herkommer & Bangerter wurden Daten von 1992 bis 1995

[1] Quelle: eigene Darstellung

[2] Man beachte, daß die Fehlerdatei den gleichen Aufbau hat wie die Originaldatei, jedoch ist hinter „|" die Fehlermeldung aufgeführt.

von der AS 400 importiert. Dabei wurden ca. 10.000 Buchungen vorgenommen. Der gesamte Vorgang dauerte hier mit Vorbereitungen etwa einen Tag.

6.3.2 Manuelles Buchen

Neben dem Import von Buchungen spielt für die ökologische Buchhaltung auch das manuelle Eingeben nach wie vor eine wichtige Rolle. Zwar sollte der manuelle Erfassungsaufwand so gering wie möglich gehalten werden, das manuelle Buchen ist jedoch unverzichtbar. Dies zeigte sich auch am Beispiel von Herkommer & Bangerter. Leider wurden dort Rechnungen für die Anschaffung von Mehrwegbehältern nicht separat erfaßt, so daß für die Auswertungen in ECoSys eine Nacherfassung von etwa 400 Rechnungen für Mehrwegbehälter und Ersatzteile durchgeführt werden mußte. Diese Erfassung dauerte 1,5 Tage und wurde für einen Zeitraum von vier Jahren durchgeführt. Mit dieser Arbeit konnte ein relativ langer Zeitraum einbezogen werden, daher scheint der manuelle Aufwand auch gerechtfertigt.

Über diesen Weg können bspw. Zählerstände, Messungen und Proben ins System einfließen, die nicht in anderen Systemen erfaßt werden. Aber auch zur Korrektur automatisch eingelesener Daten kann diese Option verwendet werden.

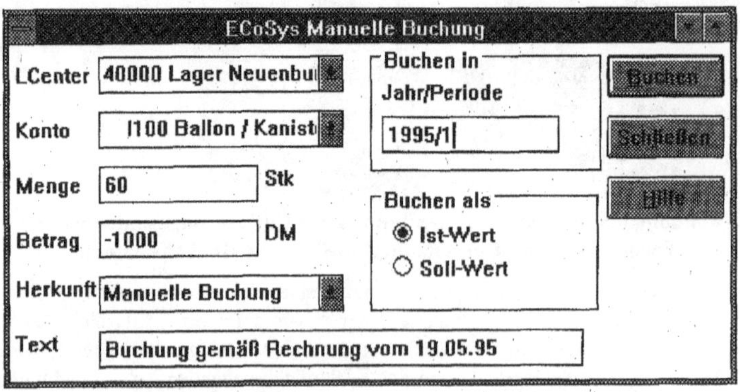

Abbildung 6.9: Eingabefenster für eine manuelle Buchung[1]

Nach einer erfolgreichen Buchung erscheint eine Meldung mit dem aktuellen Kontostand des bebuchten Kontos und der Belegnummer der Buchung. Jede in ECoSys durchgeführte Buchung, ob durch einen Import, manuell oder durch eine Dauerbuchung, erhält eine Belegnummer. Diese Belegnummer sollte auf dem Originalbeleg mit dem Datum der Buchung und dem Handzeichen des Buchhalters vermerkt werden. Auch in der ökologischen Buchhaltung sollte gelten: *Keine Buchung ohne Beleg!*

Bei der manuellen Rechnungserfassung für ECoSys bei H & B wurden die erfaßten Rechnungen ebenfalls mit einer ECoSys-Belegnummer versehen. Dies bringt neben der Nachvollziehbarkeit (z.B. für Öko-Audit) auch die Möglichkeit, nur in großen Abständen nacherfassen zu müssen, da mit Hilfe des Kennzeichens leicht erkennbar ist, welche Rechnungen bereits bearbeitet wurden und welche nicht.

[1] Quelle: Bildschirmdarstellung aus ECoSys V1.0

Im Gegensatz zur konventionellen Buchhaltung gibt es in ECoSys keine ausgeglichene Buchung von einem oder mehreren Sollkonten an ein oder mehrere Habenkonten. Da es sich bei ECoSys um eine reine Flußbetrachtung ohne Bestände handelt, ist dies auch sinnvoll. Eine Plausibilitätsprüfung könnte jedoch dadurch erfolgen, daß man die Stoffe, die als Input erscheinen, auf der Outputseite mengenmäßig wiederfindet und umgekehrt. Differenzen können auf Erfassungslücken hinweisen[1].

Abbildung 6.9 zeigt das Eingabeformular der manuellen Buchung. Zu beachten ist dabei, daß in einer Buchung sowohl eine Mengenangabe, als auch eine monetäre Angabe erfolgen kann.

Durch die Buchung auf ein Konto eines bestimmten Leistungscenters kann eine automatische Weiterbuchung mittels Dauerbuchung erfolgen.

6.3.3 Dauerbuchung

Die Dauerbuchung ist ein wichtiges Hilfsmittel zur Automatisierung der ökologischen Buchhaltung. In ECoSys wurden zwei Typen von Dauerbuchungen realisiert:

- Dauerbuchung periodisch ausgelöst
- Dauerbuchung durch Buchung auf ein Konto ausgelöst.

Die periodische Buchung

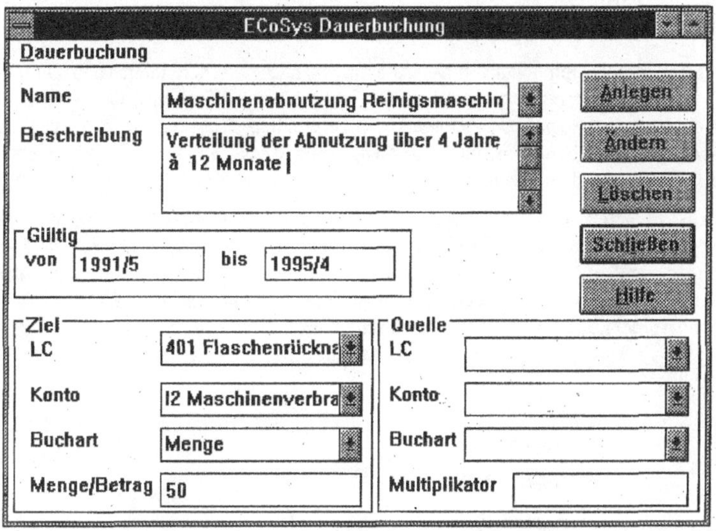

Abbildung 6.10: Zeitgesteuerte Dauerbuchung[2]

Oft werden Verbrauchsdaten nur in großen Abständen erfaßt. Beispiele hierfür sind Wasser- und Stromabrechnung. Damit aber nicht der gesamte Verbrauch bspw. eines Jahres in eine

[1] Vgl. (Schaltegger und Sturm 153)

[2] Quelle: Bildschirmdarstellung aus ECoSys V1.0

Periode fällt, müssen die Verbrauchsmengen aufgeteilt werden. Im einfachsten Fall könnte dies durch das manuelle Einbuchen eines Bruchteils des Gesamtbetrages in die jeweiligen Perioden geschehen. Dieser Aufwand kann aber verringert werden, indem eine Dauerbuchung für das entsprechende Jahr angelegt wird. Mit jedem Periodenwechsel wird die Dauerbuchung ausgelöst. Sie bucht auf die bei ihr als Ziel definierten Konten.

Das Anstoßen der zeitgesteuerten Dauerbuchungen ist die Hauptaufgabe des Periodenwechselprogrammes. Mit dem Periodenwechsel wird dann natürlich die Systemzeit auch um eine Periode weiter versetzt.

Abbildung 6.10 zeigt eine angelegte Dauerbuchung mit einer ihrer wichtigsten Anwendungen: Über die zeitgesteuerten Dauerbuchungen können „Abschreibungen" erfaßt werden. Dies dient ebenfalls zur gleichmäßigen Verteilung des durch eine Anschaffung verbrauchten Materials, bzw. des bei der Verschrottung entstehenden Abfalls. Welche Bedeutung eine solche Verteilung der Anschaffungs- und Entsorgungsmaterialien hat, läßt sich sehr anschaulich am Automobil zeigen. Dort wird bereits bei der Herstellung etwa ein Viertel der Schadstoffe erzeugt, die das Auto während seiner gesamten Nutzungsdauer ausstößt. Daher ist neben dem Ausstoß während der Benutzung auch die Herstellung zu betrachten.

Da es sich bei den beiden Fallbeispielen um Momentaufnahmen handelt, konnte leider keine zeitgesteuerte Dauerbuchung eingerichtet werden. Im laufenden Betrieb würde jedoch auch hier die Dauerbuchung von Routineaufgaben entlasten.

Die automatische Weiterbuchung

Diese Form der Dauerbuchung hilft, Zusammenhänge zwischen Input- und Outputkonten, bzw. Mengen und Beträgen herzustellen. Oft ist es in der betrieblichen Praxis nicht möglich, Daten direkt für ein Input- oder Outputkonto zu erhalten. Hier kann jedoch das Wissen der einzelnen Sachbearbeiter genutzt werden, um Rückschlüsse auf Verbrauchs- und Ausstoßmengen durchzuführen.

Ein Beispiel: Die Mietwagenabrechnung erfolgt ausschließlich nach gefahrenen Kilometern. Der Preis pro km für einen Wagen der unteren Mittelklasse beträgt 0,75 DM. Die Mietwagen sind mit einem Benzinmotor mit geregeltem Katalysator ausgerüstet. Die Mitarbeiter nutzten die Fahrzeuge überwiegend im Überlandverkehr. Welche Konten sind von einer Abrechnung für eine Fahrt betroffen? Dies sind in erster Linie:

- Outputseite:
- gefahrene km
- Ausstoß CO_2
- Ausstoß NO_x
- Ausstoß CO
- Ausstoß ...
- Auf der Inputseite:
- Benzinverbrauch Mietwagen

Bei genauerer Betrachtung fällt auf, daß auch die Abnutzung der Fahrzeuge mit aufgenommen werden sollte. Geschieht dies nicht, so würden die gemieteten Autos tendenziell ökologisch besser abschneiden als die des eigenen Fuhrparks, da diese auf jeden Fall eine Abschreibung zu tragen haben. Für dieses Beispiel wurde jedoch diese Sicht aus Vereinfachungsgründen vernachlässigt. Sicher sind für manchen Leser auch noch weitere Output- und Inputkonten angebracht. Für die weitere Betrachtung der Dauerbuchung reichen jedoch die vier aufgeführten Konten aus. Welcher Zusammenhang kann nun zwischen den Konten hergestellt werden? Als Eingabe kann die Anzahl geleisteter Kilometer dienen.

1. Outputkonto „gefahrene km".Betrag = Outputkonto „gefahrene km".Menge * 0,75

2. Inputkonto „Benzinverbrauch Mietwangen".Menge =
   Outputkonto „gefahrene km".Menge * 8 / 100

3. Outputkonto „Ausstoß CO_2".Menge =
   Inputkonto „Benzinverbrauch Mietwangen".Menge * 3,5

4. Outputkonto „Ausstoß NO_x".Menge =
   Inputkonto „Benzinverbrauch Mietwangen".Menge *3/1000

5. Outputkonto „Ausstoß CO".Menge =
   Inputkonto „Benzinverbrauch Mietwangen".Menge * 1/1000

6. Outputkonto ...

Die einzeln genannten Faktoren lassen sich aus Erfahrungswerten oder aus der Literatur ableiten. Punkt 1 entspricht direkt dem Preis. Punkt 2 stammt aus der Erfahrung, daß Wagen dieser Typenklasse bei einem Überlandzyklus etwa einen Verbrauch von 8 Liter auf 100 km haben. Punkt 3 könnte aus der Literatur entnommen sein. Ein Liter verbranntes Benzin ergibt demnach 3,5 kg CO_2. Die anderen Schadstoffe werden ähnlich ermittelt, wobei als Technik zur Schadstoffminderung der geregelte Katalysator berücksichtigt werden muß.

Die nachfolgende Abbildung zeigt die Dauerbuchung für Punkt 1. Die Gültigkeit der Dauerbuchung ist nicht begrenzt. Diese Dauerbuchung erhält erst ein Endedatum, wenn ein neuer Preis pro km bekannt ist. Das Endedatum entspricht dann der letzten Periode, für die der Dauerbeleg gültig ist. Für den neuen Preis sollte in gleicher Weise eine Dauerbuchung angelegt werden.

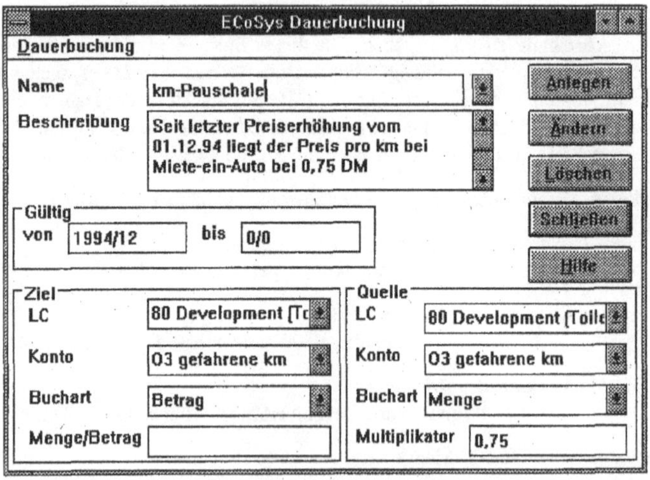

Abbildung 6.11: Buchung von Menge auf Betrag eines Kontos mittels Dauerbuchung[1]

Mit Hilfe der Dauerbuchung kann jetzt auf der Basis einer Buchung eine Vielzahl von Weiterbuchungen ausgelöst werden.

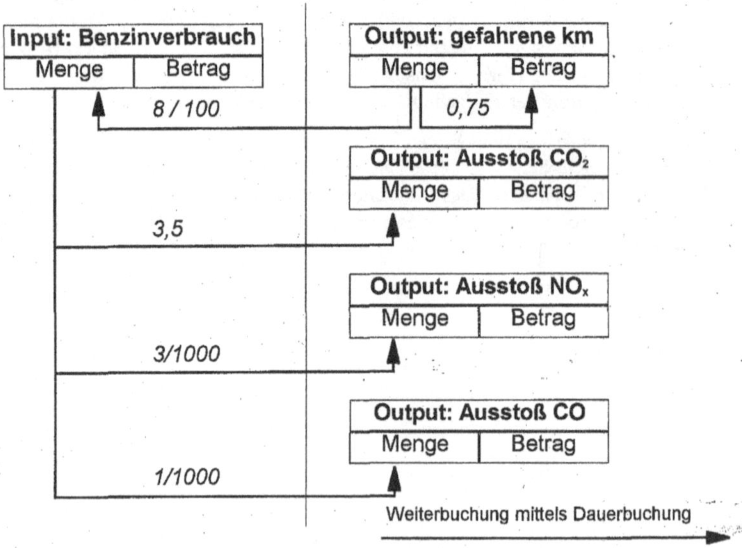

Abbildung 6.12: Kette von Dauerbuchungen am Konto "gefahrene km"[2]

[1] Quelle: Bildschirmdarstellung aus ECoSys V1.0

[2] Quelle: eigene Darstellung

Ein naheliegender Gedanke wäre nun, eine Dauerbuchung vom Konto „Benzinverbrauch".Menge auf das Konto „gefahrene km".Menge anzulegen. Dies würde ermöglichen, beide Konten zum Aufrufen der Weiterbuchungen zu verwenden. Doch das zusätzliche Anlegen dieser Dauerbuchung würde zu einer Schleife

„Benzinverbrauch".Menge ➔ „gefahrene km".Menge ➔ „Benzinverbrauch".Menge

führen. Die beiden Dauerbuchungen würden sich gegenseitig endlos anstoßen. Aus diesem Grund wurde eine Prüfung auf Schleifen in das Eingabefenster eingebaut. Sie verhindert das Anlegen einer solchen Dauerbuchung.

Bei dieser Prüfung werden neben den Konten auch die Leistungscenter, die Buchart und der Gültigkeitszeitraum berücksichtigt. Erst wenn die Dauerbuchungen, die eine Schleife bilden könnten auch einen gemeinsamen Gültigkeitszeitraum haben, kommt es tatsächlich zu einer Schleife, und das Anlegen wird nicht erlaubt. Ebenso werden die Leistungscenter berücksichtigt. In Abbildung 6.12 wurden die Angaben zu Leistungscenter und Gültigkeitszeitraum aus Vereinfachungsgründen weggelassen.

Die automatische Weiterbuchung stellt das Expertenwissen über Zusammenhänge in ECoSys dar. Leider konnten aufgrund der kurzen Zeit, in der ECoSys in den beiden Fallbeispielen eingesetzt wurde, nur wenige solcher Zusammenhänge festgestellt werden. Lediglich bei Lingner + Fischer wurden auf diese Weise die Konten der Gruppe „O1.2 Verkaufte Menge" gefüllt. Dabei waren Buchungen auf das Konto „O1.1 Verkäufe in Stück" die Quelle für das Triggern der Weiterbuchung. Gebucht wurde von O1.1 Menge multipliziert mit dem jeweiligen Fassungsvermögen der Verpackung (also des Leistungscenters) auf „O1.2 Verkaufte Bulkmenge" Menge. Dadurch konnte das Volumen der verpackten Mengen festgestellt werden. Abbildung 6.13 zeigt die Funktion von zwei Dauerbuchungen, die die Bestimmung der verkauften Menge „Odol Mundwasser Extrafrisch" in Litern ermöglichen.

Dauerbuchung : 60 000246

LC: 60 000246 Odol MW Extrafrisch 75 ml		
Konto: O1.1 Verkäufe in Stück	Multiplikator: 0,075	Konto: O1.2 Verkaufte Menge (Bulk)
Buchung: 10.000 Stück	* 0,075	**Weiterbuchung:** **750 Liter**

Dauerbuchung : 60 011245

LC: 60 011245 Odol MW Extrafrisch 150 ml		
Konto: O1.1 Verkäufe in Stück	Multiplikator: 0,150	Konto: O1.2 Verkaufte Menge (Bulk)
Buchung: 10.000 Stück	* 0,150	**Weiterbuchung:** **1.500 Liter**

Abbildung 6.13: Dauerbuchungen im Fallbeispiel[1]

[1] Quelle: eigene Darstellung

6.3.4 Journaldatei

Für den ordnungsgemäßen Ablauf einer Buchhaltung ist es von essentieller Bedeutung, daß keine Buchungen ins System gelangen, deren Ursprung nicht nachvollzogen werden kann. Da ECoSys gerade die sukzessive Einführung eines Öko-Controllings unterstützen soll, kann der externe Betrachter mit Hilfe des Buchungsjournals die Vollständigkeit der erfaßten Daten prüfen. Dies ist ein pragmatischer Ansatz, um in der Aufbauphase des Öko-Controllings keine Vollerfassung aller Daten durchführen zu müssen. Ein Öko-Controller kann sich mit Hilfe von ECoSys auf die zunächst als kritisch erachteten Punkte konzentrieren und nach und nach die Controllingarbeit ausweiten. Das **Buchungsjournal** eröffnet dann die Transparenz, welche Daten tatsächlich erfaßt wurden. Dies ist besonders wichtig, wenn man verschiedene Werke oder Unternehmen vergleichen will. Grundlage hierfür ist eine gleichartige Vorgehensweise. Mit dem Journal kann diese Vorgehensweise nachvollzogen werden.

Was sollte eine Journaleintragung beinhalten? Zunächst sollten alle Daten der Buchung darin stehen, wie Leistungscenter, Konto, Buchart, Buchungstext, Datenquelle und die Zeit, für die die Buchung gelten soll. Zur Verwaltung der Buchungen wird eine eindeutige, fortlaufende Belegnummer vergeben. Das Datum und die Zeit der Buchung werden ebenfalls eingetragen. In klassischen Buchhaltungssystemen, die im Mehrbenutzerbetrieb laufen, wird noch der Benutzer festgehalten, der die Buchung durchgeführt hat. Da ECoSys in der vorliegenden Version ein Ein-Platz-System ist, fällt auch diese Information für das Journal weg.

Eine Zeile in der Journaldatei (Extension: „.ECJ“ = ECoSys Journal) hat dabei folgendes Aussehen:

```
1 50000046 02.1.1.1 1995  2 5690,63475 0 37937,565 0 Import aus:

C:\ECOSYS\BUCHUNG.DAT DSD Meldung | gebucht am 15.05.1995 um 23:32:06 Uhr
```

Die Daten vor dem „|“-Zeichen sind die eigentlichen Buchungsdaten, wie sie bspw. in der manuellen Buchung vorkommen können. Die Daten nach dem „|“-Zeichen geben den Zeitpunkt der Buchung wieder. Die Journaldatei ist so aufgebaut, daß sie über die Importschnittstelle selbst wieder eingelesen werden kann. Dies ermöglicht, leicht mehrere Buchungen zu stornieren oder mehrere ähnliche Buchungen zu wiederholen. Um die Journaldatei einlesen zu können, wird eine Formatdatei standardmäßig mitgeliefert, mit folgendem Inhalt:

```
0       0      | Nummer des Saldos im Externen System
16      35     | LC
36      55     | Konto
56      60     | Jahr
61      65     | Periode
166     215    | Herkunft
66      80     | Betrag Ist
81      95     | Betrag Soll
96      110    | Menge Ist
111     125    | Menge Soll
false          | Vorzeichen umgekehrt
```

Diese Formatdatei („SYSTEM.ECF“) beschreibt die Journaldatei. Zu beachten ist dabei, daß in der Journaldatei die erste Zahl, in unserem Beispiel „1“, die Belegnummer der jeweiligen Buchung darstellt. Sie wird beim Import natürlich nicht weiter verwendet.

Grundsätzlich erzeugen manuelle Buchung, Import und Dauerbuchung für jede Buchung auch einen Eintrag mit eindeutiger Belegnummer in der Journaldatei.

Insgesamt gibt es in ECoSys also vier Möglichkeiten, auf ein Konto zu buchen. Es sind dies die manuelle Buchung, der Datenimport, die Dauerbuchung beim Periodenwechsel und die Weiterbuchung. ECoSys kann die beim Import erzeugte Fehlerdatei und auch das eigene Buchungsjournal erneut einlesen. Dadurch entstehen mächtige Korrekturmöglichkeiten.

Die Abbildung 6.14 zeigt noch einmal die Datenflüsse zur Buchung im Überblick.

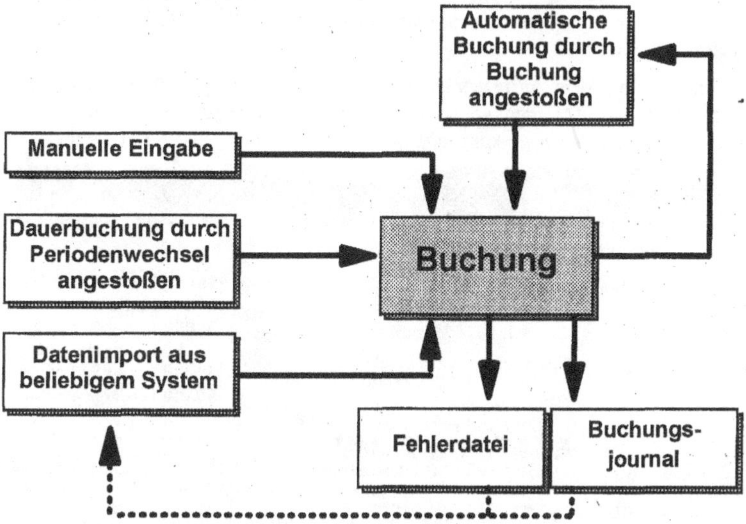

Abbildung 6.14: Zustandekommen einer Buchung in ECoSys[1]

Große Bedeutung hatte die Journaldatei beim Einsatz bei Herkommer & Bangerter. Dort enthielt die Datei nach einer Woche bereits über 10.000 Einträge.

6.4 Saldenabfragen

Die nachfolgend erläuterte Saldenabfrage ist ein einfaches Werkzeug zur Kontrolle von Konten. Es sind jedoch auch in kleinem Umfang bereits Controllingauswertungen damit möglich. So können auf die Ergebnisse der Abfrage bereits Diagramme aufgesetzt werden.

[1] Quelle: eigene Darstellung

6.4.1 Kontenkontrolle und Konsolidierungen

In erster Linie dient die Saldenabfrage zur Kontrolle von durchgeführten Buchungen. Dabei können die Abfragen über drei Dimensionen aufgebaut werden: die Konten, die Leistungscenter und die Zeit. Je nach Problemstellung können die einzelnen Dimensionen kumuliert oder detailliert gezeigt werden. Dabei ist es möglich, bestimmte Konten, Leistungscenter oder Zeiträume herauszugreifen. Die Saldenabfrage kann über alle in ECoSys vorhandenen Saldenarten laufen und zusätzlich auch Abweichungsberichte zwischen Soll- und Istwerten erstellen. Zu beachten ist, daß Menge, Betrag, Sollmenge, und Sollbetrag jeweils direkt gebuchte Werte sind, während Gewicht, Sollgewicht und die Abweichungen berechnete Werte sind.

Hat man mit dem Abfrageeditor eine Abfrage erstellt, kann diese gespeichert werden. Die gespeicherten Abfragen können auch direkt, also ohne Aufruf des Abfrageeditors, ausgeführt werden. Abfragen können auch, ohne zu speichern, ausgeführt werden.

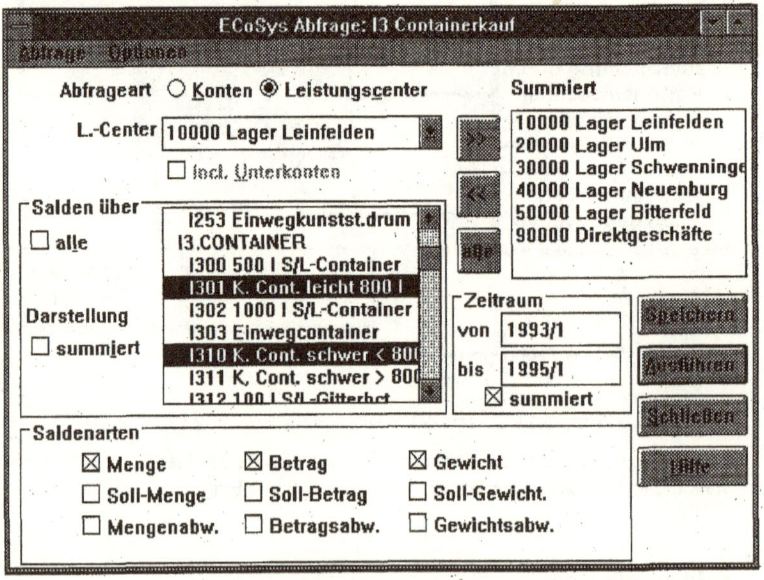

Abbildung 6.15: Saldenabfrage über eingekaufte Container[1]

Abbildung 6.15 zeigt das Fenster zum Erstellen einer Saldenabfrage. Die hier dargestellte Abfrage stammt aus dem Fallbeispiel Herkommer & Bangerter. Im Ergebnis der Abfrage soll ein Vergleich der eingekauften Mehrwegcontainer stehen. Dabei sollen die eingekaufte Menge, der Preis und die ökologische Gewichtung erscheinen. Die Abfrage konsolidiert die einzelnen Lager. Der Zeitraum, über den die Abfrage läuft, beginnt mit der ersten Periode 1993 und endet mit der ersten Periode 1995. Bei H & B wurde ECoSys so

[1] Quelle: Bildschirmdarstellung aus ECoSys V1.0

parametrisiert, daß ein Jahr aus zwei Perioden besteht. Damit werden mit dieser Abfrage 2,5 Jahre aufaddiert.

Das Abfrageergebnis zeigt die Anzahl angeschaffter Container in den einzelnen Lagern und die Ausgaben, die dafür entstanden sind:

```
Ergebnis von Abfrage: I3 Containerkauf
Leistungscenter-Abfrage   Zeitraum: 1993/1...1995/1    02.08.1995 15:25:11
Abgefragte Leistungscenter:
10000 Lager Leinfelden
20000 Lager Ulm
30000 Lager Schwenningen
40000 Lager Neuenburg
50000 Lager Bitterfeld
90000 Direktgeschäfte

Konten                              Menge          Betrag Gewichtung
-------------------------------------------------------------------

    I301 K. Cont. leicht 800 l    921 Stk -252.418,38 DM       3.684

    I310 K. Cont. schwer < 800 l  47 Stk  -40.013,58 DM          47

    I322 Edelstahlcontainer         8 Stk  -21.913,08 DM           8

Total                             976 Stk -314.345,04 DM       3.739
```

6.4.2 Berechnung von ökologischen Gewichtungen

Um in einer Abfrage ökologische Bewertungen angeben zu können, müssen diese berechnet werden. Da die Berechnung nicht immer leicht nachzuvollziehen ist, wurde ein Protokollfenster implementiert, das die Berechnungen für eine Abfrage anzeigt. Für die Abfrage aus 6.4.1 sieht das Protokollfenster wie folgt aus:

```
ECoSys Protokoll von Abfrage: I3 Containerkauf
Datum: 02.08.1995 15:31:42

Konto LC    Zeit       Buchmenge Stoffanteil                  Umrechnung Faktor        = Ergebnis
-----------------------------------------------------------------------------------------------------
I301  20000 1993/1  Menge 88 Stk 1,0 * 301 Cont. leicht 800 l  1,0 * 1   (1992/1): 4,0      352
I301  40000 1993/1   Menge 0 Stk 1,0 * 301 Cont. leicht 800 l  1,0 * 1   (1992/1): 4,0        0
I301  40000 1993/2  Menge 86 Stk 1,0 * 301 Cont. leicht 800 l  1,0 * 1   (1992/1): 4,0      344
I301  30000 1993/2  Menge 39 Stk 1,0 * 301 Cont. leicht 800 l  1,0 * 1   (1992/1): 4,0      156
I301  20000 1993/2  Menge 88 Stk 1,0 * 301 Cont. leicht 800 l  1,0 * 1   (1992/1): 4,0      352
I301  40000 1994/1  Menge 86 Stk 1,0 * 301 Cont. leicht 800 l  1,0 * 1   (1992/1): 4,0      344
I301  20000 1994/1  Menge 88 Stk 1,0 * 301 Cont. leicht 800 l  1,0 * 1   (1992/1): 4,0      352
I301  20000 1994/2 Menge 130 Stk 1,0 * 301 Cont. leicht 800 l  1,0 * 1   (1992/1): 4,0      520
I301  40000 1994/2  Menge 86 Stk 1,0 * 301 Cont. leicht 800 l  1,0 * 1   (1992/1): 4,0      344
I301  20000 1995/1 Menge 120 Stk 1,0 * 301 Cont. leicht 800 l  1,0 * 1   (1992/1): 4,0      480
I301  40000 1995/1 Menge 110 Stk 1,0 * 301 Cont. leicht 800 l  1,0 * 1   (1992/1): 4,0      440
I310  40000 1993/1   Menge 7 Stk 1,0 * 310 Cont. schwer < 800 l 1,0 * 1  (1992/1): 1,0        7
I310  40000 1994/2  Menge 40 Stk 1,0 * 310 Cont. schwer < 800 l 1,0 * 1  (1992/1): 1,0       40
I322  40000 1994/1   Menge 0 Stk 1,0 * 322 Edelstahlcontainer  1,0 * 1   (1992/1): 1,0        0
I322  20000 1994/2   Menge 8 Stk 1,0 * 322 Edelstahlcontainer  1,0 * 1   (1992/1): 1,0        8
I322  40000 1995/1   Menge 0 Stk 1,0 * 322 Edelstahlcontainer  1,0 * 1   (1992/1): 1,0        0
I322  30000 1995/1   Menge 0 Stk 1,0 * 322 Edelstahlcontainer  1,0 * 1   (1992/1): 1,0        0
```

In den ersten beiden Spalten befinden sich die Kontonummer und das LC des Periodensaldos. In der dritten Spalte steht die entsprechende Periode. Der Saldo befindet sich in Spalte vier. Um die Bewertung des Periodensaldos zu erhalten, wird der Periodensaldo multipliziert mit dem Stoffanteil der Stoffe, aus denen das Konto dieses Saldos besteht. Das Ergebnis wird mit dem Umrechnungsfaktor und der Gewichtung multipliziert. Daraus ergibt sich die Bewertung für einen Periodensaldo. Durch Addition der einzelnen Bewertungen erhält man dann die Gewichtungen, wie sie im Abfrageergebnis stehen.

6.4.3 Erstellen einer Ökobilanz

Mit Hilfe des Saldenabfrageeditors können bereits Ökobilanzen erstellt werden. Die Liste zeigt eine Ökobilanz[1] für Herkommer & Bangerter im Lager Neuenburg. Der Inhalt der Ökobilanz entspricht der in Tabelle 6.2 auf Seite 122 aufgeführten Systematik. Dabei ist zu beachten, daß die Bewertung in diesem Beispiel sowohl auf der Input-, als auch auf der Outputseite stattfand[2]. Daher mußte von vornherein festgelegt werden, welche Kontenklassen auf der Input- und welche auf der Outputseite bewertet werden, damit Sachverhalte nicht doppelt ins Gewicht fallen.

---

[1] Es sei an dieser Stelle noch einmal daran erinnert, daß im Rahmen der Fallbeispiele keine Vollerhebungen in den Unternehmen durchgeführt werden konnten, so daß sich die Öko-Bilanz nur auf die untersuchte Verpackungsproblematik bezieht.

[2] Gewöhnlich wird nur die Outputseite bewertet.

Ergebnis von Abfrage: OekoBill
Leistungscenter-Abfrage Zeitraum: 1993/1...1995/1 02.08.1995 18:27:12
Abgefragte Leistungscenter:
40000 alle Artikel Lager Neuenburg

Konten	Menge	Betrag	Gewichtung
I100 Ballon / Kanister 60 l	7.442 Stk	-134.329,64 DM	37.210
I220 Blechfaß 200 l (Faß)	18.120 Stk	-351.073,22 DM	54.360
I250 Kunststoffaß (Faß)	646 Stk	-25.387,84 DM	1.292
I301 K. Cont. leicht 800 l	368 Stk	-91.161,20 DM	1.472
I310 K. Cont. schwer < 800 l	47 Stk	-40.013,58 DM	47
I311 K, Cont. schwer > 800 l	12 Stk	-12.348,00 DM	12
I322 Edelstahlcontainer	0 Stk	-1.711,00 DM	0
01 BALLON / KANISTER	2.701.812 kg	2.050.051,56 DM	0
02 BLECHFASS	2.272.706 kg	4.578.655,52 DM	0
03 CONTAINER	3.343.620 kg	2.106.921,59 DM	0
04 KESSELWAGEN	16.936.656 kg	8.898.796,36 DM	4
06 PS-SACK	2.399.103 kg	2.583.383,35 DM	215.919
08 DIV. KLEINVERPACKUNGEN	1.323 kg	2.353,50 DM	0
09 SONSTIGE	3.288.162 kg	5.327.076,23 DM	0
Total		24.891.213,63 DM	310.317

Die Ökobilanz mit ihren drei Sichten auf ein Unternehmen bildet die Grundlage für Zeitreihen, Soll-Ist-Vergleiche, Kennzahlen, Diagramme, strategische Analysen, usw. Dabei repräsentieren die Beträge die Sicht des Finanzbereichs (Finanzbuchhaltung, konventionelles Controlling), die Mengen die Sicht der Fertigung (PPS, Stücklistenmanagement) und die ökologische Bewertung die Sicht des Umweltverantwortlichen. Im Rahmen dieses Spannungsfeldes liegt die Arbeit des Öko-Controllers. Hier gilt es, eine Strategie zu definieren, die für das Unternehmen **langfristig** das Überleben sichert.

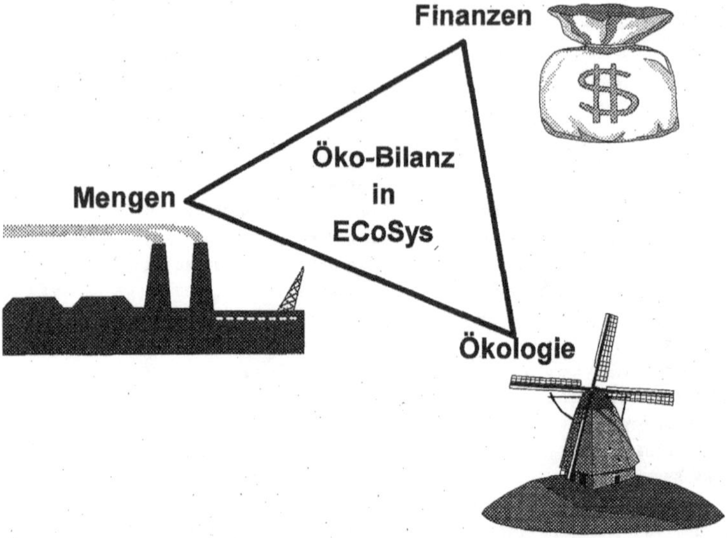

Abbildung 6.16: Konfliktfeld der Ökobilanz in ECoSys[1]

Einseitige Optimierungen führen insgesamt nicht zu einem Optimum. So würde eine finanzielle Optimierung, z.B. das Streben nach Kostenführerschaft, die Belange der Fertigung und die Belange der Ökologie vernachlässigen. Die Folgen wären Qualitätsverluste, Demotivation der Mitarbeiter, Probleme mit gesetzlichen Umweltauflagen, Imageverluste. Eine Konzentration auf die Fertigung, wie optimierte Fertigungsabläufe, kann zu hohen Abfallmengen und steigendem Kapitalbedarf führen. Ähnlich ist es mit der rein ökologischen Optimierung. Sie würde Kosten- und Erlösaspekte außer acht lassen. So würde das Streichen einer Verpackungsform aufgrund mangelnder ökologischer Eignung eventuell bedeuten, daß Kunden verloren gehen, die auf diese Verpackungsform nicht verzichten wollen. Auch der Verzicht auf bestimmte Fertigungsverfahren kann sich als problematisch erweisen.

Insgesamt ergibt sich hier ein weites Feld für Diskussionen und Abwägungen. Doch zeichnet sich ein fortschrittliches und innovatives Unternehmen gerade dadurch aus, daß es versucht, sich möglichst stark an der Ökologie zu orientieren.

6.4.4 Datenexport aus ECoSys

Alle Stammdaten wie Kontenplan, Leistungscenter, Inhaltsstoffe, Datenquellen und Gewichtsfaktoren lassen sich ausdrucken und als ASCII-Datei exportieren. Für alle Ergebnisse der Salden- und Stoffabfragen, sowie der Berichte, gilt dasselbe. Diese Daten können nach ihrem Export in anderen Systemen weiterbearbeitet werden. Eine in dieser Diplomarbeit angewandte Methode war die graphische Aufbereitung von Kennzahlenhierarchien in Excel. Dafür wurde die Exportschnittstelle verwendet. Zusätzlich

[1] Quelle: eigene Darstellung

kann das Abspeichern von Berichtsergebnissen in ASCII-Files zum Versenden über E-Mail[1] oder zur Archivierung benutzt werden.

6.5 Stoffabfragen

6.5.1 Fragestellungen der Inhaltsstoffsicht

Der Inhaltsstoffsicht liegt eine Mengenübersichtsstückliste zugrunde. Jedes Konto wird in seine Inhaltsstoffe aufgeteilt. Bei Stoffabfragen wird vom Stoff aus über die Konten auf die einzelnen Periodensalden der Leistungscenter zugegriffen.

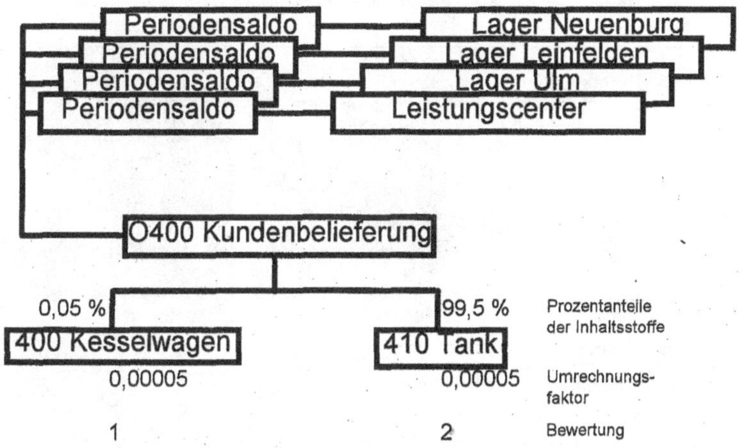

Abbildung 6.17: Weg einer Stoffabfrage[2]

Abbildung 6.17 zeigt, wie sich das Konto O400 zusammensetzt. Es besteht zu 0,005 % aus dem Stoff „Kesselwagen“ und zu 99,5 % aus dem Inhaltsstoff „Tankzug“. Interpretieren läßt sich dieser Zusammenhang folgendermaßen: Produkte, die in der Verpackungsalternative O4000 ausgeliefert werden, laufen über zwei Vertriebskanäle. Kanal eins ist die Schiene und Kanal zwei die Straße. Die Anteile ergeben sich aus den Prozentsätzen. Um nun die Menge zu erhalten, wie oft ein Vertriebsweg benutzt wurde, wird der Kontosaldo multipliziert mit dem Umrechnungsfaktor und dem Prozentanteil. Das Ergebnis sind dann die Anzahl Fuhren, die geleistet werden mußten. Will man den Inhaltsstoff noch bewerten, muß die Anzahl Fuhren lediglich mit dem jeweils gültigen Gewichtungsfaktor multipliziert werden.

Tabelle 6.4 zeigt ein Beispiel für die Ermittlung der Inhaltsstoffe und der Bewertungspunkte. Transportiert wurden 4.000 t Chemikalien. 0,5 % des Transports

---

[1] Auch ein Öko-Controlling-System sollte versuchen, die Papierflut in den Büros einzudämmen!

[2] Quelle: eigene Darstellung

übernahmen Kesselwagen und 99,5 % Tankzüge. Über den Umrechnungsfaktor[1] kann berechnet werden, daß dies einem Kesselwagen und 199 Fuhren mit dem Tankzug entspricht. Der Kesselwagen wird mit einem Bewertungspunkt je Fuhre belastet, der Tankzug mit zwei Punkten. Daraus ergeben sich insgesamt 399 Bewertungspunkte bei dieser Transportkombination. Dieses Beispiel demonstriert, nicht nur Stoffflüsse, sondern auch ökologische Transportprobleme können in ECoSys abgebildet werden.

O400 Menge	Inhaltsstoff	%	Umr.-Faktor	Stoffmenge	Bewertung	Bew.-Punkte
4.000.000 kg	400 Kesselwagen	0,5	0,00005 Fuhren/kg	1 Fuhre	1	1
	410 Tank	99,5	0,00005 Fuhren/kg	199 Fuhren	2	398

Tabelle 6.4: Berechnung der Inhaltsstoffe und Bewertung[2]

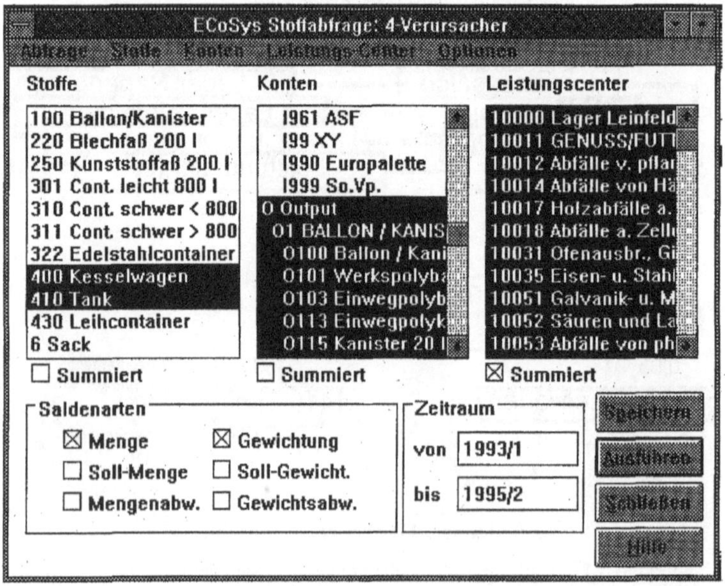

Abbildung 6.18: Stoffabfrageeditor[3]

Abbildung 6.18 zeigt den Editor für die Stoffabfrage. Auf der linken Seite können die Inhaltsstoffe gewählt werden, für die eine Abfrage erstellt werden soll. In der mittleren Listbox können die Konten und in der rechten die Leistungscenter für die Abfrage eingeschränkt werden. Wenn jeweils „Summiert" angewählt wird, erscheint anstatt einer Auflistung der Einzelpositionen eine Summe für die gewählten Positionen. Zu beachten ist dabei, daß die Inhaltsstoffsicht keine Geldbeträge kennt. Dies ist auch sinnvoll. Betrachtet man bspw. ein Konto „Abwasser", das sich aus verschiedenen Bestandteilen zusammensetzt,

---

[1] Der hier angegebene Umrechnungsfaktor geht davon aus, daß in einen Kesselwagen oder einen Tankzug im Durchschnitt 20.000 kg Chemikalien geladen werden.

[2] Quelle: eigene Darstellung

[3] Quelle: Bildschirmdarstellung aus ECoSys V1.0

so könnte man schlecht die Abwassergebühr aufgrund der Prozentanteile eines Stoffes im Abwasser verteilen.

Ergebnis von Stoffabfrage: 4-Verursacher
Zeitraum: 1993/1...1995/2 03.08.1995 14:24:01

Stoff	Konto	Menge		Gewichtung
400 Kesselwagen	04 KUNDENBELIEFERUNG	27	Fuhren	27
	0400 Kesselwagen	1	Fuhren	1
Summe		28	Fuhren	28
410 Tank	04 KUNDENBELIEFERUNG	54.026	Fuhren	108.051
	0410 Tank	175	Fuhren	351
Summe		54.201	Fuhren	108.402
Total		54.229	Fuhren	108.430

Ein Inhaltsstoff kann auch in mehreren Konten vorkommen. Das Abfrageergebnis zeigt jetzt, wo überall Kesselwagen und Tankzüge verwendet wurden. Bei Kesselwagen ist dies das Konto 04 Kundenbelieferung und das separate Konto O400 Kesselwagen.

6.5.2 Berechnung von Stoffflußmengen

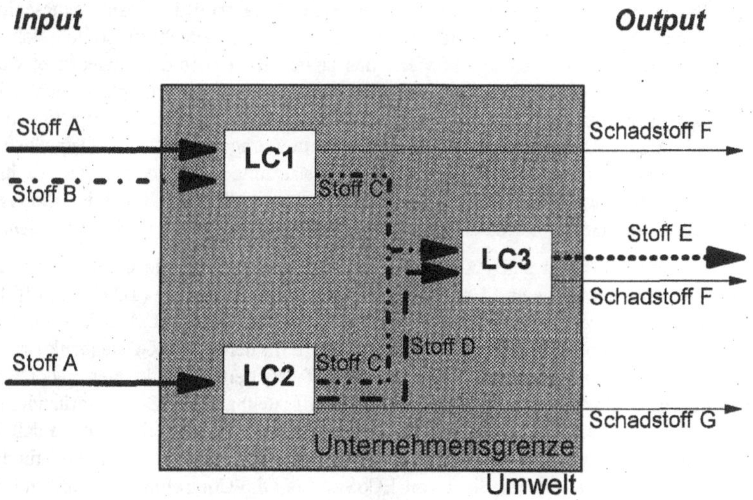

Abbildung 6.19: Stoffflüsse in einem Fertigungsunternehmen[1]

Bei der Berechnung von Stoffflußmengen werden die Mengen jeweils an der Unternehmensgrenze erfaßt. Stoffe, die innerhalb eines Unternehmens zwischen den

[1] Quelle: eigene Darstellung

Leistungscentern fließen, werden nicht berücksichtigt. Ausnahmen sind Stoffe, die Bestandteile von Halbfertigwaren sind, die ein Werk verlassen und anschließend in einem anderen Werk des gleichen Unternehmens weiterverarbeitet werden. Voraussetzung zur Erfassung dieses Vorgangs ist, daß diese Bewegung bereits in einem anderen betrieblichen Informationssystem erfaßt wurde. Aus ökologischer Sicht reicht es jedoch völlig aus, die Stoffflüsse an den Unternehmensgrenzen zu betrachten und dabei jeweils zu untersuchen, welcher Anteil am unerwünschten Output von welchem Leistungscenter stammt. Abbildung 6.19 zeigt beispielhaft solche Stoffflüsse in einem Fertigungsunternehmen. Die Stoffe A und B dienen als Input. Der Stoff E ist der erwünschte Output. Schadstoff F und G sind nicht erwünscht. Sie entstehen bei den Produktionsvorgängen in den LCs. Werden die innerbetrieblichen Stoffflüsse C und D mit erfaßt, so dürfen sie nur bei einer Sicht auf die einzelnen Leistungscenter erscheinen. In eine Betrachtung des gesamten Unternehmens dürfen sie nicht einfließen, da sie das Ergebnis verfälschen (meist verschlechtern) würden.

Mit Hilfe der Stoffabfrage kann bei einer entsprechenden Einrichtung des Systems eine solche Konsolidierung der Stoffflüsse durchgeführt werden.

In einem Handelsunternehmen wie Herkommer & Bangerter ergibt sich dieses Problem nicht, da hier die Fertigungstiefe letztlich nur eine Stufe umfaßt.

6.5.3 Anbindung an Gefahrstoffdatenbanken

An ECoSys könnte mit vertretbarem Aufwand eine Gefahrstoffdatenbank angeschlossen werden. Dazu könnten die Inhaltsstoffe verwendet werden. Diese Stoffe sollten sich dann analog in der Gefahrstoffdatenbank wiederfinden lassen, soweit sie dort zugeordnet werden können. Das Wissen, das in der Gefahrstoffdatenbank gespeichert ist, kann auch bei der Bewertung von Stoffen behilflich sein. In dieser Datenbank befinden sich Informationen über Gesundheitsgefahren, Umweltgefährdungen, Handhabung, Lagerung, Sicherheitsmaßnahmen, Maßnahmen bei Bränden oder unbeabsichtigter Freisetzung und vieles mehr. Technisch würde diese Anbindung durch eine 1:1-Relation zwischen der Tabelle Stoff[1] in ECoSys und einer Tabelle in der Gefahrstoffdatenbank, die die Gefahrstoffe enthält, realisiert werden.

Abbildung 6.20 zeigt einen Ausschnitt aus dem Datenmodell von ECoSys. Ein Konto teilt sich über Prozentanteile und Umrechnungsfaktoren in Inhaltsstoffe (Tabelle „Stoff") auf. Die Inhaltsstoffe werden über Gewichtsfaktoren ökologisch bewertet. Die Verbindung zu einer Gefahrstoffdatenbank wird mit der Tabelle „Stoff" in der IDEFIX-Datenbank realisiert. Dabei kann zu jedem Inhaltsstoff ein Gefahrstoff existieren. Es können jedoch auch Inhaltsstoffe ohne eine Entsprechung in der Gefahrstoffdatenbank in ECoSys vorhanden sein. Umgekehrt können auch Gefahrstoffe in der Gefahrstoffdatenbank existieren, ohne daß dafür Inhaltsstoffe in ECoSys vorhanden sind. Trotzdem kann eine solche Verbindung für beide Tools sinnvoll sein, da aus der Sicht von ECoSys das Öko-Controlling mit Informationen über die Gefahrstoffe versorgt wird. Die Perspektive der Gefahrstoffdatenbank wird durch Stoffflußdaten und breite Auswertungsmöglichkeiten erweitert.

---

[1] Diese Tabelle speichert in ECoSys die Inhaltsstoffe.

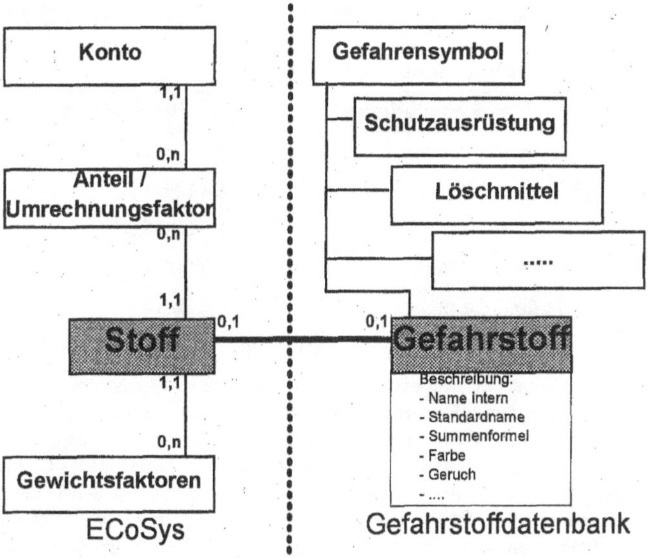

Abbildung 6.20: Anbindung der IDEFIX-Datenbank an eine relationale Gefahrstoffdatenbank[1]

Die Anbindung an eine Gefahrstoffdatenbank könnte auch „organisatorisch" erfolgen: Die Inhaltsstoffe finden ihre Entsprechung in der Datenbank, ohne daß eine Online-Verbindung zwischen ECoSys und der Gefahrstoffdatenbank existiert. Die Verwalter von beiden Systemen müssen dann dafür sorgen, daß die Informationen in beiden Systemen aktuell sind.

6.6 Kennzahlen

6.6.1 Aufbau einer ökologischen Kennzahl mit dem Kennzahlengenerator

Wie im konventionellen Controlling, so stellen auch im Öko-Controlling Kennzahlen eines der wichtigsten Hilfsmittel für die Arbeit des Controllers dar. Kennzahlen können unterteilt werden in absolute Kennzahlen, z.B. Wasser- und Energieverbrauch, und in Verhältniskennzahlen. Die Verhältniskennzahlen lassen sich in Gliederungszahlen (z.B. Umsatzanteil Mehrwegverpackung), Beziehungszahlen (z.B. Umlaufhäufigkeit einer Verpackung) oder in Indexkennzahlen (Wachstum im Vergleich zu einem Basisjahr) einteilen.

[1] Quelle: eigene Darstellung

Mit absoluten Kennzahlen wird über das Volumen der Umweltbelastung informiert. Diese Kennzahlen können direkt aus der Ökobilanz abgelesen werden. Problematisch erweist sich jedoch der Vergleich von absoluten Kennzahlen:

Verpackungsvariante	Verpackungsmenge
Spender 100 ml	50.000 kg
Tube A 125 ml	600.000 kg
Tube B 75 ml	400.000 kg
Tube C 50 ml	40.000 kg
Tube D 25 ml	1.000 kg

Tabelle 6.5: Vergleich von Verpackungsvarianten mittels absoluter Kennzahlen[1]

Tabelle 6.5 zeigt eine Untersuchung von Verpackungsalternativen für Zahncreme aus dem Fallbeispiel Lingner + Fischer. Verglichen wurden ein Zahncremespender mit 100 ml Fassungsvermögen und Tuben unterschiedlicher Größe. Betrachtet man nur die im Verlauf eines Jahres angefallenen Verpackungsmengen, so wären die Tuben D und C und der Spender für die Umwelt am günstigsten, da durch sie absolut gesehen am wenigsten Müll erzeugt wird. Setzt man aber die Verpackungsmenge ins Verhältnis zu den Verkaufszahlen und berücksichtigt dabei außerdem die verpackte Menge Zahncreme, ergibt sich ein anderes Bild:

Verpackungs-variante	Verkaufte Menge in Tuben	Verpackungs-menge in kg	Verkaufte Menge in Liter	Verpackungs-menge in kg / Liter
Spender 100 ml	250.000	50.000	25.000	0,500
Tube A 125 ml	480.000	600.000	60.000	0,100
Tube B 75 ml	640.000	400.000	48.000	0,120
Tube C 50 ml	320.000	40.000	16.000	0,400
Tube D 25 ml	24.000	1,000	600	0,600

Tabelle 6.6: Vergleich von Verpackungsalternativen mittels Verhältniskennzahlen[2]

Die Spalte „Verpackungsmenge in kg / Liter" zeigt, wieviel Kilogramm Verpackungsmaterial benötigt werden, um einen Liter Zahncreme zu verpacken. Hier schneidet der Spender mit einem Verhältnis von 0,5 kg zu 1 Liter ausgesprochen schlecht ab. Ebenso die Kleinverpackung Tube D 25 ml. Vergleicht man die Verkaufszahlen in Stück, fällt die Tube D kaum ist Gewicht. Der Spender hingegen könnte sich aufgrund seiner hohen Umweltbelastung als Problemprodukt erweisen[3].

Ähnliche Probleme mit absoluten Kennzahlen können auch im Zeitvergleich auftreten. So könnte aufgrund von Konjunkturschwankungen die Umweltbelastung zurückgehen, aber

[1] Quelle: eigene Darstellung

[2] Quelle: eigene Darstellung.

[3] Weitere Untersuchungen hierzu in 6.7.3 „Anwendungsbeispiele".

durch die Einführung einer neuen, abfallintensiven Verpackung würde die Verhältniskennzahl ansteigen.

Ökologische Kennzahlen lassen sich nach folgenden Fragestellungen untersuchen:

- Vergleich verschiedener Zeiträume
- Vergleich Soll-Ist
- Alternativenvergleich
- Szenarienvergleich
- Externer Vergleich

Bei diesen Vergleichen werden Abweichungen und deren Ursachen untersucht.

Mit Hilfe von Kennzahlen können die drei Dimensionen Finanzen, Mengen und Ökologie verbunden werden. Zusätzlich können Soll-Ist-Vergleiche weitere Informationen bringen.

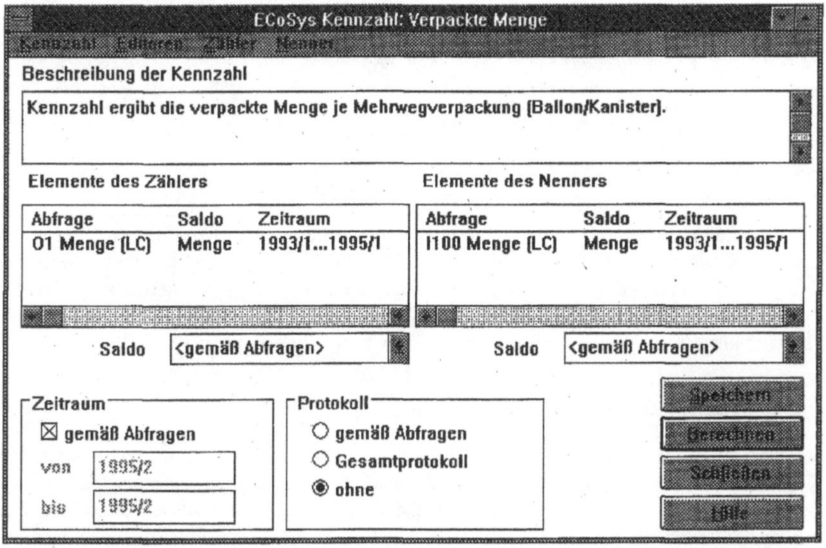

Abbildung 6.21: Kennzahlengenerator mit Kennzahlendefinition aus dem Fallbeispiel H&B[1]

In ECoSys können Kennzahlen mit einem Kennzahlengenerator definiert werden. Dabei werden jeweils für den Zähler und den Nenner Abfragen verwendet, die zuvor im Abfrageeditor beschrieben wurden. Da Abfragen verschiedene Saldenarten, wie Betrag oder Sollmenge, zum Ergebnis haben können, kann im Kennzahlengenerator explizit bestimmt werden, welche Saldenart des Abfrageergebnisses verwendet werden soll. In der Kennzahl kann ein Gültigkeitszeitraum definiert werden. Dieser kann wahlweise auch für die Saldenabfragen gelten. So kann es bei einem Vergleich Vorjahr - aktuelles Jahr notwendig sein, daß die Abfragen über unterschiedliche Zeiträume laufen. Der Nenner einer Kennzahl

[1] Quelle: Bildschirmdarstellung aus ECoSys V1.0

kann auch eins sein, wenn es sich um die Definition einer absoluten Kennzahl handelt. Neben Saldenabfragen können auch Stoffabfragen in einer Kennzahl verwendet werden. Der Verlauf einer Kennzahlerstellung kann wie bei Stoff- und Saldenabfragen mitprotokolliert werden. Eine Kennzahldefinition läßt sich ebenfalls speichern.

Abbildung 6.21 zeigt eine Kennzahlendefinition, wie sie bei Herkommer & Bangerter verwendet wurde. Die Kennzahl gibt Auskunft darüber, welche Menge in einem Mehrwegkanister im Verlauf seiner Lebensdauer durchschnittlich verpackt wurde.

Das Ergebnis der Kennzahl wird in ECoSys folgendermaßen dargestellt:

```
Zähler:
O1 Menge (Menge) 1993/1...1995/1 = 17.625.738 kg
----------------------------------------
Zähler = 17.625.738 kg

Nenner:
I100 Menge (Menge) 1993/1...1995/1 = 8.392 Stk
----------------------------------------
Nenner = 8.392 Stk

========================================
Kennzahl Verpackte Menge = 2.100 (kg) / (Stk)
```

Im Zähler erkennt man die Summe der Saldenabfrage „O1 Menge" in kg, im Nenner steht das Ergebnis der Abfrage „I100 Menge" in Stück. Insgesamt ergibt dies die Kennzahl „Verpackte Menge" mit dem Wert 2.100 kg/Stück. Für den Mehrwegkanister, der ein Fassungsvermögen von 60 Litern besitzt, bedeutet dies, daß er aufgrund seiner Umlaufhäufigkeit im Verlauf seines Lebens 2,1 t Chemikalien verpackt.

6.6.2 Steuern mit Kennzahlenhierachien

Die Controllingarbeit kann wesentlich erleichtert werden durch den Einsatz von ökologischen Kennzahlenhierarchien. Dabei wird jeweils eine Topkennzahl zu weiteren Kennzahlen verfeinert. Auf der untersten Ebene stehen meist absolute Kennzahlen aus der Ökobilanz. Die ökologisch kritischen Erfolgsfaktoren können aus diesen Topkennzahlen gebildet werden. Dabei sollten etwa drei bis sieben solcher Kennzahlen mit einer jeweils zugehörigen Hierarchie definiert werden.

In Abbildung 6.22 ist eine Kennzahlenhierarchie für den Anteil von Mehrwegverpackungen am Gesamtumsatz dargestellt. Sie wurde für die Mehrwegverpackungen bei Herkommer & Bangerter erstellt. Die jeweils obere Zahl in den Kästchen entspricht dem Umsatz in DM, die untere dem Umsatz in Tonnen. Man erkennt, daß der Umsatzanteil der Mehrwegverpackungen in Tonnen gerechnet höher ist als der wertmäßige Umsatzanteil. Geht man eine Stufe tiefer in der Hierarchie, erkennt man die Ursache: Die in Tankzügen ausgelieferten Chemikalien ergeben hohe Mengen, jedoch verhältnismäßig wenig Umsatz, d.h. es handelt sich dabei wohl um billige Massenware. Umgekehrt verhält es sich bei den Mehrweggebinden. Ihr wertmäßiger Umsatz übersteigt die Menge.

Der Gesamtumsatzanteil entsteht durch Addition des Anteils der Mehrweggebinde und des Anteils der Tankzüge. Der Umsatzanteil der Mehrweggebinde wird durch Division des Umsatzes der Mehrweggebinde mit dem Gesamtumsatz errechnet. Der Umsatzanteil der Tankzüge läßt sich analog errechnen. Der wertmäßige Umsatz der Mehrweggebinde setzt sich aus dem Netto-Umsatz der Mehrweggebinde und den Materialkosten[1] für Mehrweggebinde zusammen. Unter Netto-Umsatz wird der Umsatz abzüglich der Kosten für Verpackung verstanden. Bei der Kennzahl „Kosten Mehrweg" befindet sich auch die Anzahl angeschaffter Mehrwegverpackungen (30.000).

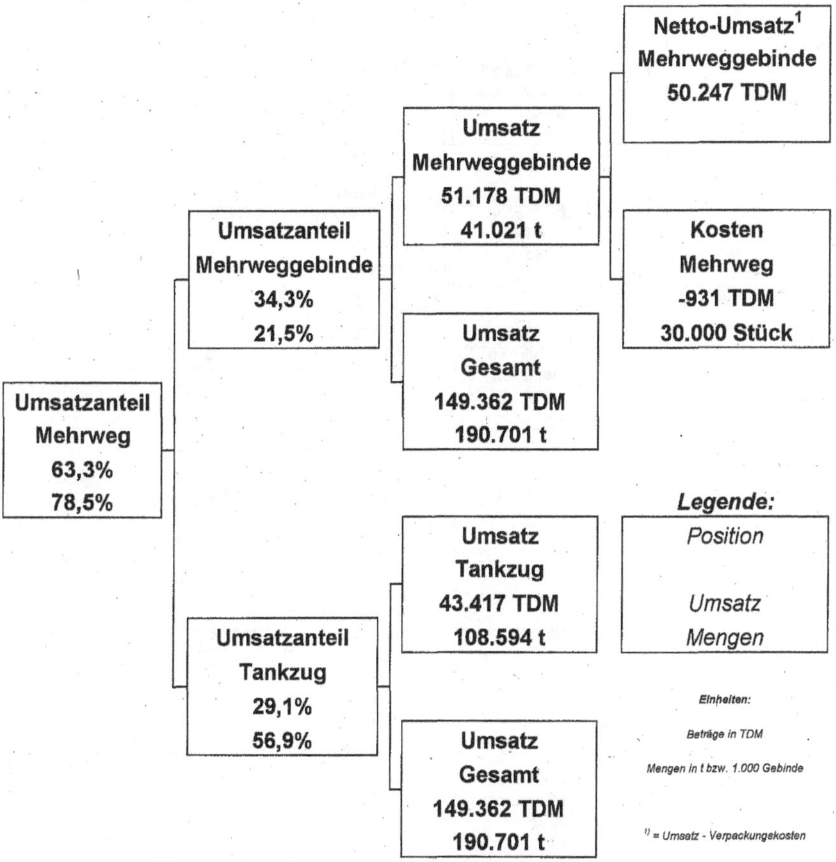

Abbildung 6.22: Kennzahlenhierarchie Umsatzanteil Mehrweg[2]

Mit Hilfe dieser Kennzahlenhierarchie können nun auch Ziele (Sollwerte) definiert und heruntergebrochen werden. Die Überwachung von Abweichungen kann auf der obersten

[1] Kosten werden in ECoSys immer als negative Zahlen angeben.

[2] Quelle: eigene Darstellung.

Ebene durchgeführt werden. Erst wenn bestimmte Grenzwerte über- oder unterschritten werden, muß auf den unteren Ebenen nach der Ursache der Abweichung gesucht werden. Nach dem Aufdecken der Ursachen für die Abweichung können Maßnahmen getroffen werden, um die Sollwerte wieder zu erreichen.

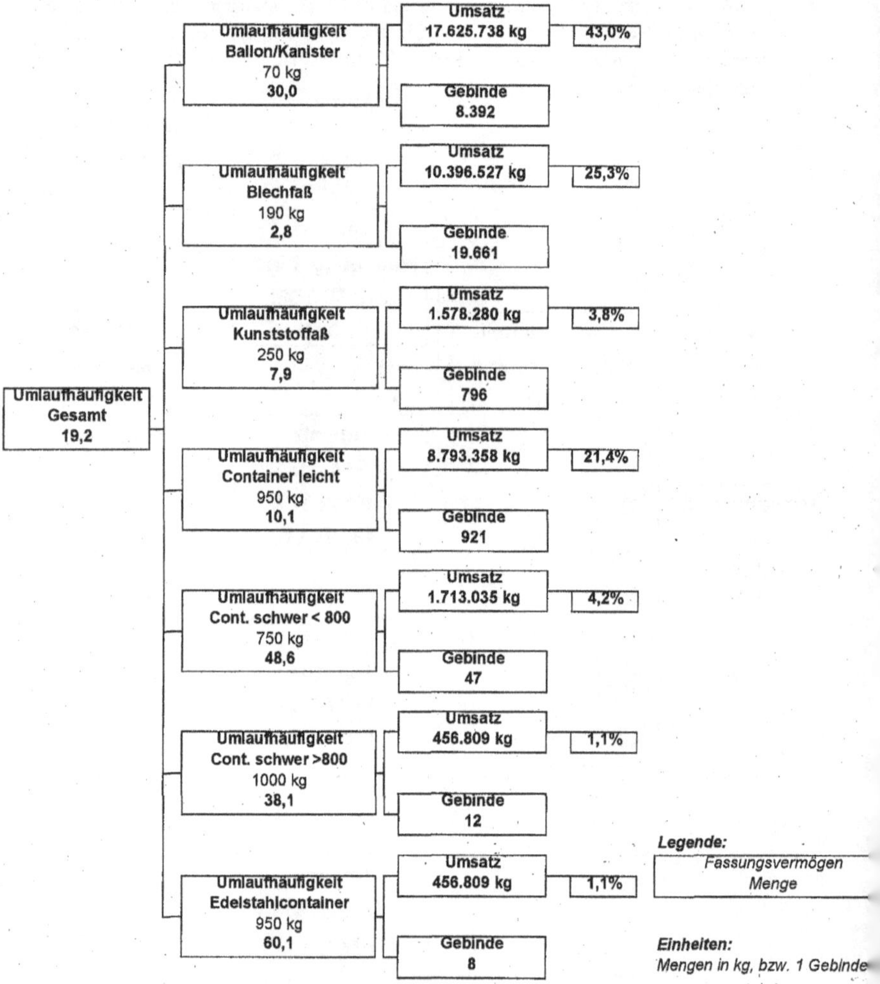

Abbildung 6.23: Umlaufhäufigkeit Mehrwegverpackungen[1]

[1] Quelle: eigene Darstellung

Ein weiteres Beispiel für eine Kennzahlenhierarchie zeigt Abbildung 6.23. Hier werden die Mehrweggebinde auf die Anzahl Umläufe während ihrer Lebensdauer untersucht. Dabei wird jeweils die Umsatzmenge durch die Anzahl eingekaufter Gebinde und das Fassungsvermögen geteilt. Hinter dem Umsatz in kg steht jeweils der Prozentanteil des Verpackungstyps am Gesamtumsatzvolumen der Mehrweggebinde. Aus der Summe des Prozentsatzes multipliziert mit der Umlaufhäufigkeit des einzelnen Verpackungstyps kann die durchschnittliche Umlaufhäufigkeit berechnet werden.

Bei den Umlaufhäufigkeiten fällt die geringe Lebensdauer von Blechfässern und leichten Containern auf. Gleichzeitig halten beide Verpackungen jeweils über 20 % des Umsatzvolumens. Hier ist offensichtlich Handlungsbedarf vorhanden.

6.6.3 Die ökologisch-ökonomische Effizienz

Eine weitere Kenngröße ist die ökologisch-ökomische Effizienz[1]. Sie beschreibt das Verhältnis zwischen dem erwünschten Output und der ökologischen Bewertung. Meist wird diese Kennzahl aus dem Umsatz in DM je ökologischem Bewertungspunkt gebildet. Bei Herkommer & Bangerter wurde auf der Basis einer Bewertung der Mehrwegverpackung deren ökologisch-ökomische Effizienz bestimmt[2]. Die Bewertung einer Verpackung errechnet sich aus der Menge multipliziert mit der Gewichtung („Note") und dem Umrechnungsfaktor. Das Verhältnis aus Umsatz zu Bewertung ergibt dann die Spalte „DM pro Bewertung", also die ökologisch-ökomische Effizienz.

Die Ergebnisse der Analyse lassen sich grob in drei Kategorien einteilen:

- über 10.000,-- DM pro Bewertungspunkt
- über 1.000,-- DM pro Bewertungspunkt und unter 10.000,-- DM
- unter 1.000,-- DM pro Bewertungspunkt

In Kategorie eins befinden sich die schweren Container und der Edelstahlcontainer. Die hohe Umlaufhäufigkeit und die gute Benotung ergeben eine gute ökologisch-ökonomische Effizienz. Der derzeitige Umsatzanteil ist jedoch verhältnismäßig gering, so daß aus der Sicht von ECoSys eine Förderung dieser Verpackung notwendig wäre. Vergleicht man die Aussage von ECoSys mit den langfristigen Zielen bei H&B[3], ergibt sich hier eine Übereinstimmung.

Kategorie zwei beherbergt einerseits die Tankzüge, die die Kunden beliefern. Aus der Sicht von ECoSys könnte durch eine Verlagerung der Transporte zum Kunden auf die Schiene eine Verbesserung der Kennzahl in einem Maß erfolgen, daß auch diese Position in die Kategorie eins gelangen könnte. Jedoch sprechen praktische Probleme beim Kunden gegen diese Möglichkeit, da leider die wenigsten Kunden von H&B einen Gleisanschluß haben. Andererseits befinden sich in dieser Kategorie die leichten Container und das Kunststoffaß. Sie schneiden etwa um die Hälfte schlechter ab als der Tankzug. Ein Wechsel von diesen beiden Verpackungsformen auf schwere Container ist hier das Unternehmensziel.

Die schlechteste Kategorie mit unter 1.000,-- DM pro Bewertungspunkt beinhaltet den Kanister 60 l, das Blechfaß 200 l und den Einwegsack. Alle drei zeichnen sich durch einen

[1] Siehe auch (Schaltegger und Sturm 204ff).

[2] Siehe Tabelle 6.7.

[3] Man vergleiche mit Abschnitt 6.1.2.

hohen Umsatzanteil aus. Gleichzeitig ist jedoch die Effizienz besonders schlecht. Hier zeichnet sich ein großer Handlungsbedarf ab. Angestrebt wird hier von der Geschäftsleitung die Einführung eines Kanisters mit einem Fassungsvermögen von 30 l, der sich durch einfacheres Handling beim Kunden auszeichnet, und der Einsatz von schweren Containern.

Kto. Nr.	Bezeichnung	Menge[2]	"Note"[1]	UF[4]	U-Einheit	Bewertung	Umsatz	DM p… BP
I100	Ballon/Kanister 60 l	8.392	5,00	1,00000		41.960	14.558.616	
I220	Blechfaß 200 l	19.661	3,00	1,00000		58.983	24.228.814	
I250	Kunststoffaß 200l	796	2,00	1,00000		1.592	3.620.398	2.
I301	Cont. leicht 800 l	921	4,00	1,00000		3.684	6.752.741	1.
I310	Cont. schwer < 800 l	47	1,00	1,00000		47	1.315.469	27.
I311	Cont.schwer > 800 l	12	1,00	1,00000		12	350.793	29.
I322	Edelstahlcontainer	8	1,00	1,00000		8	350.793	43.
O4	Zug/Straße gesamt	108.594.162	2,00	0,00005	Stk/kg	10.859	43.416.688	3.
O6	Sack	28.646.269	4,50	0,02000	Stk/kg	2.578.164	44.022.765	
Sonstige							10.745.027	
Total						**2.695.310**	**149.362.104**	

[1] = Vergebene Note wird als Bewertungspunkte verrechnet.
Je mehr Punkte, desto schlechter. Die Notenskala läuft von 1 (sehr gut geeignet) bis 6 (ungeeignet).

[2] = Mengeneinheit Inputkonten = Stück; Mengeneinheit Outputkonten = kg

[3] = Ökologische Effizienz; dieser Betrag gibt an, wieviel DM Umsatz je Bewertungspunkt von einer Verpackungsalternative erwirtschaftet wird.

[4] = Umrechnungsfaktor für Kontenklasse O4 geht davon aus, daß ein Kesselwagen / Tankzug mit 20.000 kg durchschnittlich beladen wird. Als Sackgröße wird 50 kg angenommen.

Tabelle 6.7: Bewertung von Verpackungsalternativen[1]

Insgesamt decken sich die Aussagen von ECoSys mit den Zielen der Geschäftsführung von Herkommer & Bangerter. Die von der Geschäftsführung angestrebten Ziele werden durch die Kennzahlen von ECoSys unterstützt.

Sollten sich in einem Unternehmen die Kennzahlen von ECoSys nicht mit den Unternehmenszielen decken, kann das verschiedene Ursachen haben:

- Ökologische Aspekte spielen eine untergeordnete Rolle.

  Zwar wird ein Öko-Controlling aufgebaut und durchgeführt, ökologische Aspekte können sich jedoch nicht in den Unternehmenszielen wiederfinden. Die Ursachen können wirtschaftliche Zwänge, Kundeninteresse oder das Fehlen eines Promotors für das Öko-Controlling im Top-Management sein.

- Gewichtungsfaktoren wurden falsch bestimmt.

  Dieses Problem kann dann auftreten, wenn bei der Bestimmung der ökologischen Gewichtsfaktoren keine ausreichenden Kenntnisse über die Zusammenhänge zwischen der Tätigkeit des Unternehmens und der Umwelt bestehen. Das kann dazu führen, daß Probleme nicht erkannt oder überdramatisiert werden. So könnte der 60-Liter Kanister aufgrund seiner hohen Umlaufhäufigkeit von 35 Mal eine niedrige Gewichtung

---

[1] Quelle: eigene Darstellung

erhalten. Sicherheits- und Handlingprobleme können aus der Umlaufhäufigkeit nicht abgelesen werden, so daß die Umlaufhäufigkeit als einziger Maßstab für die Gewichtung zu einem falschen Ergebnis führen würde.

- Erfassungslücken im Öko-Controlling

  Aspekte, die für oder gegen eine Alternative sprechen, sind im Öko-Controlling noch nicht erfaßt. Diese Lücken sollten schnell geschlossen werden, da in dieser Situation ein Steuern mit ECoSys nicht möglich ist.

6.7 Berichtsgenerator

6.7.1 Universelles Abfragewerkzeug

Der Berichtsgenerator ist **das** universelle Abfragewerkzeug in ECoSys. Er vereinigt Funktionen vom Salden- und vom Stoffabfrageeditor in sich und kann noch weit mehr als die zwei anderen Editoren.

Der Saldenabfrageeditor wurde entwickelt, um Kontensalden zu überprüfen. Er ist ein Kontrollinstrument für die ökologische Buchhaltung in ECoSys. Mit ihm sind bereits einfache Controllingauswertungen möglich und seine Ergebnisse können in Kennzahlen verwendet werden, aber viele Fragen, wie z. B. Vergleiche von LC über verschiedene Konten hinweg sind nicht möglich.

Der Stoffabfrageeditor bietet eine einfache Möglichkeit, Stoffe und ihre mengenmäßige Verwendung in den Konten und LCs herauszufinden. Für die Arbeit des Controllers spielt die Stoffabfrage jedoch nur eine geringe Rolle. Aussagen über Stoffflußmengen werden erst durch Vergleiche von Stoffflüssen gewonnen. Diese Vergleiche können nur begrenzt mit Stoffabfragen erstellt werden.

Der Kennzahleneditor kann Salden- und Stoffabfragen beinhalten. Seine Kennzahlen können beliebig komplex sein.

Der Berichtsgenerator besitzt die Fähigkeiten aller drei Editoren: Er kann auf die Kontensalden und deren Zusammensetzung zugreifen. Einfache Kennzahlen können direkt im Bericht über Rechenvorschriften definiert werden, ohne daß der Kennzahlengenerator verwendet werden muß. Ebenso besitzt er die Fähigkeit, Kennzahlen des Kennzahleneditors in einen Bericht einzubinden.

Berichte sind die Grundlage für graphische Analysen. Graphiken können zwar auch auf Saldenabfragen aufgebaut werden, da die Saldenabfrage aber nur beschränkte Fähigkeiten hat, können die Graphiken nicht mehr Informationen zeigen als die Saldenabfrage zur Verfügung stellt. Abbildung 6.24 zeigt diesen Zusammenhang noch einmal. Die Pfeile stellen Datenflüsse zwischen den Modulen dar.

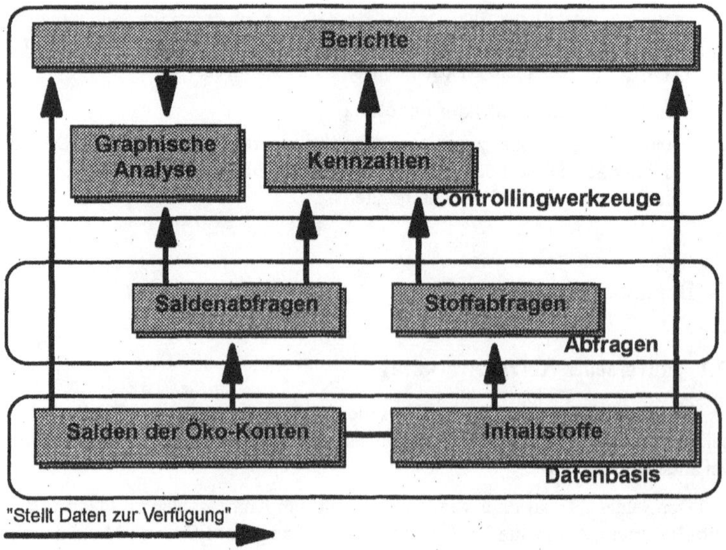

Abbildung 6.24: Zusammenspiel der Auswertungstools in ECoSys[1]

Im Berichtsgenerator kann frei definiert werden, ob der Bericht über Konten, Stoffe, Leistungscenter oder die Zeit laufen soll. Gruppenwechsel sind in beliebiger Kombination und bis zu vier Stufen tief möglich. Für den gesamten Bericht können Konten, Stoffe, Leistungscenter und die Zeit eingeschränkt werden. In den Spaltendefinitionen können noch einmal Konten, Stoffe, Leistungscenter und die Zeit eingeschränkt werden. Zusätzlich können Rechenspalten eingefügt werden, die sich aus den anderen Spalten berechnen. Auch Kennzahlen können als Spalte in einem Bericht definiert werden. Aus diesen Möglichkeiten können praktisch beliebige Kombination gebildet werden, so daß Berichte die unterschiedlichsten Fragestellungen beantworten können.

6.7.2 Aufbau von Berichten

Beim Aufbau von Berichten gelten die Prinzipien der Mengenlehre: Die globale Berichtsdefinition wird geschnitten mit der Definition der einzelnen Spalte. Mit der globalen Definition wird festgelegt, welche Zeilen in einem Bericht erscheinen. Dabei wird die Auswahl von Konten, Leistungscentern und Stoffen über Listen eingeschränkt. Es kann jeweils zwischen einer selbstdefinierten Liste oder allen Elementen gewählt werden. Bei den Konten kann zusätzlich die Option „incl. Unterkonten" eingeschaltet werden. Dann werden in den Werten des aufgelisteten Oberkontos auch die Salden aller zugehörigen Unterkonten zusammengefaßt.

[1] Quelle: eigene Darstellung

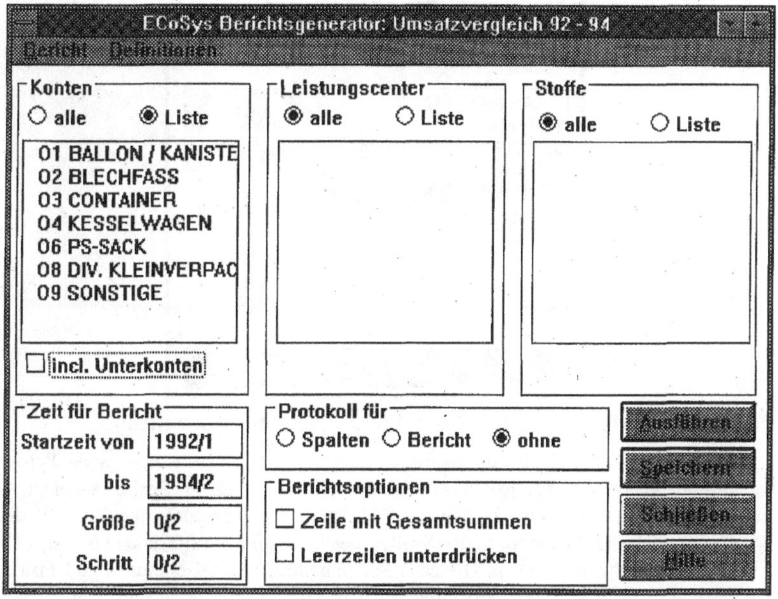

Abbildung 6.25: Hauptfenster des Berichtsgenerators[1]

Die Zeit kann mit einer Startzeit und einer Endzeit festgelegt werden. Innerhalb dieses Zeitraums können die Intervallgröße und die Schrittweite angegeben werden, in der die Daten für die Zeilen ermittelt werden sollen.

In der Berichtsdefinition in Abbildung 6.25 wurde als Startzeitpunkt die Periode 1992/1 gewählt. Iteriert wird in Schritten von je 2 Perioden, wobei der Abfragezeitraum je Iterationsschritt ebenfalls zwei Perioden beträgt. Die Iteration wird bei 1994/2 abgebrochen. Diese Berichtsdefinition für das Fallbeispiel Herkommer & Bangerter soll jeweils die Jahre 1992, 1993 und 1994 zusammenfassen. Da bei diesem Mandanten das Jahr mit zwei Perioden definiert ist, werden die Daten jeweils über zwei Perioden zusammengefaßt.

Nach der globalen Definition der Konten, LCs, Stoffe und Zeiten, die im Bericht vorkommen dürfen, sollte festgelegt werden, welche Gruppenwechsel der Bericht beinhalten soll. Dies geschieht in einem anderen Dialog, der hier nicht dargestellt ist. Im Beispiel wurde als erster Gruppenwechsel die Zeit bestimmt und als zweiter die Konten.

[1] Quelle: Bildschirmdarstellung aus ECoSys V1.0

Abbildung 6.26: Auswahl einer Spalte zum Bearbeiten[1]

Die Spalten des Berichts können frei definiert werden. Dabei werden zwei Typen von Spalten angeboten: Abfragespalten und Rechenspalten. Welche Spalte angelegt, bzw. bearbeitet wird, kann mit dem Dialog aus Abbildung 6.26 festgelegt werden. Mit diesem Dialog wird auch die Reihenfolge der Spalten bestimmt. Im Fenster erkennt man, daß der Bericht aus sechs Spalten besteht. Die erste Spalte beinhaltet die Gesamtmenge Umsatz von H&B, die zweite Spalte den Gesamtumsatz in DM. Spalte drei und vier beinhalten Umsatzmenge und Umsatzbetrag im Lager Neuenburg. In Spalte fünf und sechs befinden sich Prozentangaben über den mengen- und wertmäßigen Anteil Neuenburgs am Gesamtumsatz. Hat man sich für das Anlegen einer Abfragespalte entschieden, erscheint das Fenster aus Abbildung 6.27. In ihm können Einschränkungen der Datenselektion für die Spalte vorgenommen werden. Der Benutzer kann für eine Spalte wiederum Konten, Leistungscenter und Stoffe einschränken. Die Zeit kann gleich der Zeit in der Berichtsdefinition sein (Offset = 0/0). Sollen jedoch bspw. Gegenüberstellungen von verschiedenen Jahren in den einzelnen Spalten erscheinen, so muß ein Offset angegeben werden. Dieser könnte für das Folgejahr 1/0 lauten. Für die Spalte muß dann noch die Saldoart bestimmt werden. Man kann zwischen Menge, Betrag und Gewichtung jeweils als Soll-, Ist- oder Abweichungswert wählen. Die Option „Absolutwerte" wandelt negative Werte in positive um. Das kann später für das Aufsetzen von Diagrammen auf das Berichtsergebnis oder für Berechnungen nützlich sein. Die Option „Spalte verbergen" sorgt dafür, daß die definierte Spalte nicht in der Ausgabe des Berichts erscheint. Das ist erwünscht, wenn die Spalte lediglich Daten für eine Berechnung liefern soll, aber selbst uninteressant ist.

[1] Quelle: Bildschirmdarstellung aus ECoSys V1.0

Was später tatsächlich in der Spalte erscheint, ist die Schnittmenge der Einschränkungen der Berichtsdefinition und der Spaltendefinition[1]. Die Zeilen werden durch die Gruppenwechsel bestimmt.

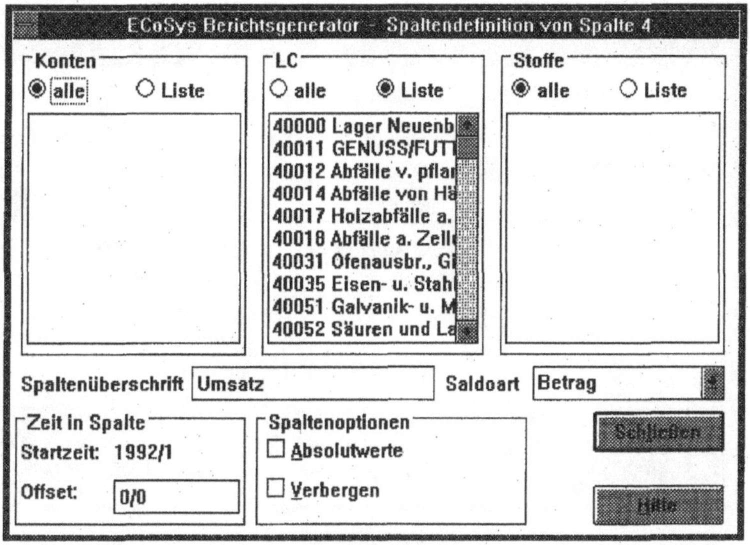

Abbildung 6.27: Definition einer Abfragespalte[2]

Im Beispiel wurden die Leistungscenter so eingeschränkt, daß nur die LCs des Lagers Neuenburg in dieser Spalte angesprochen werden. Als Saldoart dient der Betrag. Durch die Bildung der Schnittmenge mit der Berichtsdefinition, in der nur die Outputkonten angesprochen wurden, ergibt sich, daß in dieser Spalte die Umsätze von H&B stehen werden. Berücksichtigt man noch die festgelegten Gruppenwechsel, nämlich Zeit und Konto, so ergibt sich als Spalteninhalt der Umsatz in DM, auf der ersten Stufe nach Jahren und auf der zweiten Stufe nach Konten gegliedert.

Bei der Definition einer Rechenvorschrift für eine Spalte können die Werte in den anderen Spalten mit den vier Grundrechenarten verknüpft werden. Aus der Verknüpfung wird ein Wert mit einer zugehörigen physikalischen Einheit berechnet. Zusätzlich können Konstanten in die Berechnungen einfließen. Diese Konstanten können selbst auch eine Einheit besitzen (z. B. 100 kg).

Neben Berechnungen können sich auch Kennzahlen in einer Rechenspalte befinden. Diese sind konstant, wenn kein Gruppenwechsel über die Zeit stattfindet. Bei einem Gruppenwechsel über die Zeit kann angegeben werden, daß die Kennzahl jeweils die aktuelle Zeit aus der Zeile zu ihrer Berechnung verwenden soll. In beiden Fällen kann wieder ein Offset für den Zeitraum der Kennzahlenberechnung angegeben werden.

[1] Vgl. Kapitel 4.7.

[2] Quelle: Bildschirmdarstellung aus ECoSys V1.0

Ist die Option „Formel vor Summe“ markiert, wird beim Schneiden der Spalte mit einer Summenzeile der Wert für die entsprechende Zelle über die Formel errechnet. Dies kann bei Divisionen in der Rechenvorschrift benötigt werden. Bei Multiplikationen sollte die Summe gebildet werden, statt die Rechenvorschrift anzuwenden.

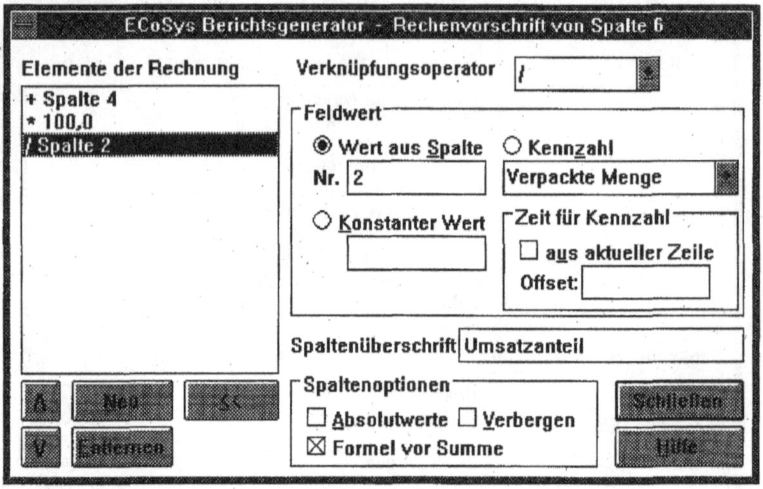

Abbildung 6.28: Definition einer Rechenspalte[1]

Mit dem Fenster in Abbildung 6.28 wurde eine Rechenvorschrift für Spalte 6 definiert. Spalte 4 (Umsatz in DM in Neuenburg) wird mit 100 multipliziert und anschließend geteilt durch Spalte 2 (Gesamtumsatz H&B in DM). Das Ergebnis ist der Prozentanteil des Lagers Neuenburg am wertmäßigen Gesamtumsatz.

[1] Quelle: Bildschirmdarstellung aus ECoSys V1.0

Das Berichtsergebnis zeigt die erwarteten sechs Spalten, wobei die Spalten fünf und sechs die Prozentanteile beinhalten. Iteriert wird zunächst über die Zeit und danach über die angegebenen Oberkonten.

Ergebnis von Bericht: Umsatzvergleich 92 - 94

Zeitraum: 1992/1...1994/2 11.08.1995 20:48:08

Zeit	Konto	Gesamt H&B	Umsatz	NEUENBURG: Menge	Umsatz	M%[1]	U%
1992/1...1992/2	01 BALLON / KANISTER	8.786.443 kg	7.733.847 DM	1.925.104 kg	1.524.325 DM	22	20
	02 BLECHFASS	7.064.106 kg	14.724.696 DM	1.475.406 kg	2.883.861 DM	21	20
	03 CONTAINER	3.680.359 kg	2.198.541 DM	1.647.860 kg	1.156.689 DM	45	53
	04 KESSELWAGEN	51.603.760 kg	18.794.454 DM	6.786.960 kg	3.519.842 DM	13	19
	06 PS-SACK	11.811.762 kg	17.248.974 DM	1.725.175 kg	2.143.377 DM	15	12
	08 DIV. KLEINVERPACKUNGEN	252.548 kg	529.228 DM	5.151 kg	11.258 DM	2	2
	09 SONSTIGE	1.332.635 kg	2.552.606 DM	1.070.097 kg	2.015.036 DM	80	79
	Summe:	84.531.613 kg	63.782.347 DM	14.635.753 kg	13.254.387 DM	17	21
1993/1...1993/2	01 BALLON / KANISTER	7.340.162 kg	6.019.546 DM	1.392.137 kg	1.060.323 DM	19	18
	02 BLECHFASS	5.318.064 kg	10.905.505 DM	1.182.932 kg	2.152.289 DM	22	20
	03 CONTAINER	3.845.484 kg	2.105.456 DM	1.653.894 kg	1.009.691 DM	43	48
	04 KESSELWAGEN	43.299.166 kg	15.600.583 DM	6.585.987 kg	3.001.369 DM	15	19
	06 PS-SACK	11.069.383 kg	16.781.777 DM	1.572.762 kg	1.756.787 DM	14	10
	08 DIV. KLEINVERPACKUNGEN	312.818 kg	642.881 DM	328 kg	557 DM	0	0
	09 SONSTIGE	1.296.560 kg	3.153.019 DM	1.134.584 kg	2.391.978 DM	88	76
	Summe:	72.481.637 kg	55.208.767 DM	13.522.624 kg	11.372.994 DM	19	21
1994/1...1994/2	01 BALLON / KANISTER	6.908.302 kg	5.573.164 DM	1.298.965 kg	981.180 DM	19	18
	02 BLECHFASS	4.323.542 kg	10.213.921 DM	1.020.268 kg	2.196.130 DM	24	22
	03 CONTAINER	4.602.184 kg	3.658.777 DM	1.611.007 kg	1.022.558 DM	35	28
	04 KESSELWAGEN	44.218.349 kg	17.858.831 DM	7.096.333 kg	3.697.098 DM	16	21
	06 PS-SACK	11.699.521 kg	17.431.053 DM	826.241 kg	826.555 DM	7	5
	08 DIV. KLEINVERPACKUNGEN	454.954 kg	905.110 DM	995 kg	1.797 DM	0	0
	09 SONSTIGE	1.650.922 kg	2.401.757 DM	1.396.010 kg	1.857.221 DM	85	77
	Summe:	73.857.774 kg	58.042.613 DM	13.249.819 kg	10.582.538 DM	18	18
Summe:		230.871.024 kg	177.033.728 DM	41.408.196 kg	35.209.919 DM	18	20

6.7.3 Anwendungsbeispiele

In diesem Abschnitt werden einige typische Auswertungen gezeigt, die mit dem Berichtsgenerator erstellt wurden. Die Daten der Fallbeispiele dienen wieder als Grundlage. Die Beispiele enthalten Untersuchungen in verschiedenen Richtungen:

- Leistungscenter
- Prozent
- Konten
- Zeiten
- Kennzahlen

[1] Die Spaltenüberschriften der Spalten „Mengenanteil" und „Umsatzanteil" wurden aus Darstellungsgründen mit „M%" und „U%" abgekürzt.

Im Abschnitt 6.7.2 wurde bereits ein Bericht erstellt. Er zeigt die Gegenüberstellung eines Lagers (Leistungscenters) mit dem Gesamtunternehmen. Dabei wurden mit Hilfe von berechneten Spalten Prozentwerte gebildet. Durch diese Prozentwerte kann verglichen werden, wie sich der mengenmäßige und wertmäßige Umsatz des Lagers zum Gesamtunternehmen verhält. Man erkennt, daß das Lager Neuenburg 20 % des DM-Umsatzes hält und 18 % der Mengen umschlägt. Das bedeutet, daß in Neuenburg die Werte der Waren, die umgeschlagen werden, überdurchschnittlich hoch sind. Wie man bei diesem Bericht erkennt, sind mehrere Gruppenwechsel möglich. Eine weitere Detaillierung, z. B. über Stoffe, könnte zusätzlich angegeben werden, falls dies erwünscht ist.

Aus dem Fallbeispiel Lingner + Fischer kommt der nächste Vergleich, eine Gegenüberstellung von Konten. Damit sollten Kennzahlen für die Abfallintensität verschiedener Verpackungsvarianten für Zahncreme gefunden werden. Dazu wurden folgende Spalten definiert:

Spalten-Nr.	Inhalt
1	Anzahl Tuben in Stück
2	Bulkmenge Zahncreme in Liter
3	Menge Aluminiumabfall in kg
4	Menge Kunststoffabfall in kg
5	Menge sonstiger Verbundmaterialien in kg
6	Summe Abfall
7	Verpackungseffizienz: Summe Abfall / Bulkmenge
8	DSD-Gebühr in DM
9	Gebühr je Liter Bulkmenge

Tabelle 6.8: Spaltendefinition für Verpackungsanalyse[1]

Die Zeilen wurden mit den Leistungscentern, also den einzelnen Verpackungsvarianten, gefüllt:

Ergebnis von Bericht: VP Zahncreme alle Abf.-Arten
Zeitraum: 1994/1...1994/12 11.08.19 95 09:20:22

Verpackungsvariante	Tube	Bulkmenge	Alu	Kunst.-Abf.	Sonst. Verb
61000221 Blickfang STD.75ML	469.936,00 Stk	35.245,200 Liter	0	7.988,912 kg	0
61011400 Normaltube STD.TB.75ML	3.301.278,00 Stk	247.595,850 Liter	0	8.253,195 kg	21.458,307 kg
61011405 Spender STD.SP.100ML	520.657,00 Stk	52.065,700 Liter	0	26.032,850 kg	0
61011440 Mitteltube STD.TB.100ML	104.967,00 Stk	10.496,700 Liter	0	1.154,635 kg	0
61011450 Familient. STD.TB.125ML	244.931,00 Stk	30.616,375 Liter	0	2.939,172 kg	0
71012250 Raucher ZC 50ML	200.730,00 Stk	10.036,500 Liter	3.291,970 kg	602,190 kg	0
72012200 Medizinische ZC 25ML	225.666,00 Stk	5.641,650 Liter	2.572,590 kg	338,499 kg	0
Total	5.068.165,00 Stk	391.697,975 Liter	5.864,560 kg	47.309.453 kg	21.458,307 kg

[1] Quelle: eigene Darstellung

Verpackungsvariante	Total VP	Verpackungseff.	GebührGP	DM je Liter Bulk
61000221 Blickfang STD.75ML	7.988,912 kg	0,227(kg) / (Liter)	26.856,84 DM	0,76(DM) / (Liter)
61011400 Normaltube STD.TB.75ML	29.711,502 kg	0,120(kg) / (Liter)	47.455,87 DM	0,19(DM) / (Liter)
61011405 Spender STD.SP.100ML	26.032,850 kg	0,500(kg) / (Liter)	80.441,51 DM	1,54(DM) / (Liter)
61011440 Mitteltube STD.TB.100ML	1.154,637 kg	0,110(kg) / (Liter)	4.140,95 DM	0,39(DM) / (Liter)
61011450 Familient. STD.TB.125ML	2.939,172 kg	0,096(kg) / (Liter)	10.385,07 DM	0,34(DM) / (Liter)
71012250 Raucher ZC 50ML	3.894,162 kg	0,388(kg) / (Liter)	6.043,98 DM	0,60(DM) / (Liter)
72012200 Medizinische ZC 25ML	2.911,091 kg	0,516(kg) / (Liter)	5.096,67 DM	0,90(DM) / (Liter)
Total	74.632,326 kg	0,191(kg) / (Liter)	180.420,89 DM	0,46(DM) / (Liter)

Das Ergebnis zeigt die verschiedenen Artikel mit ihren Umsätzen und Abfallmengen während eines Jahres. Folgende Feststellungen können aus diesem Bericht getroffen werden:

- Für alle Verpackungsvarianten wird Kunststoff verwendet.
- Die kleinen Tuben beinhalten zusätzlich noch Aluminiumanteile.
- Bei der Normaltube kommen noch verschiedene Verbundmaterialien in der Verpackung hinzu.
- Die Verpackungseffizienz zeigt je Alternative das Gewicht der Verpackung, die benötigt wird, um 1 Liter Zahncreme zu verpacken. Nimmt man diese Kennzahl als ökologischen Bewertungsmaßstab, dann fällt auf, daß die Verpackungsvariante „Spender" besonders schlecht abschneidet (500 g Verpackung je Liter Bulk). Die Kleinverpackungen 25 bis 50 ml sind ökologisch gesehen auch eher als bedenklich einzustufen. Die Verpackungsvariante „Blickfang", die den Kunden durch besonders auffällige Verpackung locken soll, liegt etwa im Mittelfeld. Gute Noten erhält die Normaltube: Ihr Anteil am Umsatz liegt bei etwa 63 %, so daß sie die durchschnittliche Verpackungseffizienz mit ihren 120 g je Liter deutlich verbessern kann. Die Verpackungsvariante mit der geringsten Abfallmenge je Liter Inhalt ist die Familientube mit 125 ml. Ihr Verpackungsgewicht liegt unter 10 % des Inhaltsgewichts.
- In der Spalte „DM je Liter Bulk" steht die Gebühr, die je Liter verkaufter Zahncreme für die Entsorgung der Verpackung an die DSD abgeführt werden muß. Ausgesprochen schlecht ist auch hier der Spender. Pro Liter Bulk muß hier über 1,50 DM bezahlt werden. Die Variante „Blickfang" bildet wieder die Mitte. Interessant ist, daß die Tuben mit Aluminiumanteil trotz ihres hohen Gewichts relativ kostengünstig in der Entsorgung sind. Am billigsten in der Entsorgung ist die Normaltube. Durch ihren Anteil an Verbundstoffen, die günstiger in der Gebühr der DSD sind als Kunststoffe, ist sie billiger in der Entsorgung als die Familientube, die nur aus Kunststoff besteht. Hier zeigt sich, daß die reine Kunststoffverpackung, die ökologisch sinnvoller ist als die Kombination aus Kunststoff und Verbundmaterialien, in den Entsorgungskosten trotzdem schlechter abschneidet. Ökologische und ökonomische Ziele decken sich leider auch im Bereich Abfallvermeidung / Abfallentsorgung nicht immer!

Welche Strategie sollte aus ökologischer Sicht aufgrund dieser Ergebnisse festgelegt werden? Insgesamt verfügt man über eine Reihe von Verpackungsvarianten, die unter 150 g Abfall je Liter Bulk liegen. Diese Gruppe macht über 70 % des mengenmäßigen Umsatzes aus. Die ökologisch besonders interessante 125-ml-Verpackung ist an diesem Umsatz jedoch nur schwach beteiligt. Ziel sollte daher eine weitere Förderung dieser Verpackungsgruppen sein, insbesondere bei der 125-ml-Verpackung. Zu überlegen wäre auch die Einführung einer noch größeren Tube, die den Verpackungsanteil am Gesamtgewicht noch weiter senken könnte. Andererseits könnte unabhängig von der Packungsgröße versucht werden, das Leergewicht der Tuben zu verringern. Dies könnte durch dünnere Tubenwände oder optimierte Deckel geschehen, soweit dies technisch machbar ist. Verbundmaterialien sollten aus der Verpackung entfernt werden. Auch kleine Verbesserungen bringen durch die großen Verkaufsmengen eine Entlastung für die Umwelt. So würde die Abfallmenge im gezeigten Bericht bei einer Verringerung des Gewichts je Tube um nur 1 Gramm bereits 8 Tonnen weniger Müll pro Jahr bedeuten!

In der gleichen Weise wie hier Konten verglichen wurden, können auch Inhaltsstoffe gegenübergestellt werden. Auch Kombinationen von Stoff- und Konteneinschränkungen sind möglich.

Ebenso können Jahre periodenweise oder als Summe miteinander verglichen werden.

In Berichten können Kennzahlen in einer Rechenspalte erscheinen. Bei der Berechnung der Spalte wird dann jeweils die Kennzahlenberechnung aufgerufen. Ist in der Berichtsdefinition der Gruppenwechsel über die Zeit angegeben, wird pro Zeile mit einer neuen Zeit auch die Kennzahl für diese Zeit neu berechnet.

Das Beispiel zeigt einen Bericht, bei dem drei Kennzahlen als Rechenspalte definiert wurden:

- die Verpackungseffizienz als Verhältnis von Verpackungsmenge je Liter Zahncreme
- die DSD-Gebühr je Liter verpackte Zahncreme
- die Bewertungspunkte je Liter verpackte Zahncreme

Der Bericht liefert die Kennzahlen jeweils für vier Monate über das gesamte Unternehmen. Als Summenzeile steht wiederum die Kennzahl, jedoch für das ganze Jahr.

Ergebnis von Bericht: Kennzahlenvergleich

Zeitraum: 1994/1...1994/12 11.08.1995 15:30:02

Zeit	Verpackungseffizienz	Gebühr pro Liter	Bewertung pro Liter
1994/1...1994/4	0,190 (kg) / (Liter)	0,44 (DM) / (Liter)	1,405 (1) / (Liter)
1994/5...1994/8	0,198 (kg) / (Liter)	0,50 (DM) / (Liter)	1,400 (1) / (Liter)
1994/9...1994/12	0,182 (kg) / (Liter)	0,43 (DM) / (Liter)	1,347 (1) / (Liter)
Total	0,191 (kg) / (Liter)	0,46 (DM) / (Liter)	1,313 (1) / (Liter)

Im Laufe der Arbeit mit ECoSys können noch viele weitere Kombinationen mit dem Berichtsgenerator abgefragt werden. Im Rahmen dieser Diplomarbeit werden nur die grundsätzlichen Möglichkeiten von ECoSys gezeigt. Bericht, Salden- und Stoffabfrage erwiesen sich bei den Praxistests als professionelle Werkzeuge, mit deren Hilfe in kurzer Zeit an die Autoren gestellte Anfragen präzise beantwortet werden konnten.

6.8 Diagrammgenerator

6.8.1 Aufsetzen von Diagrammen

In ECoSys gibt es zwei Möglichkeiten, Diagramme zu erstellen: auf dem Ergebnis einer Saldenabfrage oder auf dem Ergebnis eines Berichts. Da mit einem Bericht viel flexiblere Auswertungen erstellt werden können wie mit einer Saldenabfrage, zeigt dieses Kapitel nur Diagramme, die auf einem Berichtsergebnis aufgesetzt wurden.

Die Liste[1] zeigt das Ergebnis eines Berichts, das als Portfolio dargestellt werden soll.

Ergebnis von Bericht: Verpackungsanalyse Zahncreme

Zeitraum: 1994/1...1994/12 16.08.1995 11:19:54

Verpackungsvariante	Tube	Bulkmenge	Abfallmenge	Bewertung
61000221 Blickfang STD.75ML	469.936,000 Stk	35.245,200 Liter	7.988,912 kg	47.933,472 BP
61011400 Normaltube STD.TB.75ML	3.301.278,000 Stk	247.595,850 Liter	29.711,502 kg	264.102,240 BP
61011405 Spender STD.SP.100ML	520.657,000 Stk	52.065,700 Liter	26.032,850 kg	156.197,100 BP
61011440 Mitteltube STD.TB.100ML	104.967,000 Stk	10.496,700 Liter	1.154,637 kg	6.927,822 BP
61011450 Familient. STD.TB.125ML	244.931,000 Stk	30.616,375 Liter	2.939,172 kg	17.635,032 BP
71012250 Raucher ZC 50ML	200.730,000 Stk	10.036,500 Liter	3.894,162 kg	27.580,302 BP
72012200 Medizinische ZC 25ML	225.666,000 Stk	5.641,650 Liter	2.911,091 kg	21.528,536 BP
Total	5.068.165,000 Stk	391.697,975 Liter	74.632,326 kg	541.904,504 BP

Verpackungsvariante	Gebühr	Verpackungseffizienz	Ökologisch Effizienz	GP je Liter Bulk
61000221 Blickfang STD.75ML	6.856,84 DM	0,227 (kg) / (Liter)	1,360 (BP) / (Liter)	0,76 (DM) / (Liter)
61011400 Normaltube STD.TB.75ML	47.455,87 DM	0,120 (kg) / (Liter)	1,067 (BP) / (Liter)	0,19 (DM) / (Liter)
61011405 Spender STD.SP.100ML	80.441,51 DM	0,500 (kg) / (Liter)	3,000 (BP) / (Liter)	1,54 (DM) / (Liter)
61011450 Familient. STD.TB.125ML	4.140,95 DM	0,110 (kg) / (Liter)	0,660 (BP) / (Liter)	0,39 (DM) / (Liter)
61011450 Familient. STD.TB.125ML	10.385,07 DM	0,096 (kg) / (Liter)	0,576 (BP) / (Liter)	0,34 (DM) / (Liter)
71012250 Raucher ZC 50ML	6.043,98 DM	0,388 (kg) / (Liter)	2,748 (BP) / (Liter)	0,60 (DM) / (Liter)
72012200 Medizinische ZC 25ML	5.096,67 DM	0,516 (kg) / (Liter)	3,816 (BP) / (Liter)	0,90 (DM) / (Liter)
Total	180.420,89 DM	0,191 (kg) / (Liter)	1,313 (BP) / (Liter)	0,46 (DM) / (Liter)

Nachdem ein Bericht oder eine Saldenabfrage ausgeführt wurde, kann auf das Ergebnisfenster eine Graphik aufgebaut werden. Dazu muß der Diagrammgenerator über einen Menüpunkt aufgerufen werden. Das nachfolgende Beispiel zeigt, wie mit Hilfe des Berichtsergebnisses „Verpackungsanalyse Zahncreme" ein Portfolio erstellt wird. Die Bedeutung des Portfolios wird in Abschnitt 6.8.3 „Strategische Analyse mit Diagrammen" näher erläutert.

Der erste Schritt im Diagrammgenerator ist die Auswahl des Diagrammtyps. Hier stehen, je nach Berichtsergebnis, bis zu sieben Diagrammtypen (siehe Abbildung 6.29) zur Verfügung.

[1] Anmerkung: Die Liste wurde zur besseren Darstellung in zwei Teile geteilt.

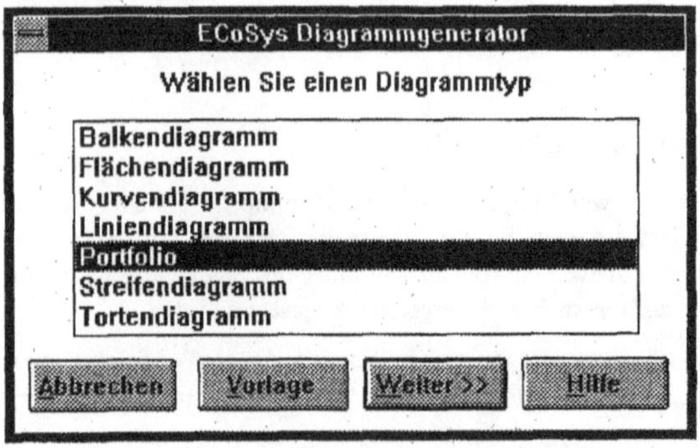

Abbildung 6.29: Diagrammtypauswahl[1]

Die weiteren Schritte des Diagrammgenerators sind abhängig von den jeweils getroffenen Einstellungen. An dieser Stelle soll nur ein Beispiel gezeigt werden. Nach der Wahl des Diagrammtyps kann der Diagrammtitel bestimmt werden.

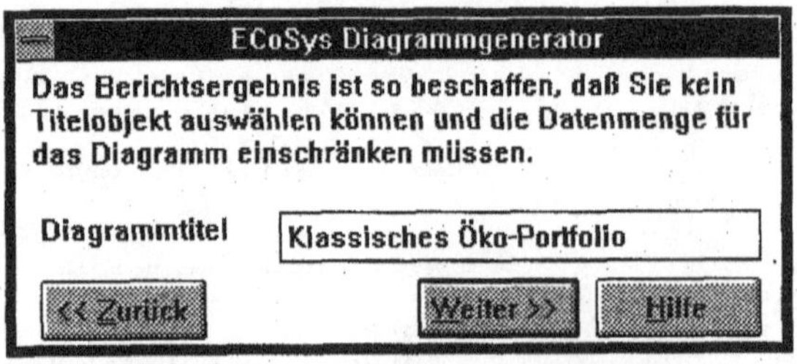

Abbildung 6.30: Diagrammtiteleingabe[2]

Beim Portfolio ist es notwendig, die Spalten zu bestimmen, die die Daten für die Positionen der Kreise, bzw. für den Radius liefern. Im Beispiel soll das „klassische Öko-Portfolio" erstellt werden. Es besteht aus einer Verbindung von Ökologie und Ökonomie. Dabei wird auf der X-Achse eine ökonomische Erfolgsgröße (hier Umsatzmenge) und auf der Y-Achse eine ökologische Erfolgsgröße (hier ökologische Effizienz als Anzahl Bewertungspunkte je Liter Zahncreme) abgetragen. Als Radius wurde die Gesamtabfallmenge gewählt, um die Stellung der größten Abfallerzeuger unter den Zahncremeverpackungen bestimmen zu können.

[1] Quelle: Bildschirmdarstellung aus ECoSys V1.0

[2] Quelle: Bildschirmdarstellung aus ECoSys V1.0

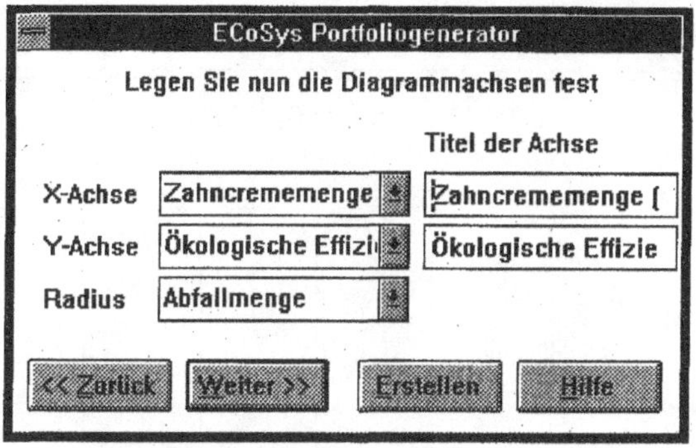

Abbildung 6.31: Wahl der Diagrammachsen[1]

Zuletzt können, wie in Abbildung 6.32 gezeigt, die Attribute des Diagramms bestimmt werden. All diese Schritte können nach der Erstellung des Diagramms noch einmal aufgerufen werden, so daß einzelne Einstellungen korrigiert werden können.

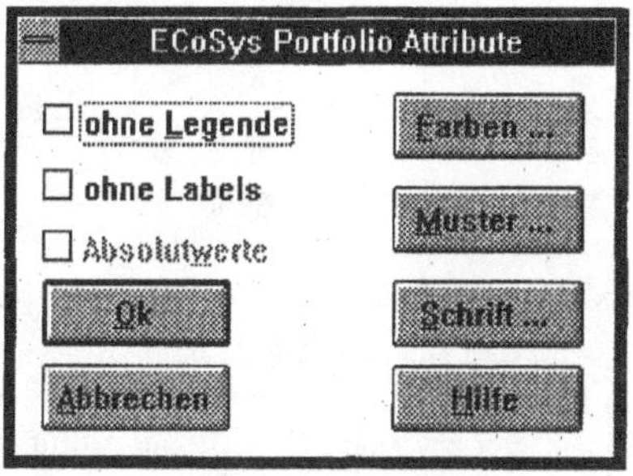

Abbildung 6.32: Diagrammattribute bestimmen[2]

Nach dem Einstellen der Attribute erscheint das Portfolio. Die in der Legende erscheinenden Nummern sind jeweils die Produktnummern aus dem Bericht. Die Diagramme sind in Farbe dargestellt, so daß sie auf einem Farbdrucker ausgegeben werden können. In den Abbildungen wurden die Farben durch Schwarzweißmuster ersetzt. Dies kann in den Diagrammattributen eingestellt werden.

[1] Quelle: Bildschirmdarstellung aus ECoSys V1.0

[2] Quelle: Bildschirmdarstellung aus ECoSys V1.0

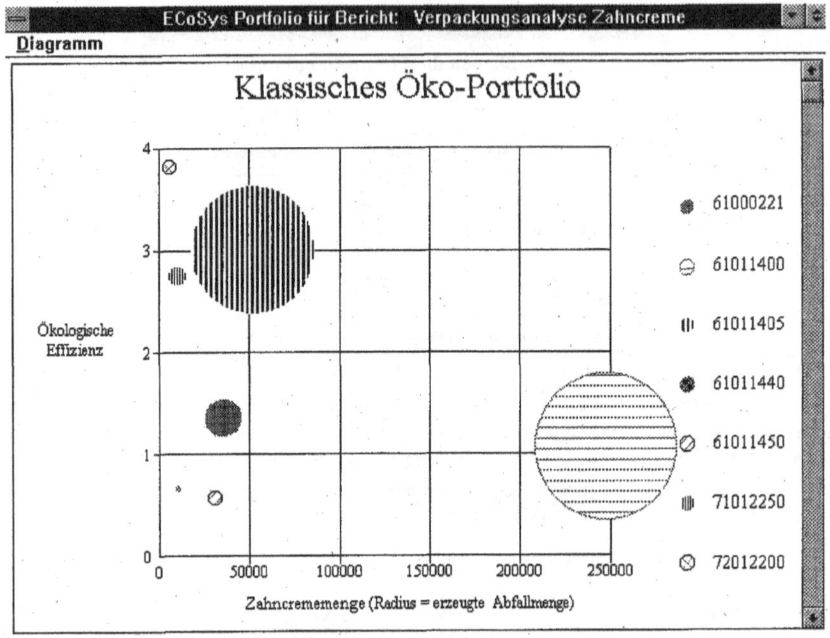

Abbildung 6.33: Portfolio als Ergebnis der Diagrammdefinition[1]

Diagrammdefinitionen lassen sich speichern. Die gespeicherten Diagrammdefinitionen lassen sich laden und das Diagramm wird ohne weitere Angaben des Benutzers erstellt. Ein Diagramm ist jeweils einem Bericht zugeordnet. Beim Aufruf des Diagramms wird der zugehörige Bericht ausgeführt. Zuvor muß der Benutzer lediglich bestätigen, damit der entsprechende Bericht gestartet wird. Auf diese Weise kann ein Berichtsergebnis nach verschiedenen Kriterien dargestellt werden. Dies zeigt auch der nächste Abschnitt, in dem die ersten drei Graphiken auf dem gleichen Bericht aufbauen wie das Portfolio.

6.8.2 Diagrammarten

In diesem Abschnitt werden beispielhaft vier Diagrammarten gezeigt, die mit dem Diagrammgenerator erstellt werden können. Zusätzlich können innerhalb der Diagrammarten die Diagramme durch Veränderungen der Attribute unterschiedlich gestaltet werden. So sind wahlweise drei- oder zweidimensionale Ansichten möglich. Auch unterschiedliche Gruppierungen geben einer Graphik ein anderes Aussehen. Abbildung 6.34 und Abbildung 6.35 zeigen ein solches Beispiel. Beide Diagramme sind Balkendiagramme.

Der Bericht aus Abschnitt 6.8.1 ist auch Grundlage für ein Tortendiagramm. Für das Flächen- und das Liniendiagramm wurde ein gesonderter Bericht erstellt, der eine Zeitreihe beinhaltet. Bereits vorgestellt wurde das Portfolio.

[1] Quelle: Diagramm aus ECoSys V1.0

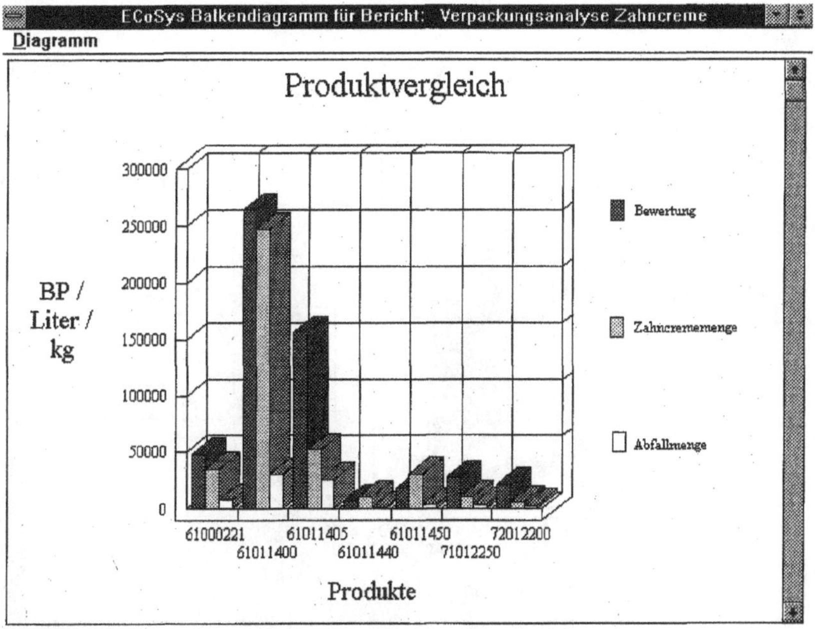

Abbildung 6.34: Gruppiertes Balkendiagramm[1]

Abbildung 6.34 zeigt ein gruppiertes Balkendiagramm. Je Produkt sind die Dimensionen Bewertung, Zahncrememenge und Abfallmenge aufgeführt. Die Bewertung ist die absolute Anzahl ökologischer Bewertungspunkte, die ein Produkt mit seiner Verpackung erhalten hat. Je mehr Bewertungspunkte eine Variante erhält, desto schlechter ist sie für die Umwelt. Die Zahncrememenge ist die Menge Zahncreme in Liter, die in dieser Verpackungsform verkauft wurde. Die Abfallmenge ist die Menge Abfall in kg, die durch diese Verpackungsvariante im Jahr erzeugt wurde.

Man erkennt, daß Artikel 61011400 „Normaltube 75 ml" am häufigsten verkauft wurde. Er erzeugte daher auch die größte Abfallmenge. Auch in der Bewertung schneidet die Normaltube aufgrund ihrer großen Abfallmenge schlecht ab. Bei näherer Betrachtung zeigt sich, daß Artikel 61011405, der „Spender 100 ml", beim Abfall und in der ökologischen Bewertung ähnlich schlecht abschneidet wie die Normaltube. Jedoch hält der Spender deutlich weniger Umsatz. Ein ähnliches Profil wie der Spender haben die Artikel 61000221 „Blickfang 75 ml", 71012250 „Raucher Zahncreme 50 ml" und 72012200 „Medizinische Zahncreme". Bei allen übersteigt die Anzahl an Bewertungspunkten die verkaufte Menge. Aus ökologischer Sicht besonders interessant zeigen sich 61011440 „Mitteltube" und 61011450 „Familientube". Sie haben eine ausgesprochen niedrige Bewertung (= umweltfreundlich). Die Anzahl Bewertungspunkte eines Jahres liegt bei ihnen unter der Umsatzmenge. Ihre Abfallmengen verhalten sich ähnlich erfreulich.

[1] Quelle: Diagramm aus ECoSys V1.0

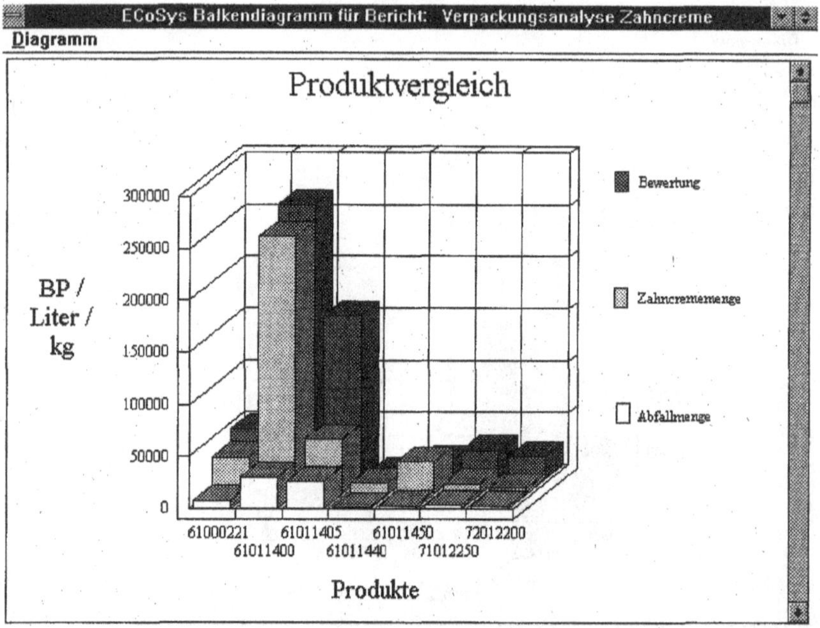

Abbildung 6.35: Balkendiagramm gruppiert auf Z-Achse[1]

Abbildung 6.35 beinhaltet die gleichen Daten wie in Abbildung 6.34, jedoch wurden die Dimensionen auf der Z-Achse gruppiert. Hier zeigen sich die ökologischeren Produkte noch deutlicher: Bei „61011440 Mitteltube“ und „61011450 Familientube“ ist die Bewertung so gering, daß sie hinter den verkauften Mengen verschwindet.

Die Abfallproblematik wird in Abbildung 6.36 mit einem Tortendiagramm noch einmal analysiert. Man erkennt als Hauptabfallverursacher die 61011400 „Normaltube“ (39,8 %). Die beiden hervorgehobenen Stücke stellen die Artikel 61000221 „Blickfang“ (10,7 %) und 61011405 „Spender“ (34,9 %) dar. Gemeinsam verursachen sie mehr als 50 % des Gesamtabfalls. Wie bereits oben gesehen, ist jedoch ihr Umsatzanteil relativ klein.

[1] Quelle: Diagramm aus ECoSys V1.0

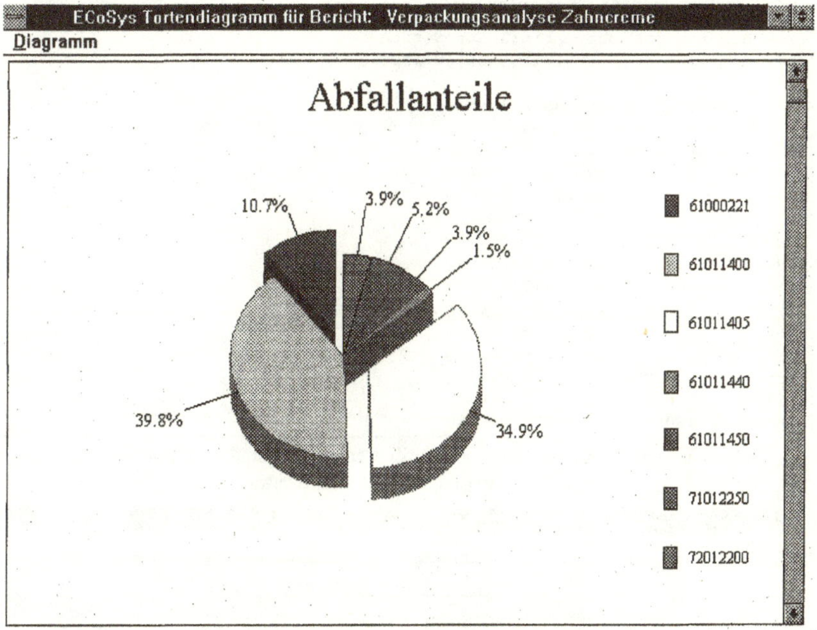

Abbildung 6.36: Tortendiagramm Abfallanteile[1]

Für die nächsten beiden Graphiken wurde ein neuer Bericht verwendet. Er vergleicht die angefallenen Kunststoffabfallmengen bei der Normaltube mit dem vorgegebenen Sollwert (Budget). Hat sich ein Öko-Controlling in einem Unternehmen etabliert, so könnte für alle ökologisch kritischen Größen ein solches Budget festgelegt werden. Ein Abfallbudget von 800 kg in 1994/1 bei der Normaltube bedeutet dann, daß in diesem Monat für diese Verpackung eine Müllmenge von 800 kg nicht überschritten werden darf. Ist dies doch der Fall, muß nach den Ursachen der Budgetüberschreitung gesucht werden. Danach können Maßnahmen ergriffen werden, die vielleicht in den Folgemonaten die Überschreitung wieder ausgleichen.

[1] Quelle: Diagramm aus ECoSys V1.0

Der Bericht zeigt die erzeugte Verpackungsmenge gegenüber dem Budget:

```
Ergebnis von Bericht: Abfall Normaltube 94
Zeitraum: 1994/1...1994/12    16.08.1995 13:59:56

Zeit     Abfallbudget  Abfallmenge
----------------------------------
1994/1     800,000 kg    855,000 kg
1994/2     800,000 kg    980,000 kg
1994/3     900,000 kg  1.011,000 kg
1994/4     750,000 kg    854,000 kg
1994/5     750,000 kg    727,000 kg
1994/6     850,000 kg    923,000 kg
1994/7     700,000 kg    543,000 kg
1994/8     700,000 kg    559,000 kg
1994/9     800,000 kg    703,000 kg
1994/10    600,000 kg    354,000 kg
1994/11    600,000 kg    312,000 kg
1994/12    700,000 kg    432,000 kg
Summe:   8.950,000 kg  8.253,000 kg
```

Während das Zahlenmaterial dieser Zeitreihe sehr unübersichtlich wirkt, gibt die Graphik besseren Aufschluß über die Einhaltung des Sollwertes:

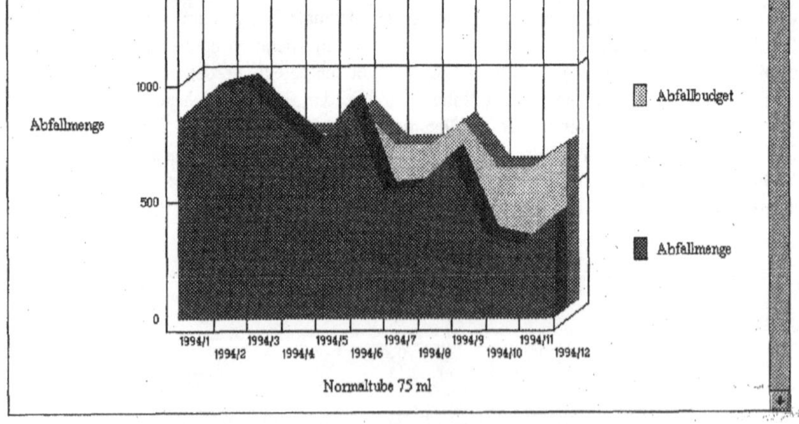

Abbildung 6.37: Flächendiagramm Budgetvergleich[1]

[1] Quelle: Diagramm aus ECoSys V1.0

In der ersten Hälfte des Jahres 1994 wird das Kunststoffabfallbudget deutlich überschritten. Die Budgetkurve ist teilweise nicht mehr sichtbar. In der zweiten Hälfte gelingt die Einhaltung des Sollwertes. Die Ursachen für den Verlauf der Abfallmenge kann die Konjunktur sein, aber auch die Einführung einer neuen, leichteren Tube ab 7/1994.

Die gleichen Daten zeigen als Liniengraphiken den Verlauf der beiden Kurven genauer. Man erkennt, daß die Überschreitung des Budgets vom Anfang des Jahres in der zweiten Jahreshälfte überkompensiert wird, so daß am Jahresende das Abfallziel erreicht wurde (siehe hierzu auch den Berichtsergebnis „Abfall Normaltube 94“).

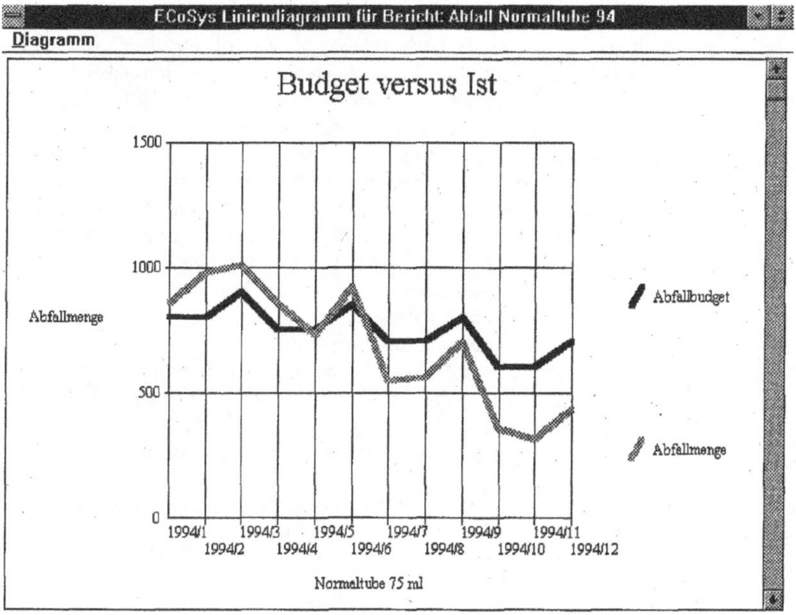

Abbildung 6.38: Liniengraphik zum Budgetvergleich[1]

ECoSys bietet zusätzlich ein kleines Statistikmodul für Liniengraphiken an. Mit ihm können Trendgeraden und -kurven durch das Diagramm gelegt werden. Sie können bei Vorhersagen nützlich sein. Mit Hilfe von Kurvengraphiken können Näherungskurven durch die Punkte eines Diagramms gelegt werden. Die Formel der Näherungskurve kann auch als Grundlage für Vorhersagen dienen.

[1] Quelle: Diagramm aus ECoSys V1.0

6.8.3 Strategische Analyse mit Diagrammen

Zur strategischen Analyse eignet sich besonders das Ökologieportfolio. Eingeführt wurde es von Schaltegger und Sturm[1]. Auf der X-Achse wird eine Wirtschaftlichkeitsgröße abgetragen, meist Deckungsbeitrag, Stückgewinn oder Umsatz. Die Y-Achse mißt den Grad der Umweltfreundlichkeit. Meist geschieht dies in Bewertungspunkten je Umsatzeinheit. Doch auch andere ökologische Kenngrößen sind denkbar: Abfallintensität, Rohstoffverbrauch oder Energieverbrauch je Outputeinheit, Langlebigkeit der Produkte, usw. Aus der Sicht von Wirtschaftlichkeit und Umweltfreundlichkeit ergeben sich zwei Gruppen von Produkten: die effizienten und die ineffizienten Produkte. Dabei sind alle Kombinationen möglich:

- **Black dogs:** Diese Produkte sind sowohl aus ökologischer, als auch aus ökonomischer Sicht bedenklich. Hier zeigt sich ein Handlungsbedarf. Entweder sollten diese Produkte aus dem Sortiment gestrichen werden oder ihre Lage sollte in ökonomischer und ökologischer Hinsicht verbessert werden.
- **Black cash cows:** Dies sind Produkte mit relativ hoher Umweltbelastung, jedoch gleichzeitig mit hoher Wirtschaftlichkeit. Bei einem nur eindimensional auf finanzielle Ziele ausgerichteten Unternehmen würden diese Produkte gute Noten erhalten. Bei der Betrachtung mit ECoSys jedoch zeigt sich auch hier Handlungsbedarf. Durch Veränderungen der Produkte können ökologische Verbesserungen erreicht werden, so daß sie in den Quadranten mit Green cash cows wandern können. Für einen langfristigen Erhalt eines guten Unternehmensimages sind solche Verbesserungen von höchster Bedeutung[2].
- **Green dogs:** Das sind Produkte, die ökologischen Anforderungen genügen, jedoch in der Wirtschaftlichkeit mangelhaft sind. Dies sind oft Produkte, deren Bilanzen durch End-of-pipe-Techniken verbessert wurden. Es können aber auch ökologische Produkte sein, die aufgrund zu hoher Preise geringen Umsatz oder Deckungsbeitrag erwirtschaften.
- **Green cash cows:** Das ist der Zielquadrant. Niedrige Schädlichkeit und hohe Wirtschaftlichkeit stehen für eine ganzheitliche Konzeption von Produkten.

---

[1] Vgl. (Schaltegger und Sturm 212), bzw. (Schaltegger und Sturm 216). Die Abbildung wurde in Anlehnung an die genannte Quelle erstellt.

[2] In jüngster Zeit zeigte sich bei Shell, wie wichtig es auch bei Benzin ist, nach ökologischen Gesichtspunkten zu produzieren. Durch die geplante Versenkung der Plattform „Brent Spar" rückte sie vor den Augen der Öffentlichkeit ihr gesamtes Mineralölsortiment in den Quadranten der Black cash cows.

Die Felder des Ökologieportfolios sind in Abbildung 6.39 dargestellt.

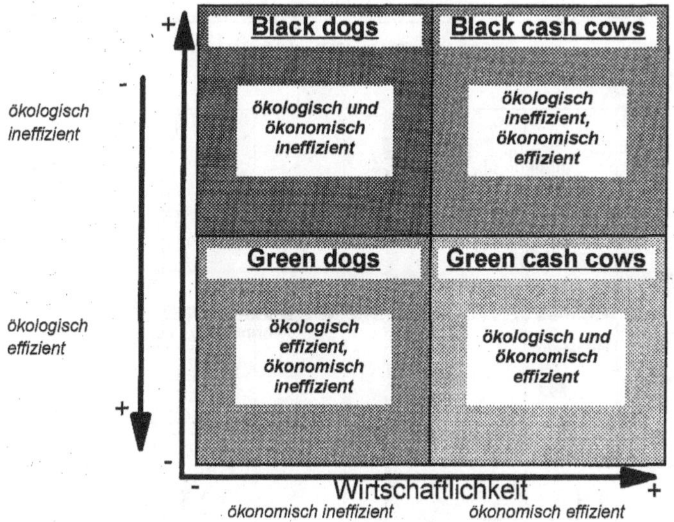

Abbildung 6.39: Strategische Ökologieportfolioanlyse[1]

Ein Beispiel für eine solche Analyse zeigt Abbildung 6.40. Man erkennt die Positionierung der Artikel aus dem Bericht „Verpackungsanalyse Zahncreme" in Abschnitt 6.8.1. In ECoSys gibt es zu den zwei Dimensionen „Wirtschaftlichkeit" und „Umweltfreundlichkeit" auf den Achsen noch eine dritte Dimension, die die Kreisgröße bestimmt. Im Beispiel wurde die während des Jahres durch die Produktverpackung erzeugte Abfallmenge gewählt. Die X-Achse bildet die verpackte Zahncrememenge als Wirtschaftlichkeitsindikator für die Umsatzstärke des einzelnen Artikels. Auf der Y-Achse wurden die Bewertungspunkte je verpacktem Liter Zahncreme abgetragen.

Das Portfolio läßt sich in die vier oben erklärten Quadranten einteilen. Auf den ersten Blick erkennt man, daß das Produkt 61011405 „Spender" etwa die gleiche Abfallmenge erzeugt wie 61011400 „Normaltube", obwohl die Umsatzmenge der Normaltube ca. fünfmal so hoch ist. Auch in der Bewertung kommt der Spender schlecht weg. Mit drei Bewertungspunkten je Liter verpackte Zahncreme schneidet er etwa dreimal so schlecht wie die Normaltube ab. Dadurch landet er im ersten Quadranten bei den Black dogs. Auch die Artikel 72012200 „Medizinische Zahncreme" und 71012250 „Raucher Zahncreme" befinden sich im Quadrant eins. Ihre Kleinverpackungen (25 und 50 ml) erzeugen einen hohen Verpackungsoverhead im Verhältnis zur verpackten Menge. Hinzu kommt, daß Stoffe wie Aluminium in die Verpackung eingearbeitet wurden, die eine besonders schlechte Bewertung erhielten. Diese Verpackungsformen sollten aus dem Sortiment gestrichen werden oder es sollten Verpackungsgrößen, Inhaltsstoffe und das Gewicht der Verpackung so verändert werden, daß sie eine bessere ökologische Bewertung erhalten.

[1] Quelle: Darstellung der Portfolioanalyse in Anlehnung an (Schaltegger und Sturm 216)

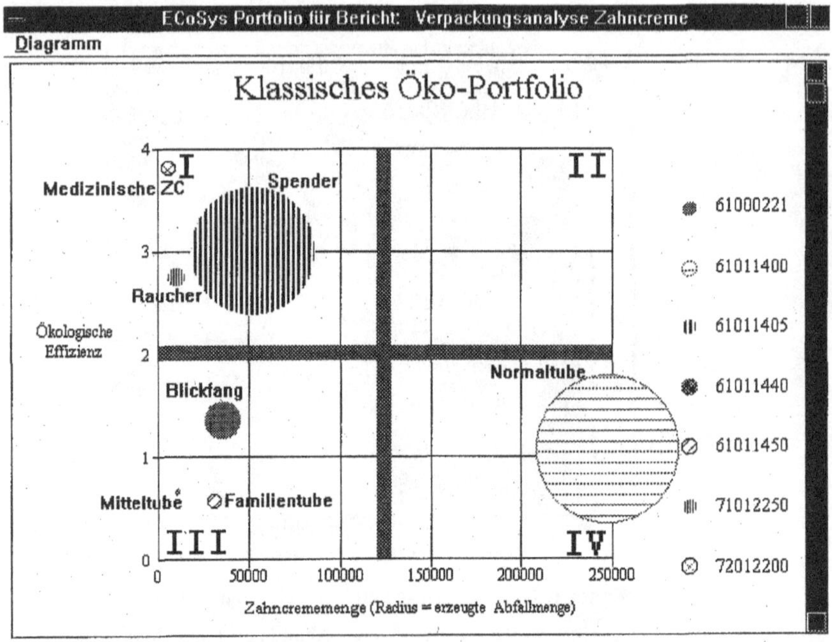

Abbildung 6.40: Strategische Verpackungsanalyse[1]

Der Artikel mit der besten ökologischen Bewertung ist 61011450, die Familientube. Bei ihr ist der Verpackungsoverhead auf 96 g je Liter Inhalt reduziert. Leider verkauft sich diese Tube mit 125 ml Fassungsvermögen relativ schlecht. Darum befindet sie sich im zweiten Quadranten bei den Green dogs. Weitere Artikel in diesem Quadranten sind 61000221, der Blickfang und 61011440, die Mitteltube, wobei der Blickfang von den drei Artikeln in diesem Quadranten ökologisch am schlechtesten abschneidet.

Interessant ist an diesem Beispiel, daß der dritte Quadrant mit den Black cash cows völlig leer bleibt, so daß nur die Normaltube im vierten Quadranten mit hohem Umsatz und einer relativ guten ökologischen Bewertung steht. Die Normaltube stellt damit die Green cash cow dar. Für das Unternehmen ist dies eine erfreuliche Aussage, da Artikel im zweiten Quadraten gewöhnlich nur schwer in Richtung Ökologie verändert werden können.

Insgesamt könnte man drei Maßnahmen aus diesem Beispielportfolio ableiten:

- Die Verpackungsvariante Spender sollte überarbeitet werden.
- Die Familientube muß mehr gefördert werden, damit ihr Umsatz wächst.
- Die Normaltube sollte auf mögliche weitere Verpackungsoptimierungen untersucht werden.

---

[1] Quelle: Diagramm aus ECoSys V1.0

Alle drei Maßnahmen gemeinsam wären ein wirkungsvoller Hebel zu einer Verringerung der Abfallmengen und damit zu einer Verbesserung der ökologischen Bewertung des Gesamtunternehmens.

6.9 Zusammenfassung

Mit ECoSys können auf der einen Seite die wirtschaftlich interessanten Leistungscenter aufgedeckt werden. Auf der anderen Seite kann eine Bewertung nach ökologischen Maßstäben stattfinden. Die Verknüpfung von ökologischer und ökonomischer Bewertung ergibt eine optimale Entscheidungsgrundlage auch für Unternehmen, die sich zunächst nicht direkt von Umweltproblemen betroffen sehen. Aufgrund der breiten Informationsbasis können so Entscheidungen getroffen werden, die langfristig das Überleben eines Unternehmens sichern.

Für die ökologisch-ökonomische Zusammenstellung eines Produktsortiments können einige Regeln aufgestellt werden:

- Produkte mit hohem Umsatz sollten ökologisch verträglich sein. Sie sind das „Aushängeschild" eines Unternehmens. Durch ihre hohen Umsätze können hier ökologische Verbesserungen die größte Wirkung zeigen. Für diese Produkte sollte ständig nach weiteren ökologischen Optimierungsmöglichkeiten gesucht werden. Gerade hier gilt: Kleine Verbesserungen haben oft eine große Wirkung!
- Produkte mit niedrigem Umsatz sollten auf ihre Umweltfreundlichkeit geprüft werden. Besonders ökologische Produkte sollten gefördert werden, damit ihr Umsatzanteil steigt. Umweltschädliche Produkte können aufgrund ihres geringen Umsatzanteils aus dem Sortiment entfernt oder zumindest noch weiter zurückgedrängt werden. Anstrengungen für ökologische Verbesserung werden sinnvollerweise eher in die umsatzstarken Produkte investiert.
- Unternehmen sollten auch mit der Öffentlichkeit über die Umweltdaten ihrer Produkte kommunizieren. Dies könnte im Fallbeispiel Lingner + Fischer dadurch geschehen, daß die Zusammensetzung und das Gewicht der Verpackung auf dem Produkt kenntlich gemacht wird. Dadurch könnte der Verbraucher leichter die ökologischere Verpackung wählen und damit die Anstrengungen des Unternehmens belohnen.
- Natürlich muß auch die Wirtschaftlichkeit eines Produktes berücksichtigt werden. ECoSys bietet dazu einige Möglichkeiten. Aus dieser Sicht sollten nur Produkte gefördert werden, die einen ausreichenden Stückdeckungsbeitrag haben.

7 Andere Öko-Controlling-Systeme

7.1 Hoffmann-La Roche AG

Große Unternehmen der chemischen Industrie betreiben heute im Rahmen der Kommunikation mit der Öffentlichkeit Systeme, mit denen Umweltdaten aus den einzelnen Werken erfaßt, konsolidiert und aufgearbeitet werden können. Dies gilt auch für die Hoffmann-La Roche AG. In ihrer Konzernzentrale fließen Umweltdaten aus der ganzen Welt zusammen.

7.1.1 Umweltreporting bei der Hoffmann-La Roche AG

Die Hoffmann-La Roche AG hat derzeit etwa 60.000 Mitarbeiter und erwirtschaftet jährlich einen Umsatz von 15 Milliarden Schweizer Franken. Umweltreporting dient einerseits zur Selbstdarstellung gegenüber der Öffentlichkeit, andererseits sollen aus den Daten Stärken- und Schwächenprofile abgeleitet werden. Das Datenmaterial ist Grundlage zur Abschätzung von Entwicklungstrends. Aus den Stärken und Schwächen sollen in Verbindung mit den Trends ökologische Ziele definiert werden. Diese sind Basis zur Einleitung von Maßnahmen. Erfolgreiches Umweltmanagement dient auch zur Mitarbeitermotivation und zur Bildung eines Umweltbewußtseins im Unternehmen.

Im Rahmen des Umweltengagements der Roche werden folgende Umweltberichte veröffentlicht:

- Konzernreport
- Umweltschutzbroschüre
- Site-Report

Der Konzernreport erscheint einmal jährlich. In ihm werden Kennzahlen veröffentlicht, die zuvor aus den Umweltdaten der einzelnen Konzerntöchter konsolidiert wurden. Die Umweltschutzbroschüre erscheint ca. alle drei Jahre und enthält längerfristige Daten und Strategien. Die Site-Reports werden von den großen Konzerntöchtern veröffentlicht. So gibt die Roche Basel eine Broschüre „Daten und Fakten" heraus.

Die nachfolgenden Ausführungen beziehen sich auf das ökologische Konzernreporting. Grundlage sind hier Kennzahlen, die von den einzelnen Units verdichtet werden. Die Roche besitzt dafür ein selbstentwickeltes EDV-System, das genau die vom Konzernreport geforderten Kennzahlen darstellt. Beispiele für ökologische Kennzahlen bei der Hoffmann-La Roche sind:

- Investitionen in den Umweltschutz
- Betriebsaufwand für Sicherheit und Umweltschutz
- RAR (= Roche Accident Rate), entspricht der durchschnittlichen Zahl der durch Unfälle verlorenen Arbeitstage pro Mitarbeiter und Jahr

- RER (Roche Energie Rate) ist der Energieverbrauch eines Werkes in Bezug auf die Anzahl der Mitarbeiter und die Produktionsmenge
- CO_2-Emissionen und Emissionen anderer Gase
- Schwermetalle
- Abfallmengen
- usw.

Das von der Roche aufgebaute Kennzahlensystem erlaubt das Überwachen verschiedener umweltrelevanter Unternehmensdaten. Mit Hilfe des EDV-Systems der Roche können Stoffflußbilanzen für die einzelnen Werke erstellt und konsolidiert werden.

7.1.2 Vergleich von ECoSys mit dem Umweltreporting der Roche

Das bei der Roche eingesetzte System dient im wesentlichen der Verdichtung und Darstellung von Kennzahlen. Dabei sind Drill-Downs bis auf die Werksebene vorgesehen. Solche Konsolidierungen innerhalb eines Konzerns können auch innerhalb von ECoSys durchgeführt werden.

ECoSys hat jedoch den Vorteil, daß es kein festes Kennzahlenschema vorgibt. Mit ECoSys können Berichte und Kennzahlen dynamisch erstellt werden. Hierzu sind jedoch gute, detaillierte Kenntnisse über das System notwendig. Die Komplexität in der Bedienung ist der Preis für die Flexibilität der Auswertungsmöglichkeiten in ECoSys. Damit auch Anwender, die keine detaillierten Vorkenntnisse über ECoSys haben, das Öko-Controlling-System einsetzen können, gibt es die Option bereits vorgefertigte Berichte einzuladen und auszuführen. Dies würde den Leistungen des Öko-Controlling-Tools der Roche entsprechen. Für den Umwelt-Controller ist es jedoch wichtig, die gesammelten Daten nach den unterschiedlichsten Fragestellungen auswerten zu können[1]. Aus dieser Sicht würde ein Einsatz von ECoSys bei der Hoffmann-La Roche neue Einblicke in die Umweltdaten eröffnen, ohne daß zusätzliche Programmierarbeit notwendig wäre.

Als problematisch erweist sich bei der Roche die fehlende ökologische Bewertung von Stoffen. Die Roche wählt hier einen „pragmatischen“ Ansatz: Es werden die Gewichte der Emissionen gemessen und einfach aufaddiert. Das bedeutet, daß bspw. unterschiedlichste Abfallsorten aufaddiert werden können und zwar unabhängig von deren Toxizität! ECoSys bietet im Gegensatz dazu neben der finanziellen und der mengenmäßigen Bewertung auch die Möglichkeit der ökologischen Gewichtung. So können verschiedene Müllarten auf ihre Zusammensetzung hin untersucht werden. Über die stoffliche Zusammensetzung findet dann die Bewertung der Müllart statt[2]. Ein Öko-Controlling-System wie es bei Hoffmann-La Roche praktiziert wird, setzt letztlich die Bewertung für alle Stoffe auf 1, unabhängig von deren Schädlichkeit. Durch den Einsatz von ECoSys mit allgemein anerkannten Bewertungsmaßstäben für Stoffe könnten in der Roche die Informationen aus ökologischer Sicht dargestellt werden. Die bisherige Sicht zeigt bestenfalls die Mengendimensionen der Emissionen auf.

ECoSys bietet mit seinen verschiedenen graphischen Darstellungsmöglichkeiten ein breiteres Spektrum als das Roche-Tool, das nur Stoffflüsse darstellen kann. Neben den

---

[1] Vgl. 6.7 „Berichtsgenerator“.

[2] Vgl. 6.2.4 „Ökologische Gewichtsfaktoren“.

Standards Balken- und Liniengrafik bietet vor allem das Portfolio[1] die Chance, strategische Analysen über die Positionierung von Produkten, Verpackungen, usw. durchzuführen. Als Kritikpunkt wurde von den zuständigen Mitarbeitern im Bereich Sicherheit und Umweltschutz der Roche genannt, daß viele Produktionsverfahren fest seien und so auch die beste Analyse an einem Produktionsablauf, in den Millionen Franken investiert wurden, nichts ändert. Hinzu kommt, daß der Aspekt „Time-to-Market" immer wichtiger wird. Das bedeutet, daß die Produktentwicklung in immer kürzeren Zyklen stattfinden muß. Da stellt die Einbeziehung von Umweltaspekten in die Produktentwicklung nur einen zusätzlichen Zeitaufwand dar.

Die Erkenntnisse, die bei Herkommer & Bangerter gesammelt werden konnten, zeigen jedoch eher das Gegenteil: Bereits heute werden in Unternehmen alternative Produktionsverfahren eingesetzt. Diese richten sich meist nach Kundenanforderungen. ECoSys konnte bei seinem Einsatz bei Herkommer & Bangerter zeigen, welche Produkte in welchen Verpackungen ausgeliefert werden. Das Ergebnis waren wesentlich mehr Variationsmöglichkeiten, als ursprünglich angenommen.

Die Aufnahme von zusätzlichen Qualitätskriterien in die Produktentwicklung führt in der Regel immer auch zu einer Verlängerung der Entwicklungsphase. Trotzdem sind es gerade bei deutschen und Schweizer Produkten Qualitätsmerkmale, die für den Kunden zählen. Ein Herabsetzen von Qualitätsstandards kann vielleicht die „Time-to-Market" reduzieren, aber ob der Kunde dann weiterhin mit den Produkten zufrieden ist, bleibt fraglich.

7.1.3 Kritische Würdigung

Vergleicht man die Systematik des Öko-Controllings bei der Hoffmann-La Roche mit der von ECoSys, scheinen einige Kritikpunkte angebracht. Betrachtet man zunächst die von der Roche vorgeschlagenen Umweltkennzahlen, findet man Kennzahlen wie den RER[2] (Roche Energie Rate):

$$RER = \frac{gesamter Energieverbrauch(GJ)}{Mitarbeiter \bullet k_m + Chemieprodukte(t) \bullet k_c + Pharma - Mischprodukte(t) \bullet k_p}$$

k_M = 100 GJ pro Mitarbeiter und Jahr

k_C = 100 GJ pro Tonne Endprodukt aus Chemiesynthese

k_P = 6 GJ pro Tonne Endprodukt aus Pharmaproduktion, bzw. Mischoperationen

„Der RER ist eine dimensionslose Größe, welche den gesamten Energieverbrauch eines Werks in Bezug bringt zur Gesamtmenge an hergestellten Endprodukten und zur Anzahl angestellter Mitarbeiter" (Hoffmann-La Roche 1995b, 25)

Hier fällt auf, daß diese Energieintensitätskennzahl abhängig ist von der Anzahl Mitarbeiter in einem Werk. Je mehr Mitarbeiter, desto niedriger, also besser, ist die RER. Dieser Zusammenhang scheint äußert fragwürdig zu sein. Auch die Gewichtungen im Nenner (100 GJ pro Mitarbeiter; 100/6 GJ pro Tonne Endprodukt) erscheinen willkürlich. Sie lassen darauf schließen, daß für jeden Mitarbeiter pro Jahr 100 GJ Energie zur Verfügung stehen.

[1] Vgl. 6.8.3 „Strategische Analyse mit Diagrammen".

[2] Formel aus (Hoffmann-La Roche 1995b, 25)

Analog sind die beiden anderen Gewichtungen zu sehen. Durch diese Gewichtung läßt sich aus der Kennzahl selbst keine Information[1] mehr gewinnen. Erst im Vergleich mit Kennzahlen anderer Werke oder über Zeitreihen kann versucht werden, Trends abzulesen. Als Entscheidungsgrundlage kann eine solche Kennzahl jedoch nicht dienen, da die Mixeffekte aus dem Nenner jegliche Transparenz vermissen lassen.

Als problematisch erscheint auch die nur grobe Erfassung von Daten für den Konzernreport. Will der Umwelt-Controller auf detailliertere Daten innerhalb einer der etwa 30 Kennzahlen zugreifen, muß er von Hand weitere Daten erfassen und auswerten. Um jedoch die Kontroll- und Steuerfunktion des Controllers wahrnehmen zu können, sind solche Drill-Downs unerläßlich. Wie läßt sich bspw. der steile Anstieg der Recyclingmenge von 1994 (siehe Abbildung 7.1) erklären? Hier sind nun Informationen über die Zusammensetzung der recycelten Produkte und deren Entstehung in den einzelnen Werken notwendig. Dadurch können die Ursache oder die Hauptverursacher dieses Anstiegs festgestellt werden und damit auch, ob dies ein lang anhaltender Trend ist, oder ob aufgrund besonderer Ereignisse die Recyclingmenge anstieg.

[1] Hopfenbeck und Jasch führen dazu aus: „Die Aufgabe eines Kennzahlensystems ist es, einerseits dem Management durch die Verdichtung von Einzeltatbeständen entscheidungsorientierte Informationen zu liefern. Zum anderen soll es die betrieblich definierten Zielvorgaben für die unteren Hierarchieebenen zu konkreten Sachzielen spezifizieren und sie auf diesen Ebenen umsetzbar machen." (Hopfenbeck und Jasch 330). Gerade diese Kennzahlenfunktionen vermißt man bei den Roche-Kennzahlen.

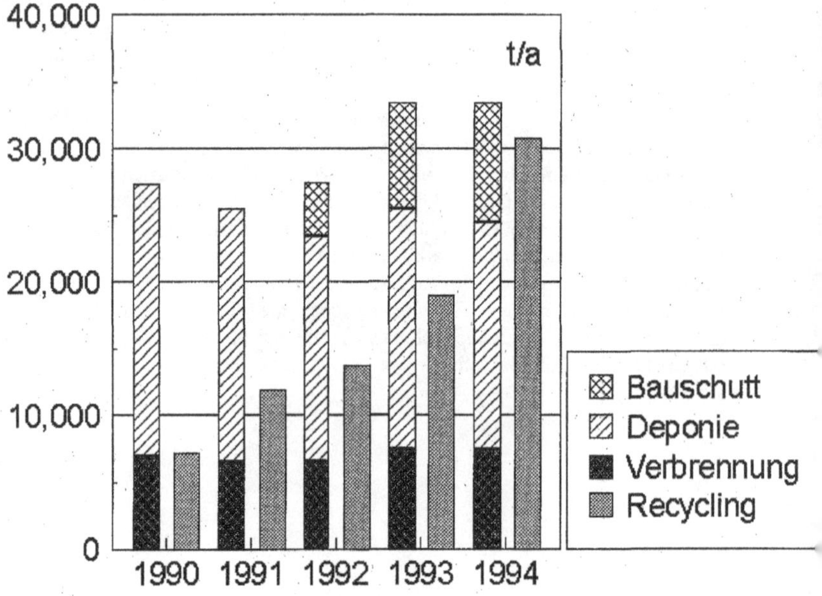

Abbildung 7.1: Allgemeine Abfälle Roche Konzern[1]

Ein weiteres Problem ist die fehlende ökologische Bewertungskomponente. Da die Daten jeweils in Mengen (meist in kg) angegeben werden, kann man behaupten, daß jeder Stoff gleich bewertet wird. In Abbildung 7.1 werden z. B. Abfälle, die deponiert werden, gleichwertig behandelt mit Abfällen, die verbrannt werden. Betrachtet man aber die Diskussion um Müllverbrennungsanlagen, so müßte eigentlich der Abfall, der verbrannt wird, kritischer gesehen werden. Ein Aufaddieren (wie in der Abbildung) verbietet sich dann.

Insgesamt bietet die bei der Hoffmann-La Roche AG angewandte Systematik die Möglichkeit, einen Überblick über Volumen und Umfang der Emissionen zu erhalten. Einige Kennzahlen und Mengenangaben müssen aber mit Vorsicht betrachtet werden, da sie qualitative Aspekte der Größen, die sie darstellen sollen, oft vernachlässigen. Zum Controlling erscheinen die Kennzahlen der Roche nicht geeignet, höchstens zur Überprüfung, ob gesteckte quantitative Ziele erreicht wurden.

7.2 PUISSoecos - das Öko-Controlling-System der PSI

Ein weiteres in Deutschland erhältliches Öko-Controlling-System ist PUISSoecos. Es wurde von der PSI AG in Verlbert entwickelt. Im Rahmen eines Treffens mit dem zuständigen

[1] Quelle: (Hoffmann-La Roche 1995b, 21)

Entwickler konnten die Leistungsmerkmale von ECoSys mit denen von PUISSoecos verglichen werden.

PUISSoecos ist in Clipper programmiert und nutzt als Betriebssystem MS-DOS. Es ist wie ECoSys ein Stand-alone-System. Multiuserbetrieb ist nicht möglich. Bisher wurden in Deutschland sieben Installationen vorgenommen, wovon zwei noch in Betrieb sind. Eine der beiden Installationen befindet sich in einem Großunternehmen, die zweite bei einem Mittelständler.

Als Vorbild für das System diente die IÖW-Systematik[1]. Anforderungen waren unter anderem die Anbindung an eine Gefahrstoffdatenbank, eine Schnittstelle zum PPS-System, ein Abfallkatalog gemäß Abfallkataster und eine systemeigene Stoffliste.

Das PSI-System arbeitet grundsätzlich auf Jahresbasis. Das bedeutet, daß in einer Datenbank jeweils nur die Daten für ein Jahr enthalten sind. Innerhalb des Jahres gibt es keine Einteilung in Perioden. Die Umsatzmengen und die Mengenübersichtsstücklisten werden vom PPS-System einmal im Jahr importiert. Verwendet ein Unternehmen neben PUISSoecos auch das PPS-System der PSI, existiert für diesen Vorgang eine spezielle Schnittstelle, die über DDE[2] unter Windows Jobs im PPS-System anstößt und die Ergebnisse aus dem PPS-Systems liest.

PUISSoecos unterstützt die Erstellung der Ökobilanz eines Unternehmens. Erfaßt werden Stoff- und Energieströme in einem Unternehmen. Zunächst muß manuell ein Kontenrahmen angelegt werden. Im System gibt es eine vierstufige Gliederung für Konten:

- Obergruppen (maximal 10)
- Untergruppen (maximal 100 je Obergruppe)
- Zuordnungen (maximal 100 je Untergruppe)
- Einzelelemente (bis zu 10.000 je Zuordnung)

Die Obergruppen werden von PUISSoecos bereits vorgegeben, so daß der Benutzer erst bei den Untergruppen einen firmenspezifischen Kontenrahmen anlegen kann. Die Bewegungsdaten werden beim Import auf die unterste Ebene eingespielt. Dabei werden nicht nur Mengen, sondern auch deren physikalische Einheiten berücksichtigt.

Für die Erstellung einer Ökobilanz oder einer Detailauswertung stehen fertige Abfragen zur Verfügung. Diese orientieren sich an der Kontonummer, im System UC-Nummer genannt. Im PSI-Tool kann der User keine eigenen Berichte erstellen. Vergleichende Berichte zwischen zwei Jahren oder zwei Werken sind nicht möglich.

Kennzahlen können in diesem Öko-Controlling-System ebenfalls definiert werden. Sie stellen jeweils die Division eines Kontos mit einem anderen dar. Mehrere Konten im Nenner oder Zähler sind nicht erlaubt. Die Ergebnisse der Kennzahlen können als eine Liste ausgedruckt werden.

PUISSoecos bietet auch ein Bewertungssystem an. Dabei werden die oberen Kontengruppen im Hinblick auf verschiedene Kriterien bewertet. Die Kriterien können vom Benutzer eingegeben werden. Beispiele für solche Kriterien[3] sind:

---

[1] Vgl. (Hallay 1990)

[2] Dynamic Data Exchange

[3] Die Kriterien sind entnommen aus (Arndt, „Ein betriebliches UIS für das Umwelt-Controlling" 81)

1. Einhaltung umweltrechtlicher Rahmenbedingungen
2. Gesellschaftliche Anforderungen
3. Beeinträchtigungen der Umwelt Luft, Wasser, Boden, Toxizität
4. Beeinträchtigungen der Umwelt durch potentielle Störfälle
5. Beeinträchtigungen im Rahmen der Rohstoffgewinnung
6. Beeinträchtigungen im Rahmen der Vorproduktion
7. Beeinträchtigungen im Rahmen der Be- und Verarbeitung
8. Beeinträchtigungen im Rahmen des Produktgebrauchs
9. Beeinträchtigungen im Rahmen der Entsorgung
10. Recyclingfähigkeit

Jeder Stoff, bzw. jede Energie der oberen Kontengruppen wird anhand der Kriterien bewertet. „A“ als Bewertung bedeutet ein besonders relevantes ökologisches Problem oder großer Handlungsbedarf, „B“ bedeutet ein ökologisches Problem oder Handlungsbedarf und „C“ bedeutet, daß nach derzeitigem Kenntnisstand kein ökologisches Problem vorliegt[1].

Eine Gesamtbewertung ergibt bspw. folgendes Bild:

Kriterien	K1	K2	K3	K4	K5	K6	K7	K8	K9	K10
Öko-Kontenrahmen										
Kunststoffolien	A	B	A	A	B	A	C	C	A	B
Kunststoffgewebe	B	B	B	A	A	A	C	C	C	B
Papier	C	C	C	A	A	C	C	C	C	C
Lösemittel	A	A	B	B	C	C	B	C	B	B
Farben, Lacke	A	A	A	C	C	B	A	B	C	B
Verpackungen	C	C	B	C	B	C	B	C	B	C
Öle	C	C	C	C	C	B	B	B	C	C
Wasser	C	C	C	C	C	C	C	C	C	C
Butan / Strom	B	B	C	B	C	B	A	A	B	B
Säcke	A	A	A	A	B	A	A	B	A	A
Container	C	C	B	C	C	C	B	C	C	C
Kleber	C	C	C	B	B	B	B	C	C	A
Hausmüll	A	A	C	A	A	B	A	B	B	A
Alu-Verbunde	A	A	A	A	A	B	B	B	A	B
Sonderabfälle	A	B	A	B	A	A	A	A	B	B
Kohlendioxid	A	B	C	C	C	B	B	B	B	B
Abwärme	C	C	C	C	B	B	B	A	B	C
Lärm	C	B	C	C	B	B	B	C	C	C

Tabelle 7.1: Bewertungsmatrix in PUISSoecos[2]

Die Buchstaben können im Tool auch als grüne, gelbe und rote (= C, B und A) Kästchen dargestellt werden. Insgesamt ergibt sich so eine „Landkarte“ für das Unternehmen

[1] Vgl. Kapitel 3.4 „ABC-Analyse“

[2] Quelle in Anlehnung an Print-Out von PUISSoecos

in einem Jahr. Angestrebt wird, dieses Profil möglichst mit Cs, also grünen Kästchen, zu füllen. Positionen mit vielen A-Einträgen zeigen besonders hohen Handlungsbedarf an.

Die PSI bietet auch ein graphisches Auswertungswerkzeug zum Öko-Controlling-System an. UCGRAF ermöglicht es, Graphiken über mehrere Jahre aufzubauen. Dadurch kann aus dem in Tabelle 7.1 gezeigten Unternehmensprofil durch Übereinanderschichten der Einzelprofile ein Quader entstehen.

Zusammenfassend zeigen sich die Stärken des PSI-Tools in den Schnittstellen zum PPS-System der PSI und zu Gefahrstoffdatenbanken. Datenimporte sind mit geringem Aufwand möglich. Die fest vorgegebene Erfassungssystematik gibt Anleitung für die Ersteinführung. Die vordefinierten Auswertungen können einfach nach der Erfassungsphase abgerufen werden. Die Erfassung von Abfällen gemäß Abfallkataster unterstützt Standardisierungsbestrebungen. Die feste Systematik trägt zum leichten Erlernen der Bedienung von PUISSoecos bei.

Das Tool ist Teil eines PPS-Gesamtkonzepts. Es ist aber auch als Stand-alone-System erhältlich. Es wird als Teil einer Beratungsdienstleistung vertrieben, was bei der Komplexität des Themas Öko-Controlling auch sinnvoll ist.

Probleme erscheinen bei Auswertungen über verschiedene Jahre oder verschiedene Werke. Beides wird nicht unterstützt, da pro Jahr und Werk eine neue Datenbank eröffnet werden muß. Es gibt keine Leistungscenter wie bei ECoSys, so daß eine Zuordnung zum Verursacher oft schwierig ist. Das Graphikmodul ist ein eigenes Programm, das extra gestartet werden muß. Die Erstellung von Kennzahlen erlaubt lediglich die Division eines Kontos durch ein anderes, während in ECoSys Konten beliebig aufaddiert werden können, bevor die Kennzahl gebildet wird. Als problematisch erweisen sich auch die starren Berichtsdefinitionen. Will der Benutzer eine neue Sicht auf seine ökologischen Unternehmensdaten, muß diese programmiert werden.

Insgesamt kann das PSI-System zu den ausgereifteren Öko-Controlling-Systemen gezählt werden. Die angebotene Bewertungssystematik erlaubt echte Öko-Controlling-Arbeit. Im Gegensatz zum Tool der Hoffmann-La Roche können hier aus der Bewertung Maßnahmen abgeleitet und deren Umsetzung überprüft werden. Der Praxiseinsatz von PUISSoecos zeigte, daß die Probleme im Öko-Controlling derzeit weniger im Tool liegen, als vielmehr in der Organisation der Unternehmen.

8 Zusammenfassung

Im Rahmen dieser Arbeit wurde das Öko-Controlling-System **ECoSys** entwickelt. Die anhand der beiden Fallbeispiele vorgestellten Funktionalitäten zeigen nur einen kleinen Teil der Fähigkeiten von ECoSys. Im Rahmen des Fallbeispiels von Herkommer & Bangerter wurde demonstriert, wie mit Hilfe von ECoSys ein Öko-Audit unterstützt werden kann.

Obwohl Rapid Prototyping als Entwicklungszyklus angewendet wurde, bedeutete dies nicht, ohne ein Konzept bei der Implementierung vorzugehen. Gerade bei kritischen und komplexen Modulen ist ein vorheriges Design unerläßlich. Der objektorientierte Entwurf und die visuelle Art der Entwicklung mit Smalltalk ermöglichen mit fortschreitender Projektdauer eine Produktivitätssteigerung und gewährleisten die Wartbarkeit des Systems. Ohne ein objektorientiertes Design ist die Realisierung so komplexer Systeme und Zusammenhänge und deren Kapselung kaum vorstellbar. Die Architektur von ECoSys ist nicht nur aus Sicht der Informatikkonzepte modern und interessant, sondern vor allem durch die neuen Möglichkeiten, Zusammenhänge in den Daten zu erkennen, zu bewerten und graphisch darzustellen.

Das Neuartige an ECoSys ist die Kombination von Finanzbuchhaltungsdaten, Materialwirtschaftsdaten und ökologischer Bewertung. ECoSys läßt sich branchenübergreifend und unabhängig von der Unternehmensgröße einsetzen, da die Struktur des Input-, Output-Kontenrahmens und weitere Parameter frei definierbar sind. Das Öko-Controlling-System setzt für die Anwendung keinen bestimmten Bewertungsmaßstab voraus. Mit Berichten und graphischen Analysen können die Maßnahmen des betrieblichen Umweltschutzes gesteuert werden. Mit der Kenntnis der größten Emissionsquellen, können effiziente Umweltschutzmaßnahmen durchgeführt werden. Auf kleine Emissionsquellen mit geringer Wirtschaftlichkeit kann relativ leicht verzichtet werden. Für den langfristigen Erhalt der Unternehmung sollte qualitatives Wachstum als Ziel definiert werden. ECoSys unterstützt den Controllingprozeß mit Zieldefinition und Kontrolle der Zielerreichung. In jüngster Zeit wird der in dieser Arbeit vorgestellte Ansatz für ein Öko-Controlling-System als Erweiterung der konventionellen Controller-Werkzeuge vorgeschlagen[1].

Der Markt für Umweltschutzsoftware wächst rasch, und immer mehr Unternehmen erkennen Handlungsbedarf und die sich bietenden Chancen. ECoSys zeigt konzeptionelle Möglichkeiten, ein Umweltschutz-Controlling sukzessive aufzubauen und mit geringem Kosten- und Personalaufwand zu betreiben. Da es sich bei ECoSys um ein lizenzfreies PC-System handelt, ist die Einsatzhemmschwelle niedrig. Die Einarbeitung in das unter MS-Windows laufende Tool fällt geübten PC-Benutzern leicht. Das Anlegen der jeweiligen Systematik der Unternehmensdaten in ECoSys und das Erstellen von aussagekräftigen Ergebnissen erfordert jedoch Fachkenntnisse, die nur bei einigen eingearbeiteten Spezialisten

[1] Man vergleiche in der neuste Ausgabe des Controller Magazins (4/95): (Böning, „Ökobilanzierung - ein neues Werkzeug für Controller's Tool-Bag?"). Dort wird belegt, daß durch Input-Output-Analysen integrierte Umweltschutzmaßnahmen einen großen Beitrag zur Kostenreduktion leisten können.

einer Unternehmung vorhanden sind. Andererseits kann die angelegte Systematik mit Standardberichten, Kennzahlen und Graphiken ohne Vorkenntnisse genutzt werden.

Das beste Öko-Controlling-Tool nützt jedoch nichts, wenn der Wille zu Innovation und Umweltschutz nicht vorhanden ist! Gerade daran kranken jedoch zur Zeit noch die meisten Unternehmen, da die Einbettung des Umweltschutzes in die Aufbau- und Ablauforganisation fehlt. Für den Umweltschutz zuständige Mitarbeiter haben meist zuwenig Einfluß auf die Unternehmenspolitik. Die Probleme des Tagesgeschäfts werden kurzsichtigerweise wichtiger eingestuft, als anstehende Umweltfragen. Als problematisch erweist sich auch, daß es in der klassischen Aufbauorganisation keine Stelle für einen Öko-Controller gibt. Werbung mit Kosten für Umweltschutzmaßnahmen, hinter denen sich meist End-Of-Pipe-Lösungen verbergen, ist nicht glaubhaft. Die Lösung von Umweltproblemen durch End-Of-Pipe-Technologien ist in diesem Zusammenhang nicht ökologisch und erst recht nicht ökonomisch sinnvoll und daher auch keine langfristige Perspektive. ECoSys unterstützt die Suche nach integrierten Umweltschutzlösungen, welche zu einer Reduktion der Umweltschutzausgaben führen! Neben der organisatorischen Einbindung des Öko-Controllings, wird ein Promotor im Top-Management benötigt, sonst findet der Erkenntniszugewinn keine Beachtung. Das ständige Streben nach Verbesserungen der Ökobilanz sichert die Position eines Unternehmens am Markt. Kunden wählen heute das umweltfreundlichere Produkt, wenn vergleichbare Alternativen angeboten werden. Ein positives Unternehmensimage wirkt sich auch motivierend auf Mitarbeiter und Führungskräfte aus.

Aus dem bereits vorhandenen Interesse eines Einsatzes von ECoSys in der Praxis ergibt sich, daß das System über den Rahmen dieser Arbeit hinaus weiterentwickelt wird. Auch an einen weiteren Einsatz bei Herkommer & Bangerter, eines der beiden Fallbeispiele, ist gedacht.

Ökologische Absichten werden mit ECoSys jedoch nicht zwangsläufig verfolgt. Der Computer kann dem Menschen auch im Umweltschutz nicht die Entscheidung und Bewertung von Zusammenhängen abnehmen, sondern bleibt ein wertneutrales Hilfswerkzeug des Anwenders. Erst mit dem Computer ist es möglich, die Fülle an Daten zu verarbeiten und durch Berechnungen zu aussagekräftigen Werten zusammenzufassen. Es bleibt dem Anwender überlassen, die Datenerfassung und Bewertung mit Sorgfalt und Ehrlichkeit durchzuführen.

Die Qualität der natürlichen Lebensgrundlage läßt sich nicht allein quantitativ in DM und ökologischen Bewertungseinheiten messen. Sie ist vielmehr unerläßlich für unsere Gesundheit und Zukunft.

9 Benutzte Literatur

Quellen zu Informatikthemen

Barry, Douglas K. „Entscheidende Features eines ODBMS". *OBJEKTspektrum* (4/1994): 31-33.

Böhme, G. *Prüfungsaufgaben Informatik.* Berlin-Heidelberg-New York-Tokyo: Springer, 1984.

Coad, Peter und Edward Yourdan. *Object-Oriented Analysis.* 2. Aufl. Englewood Cliffs, New Jersey: Prentice Hall, 1991.

Coad, Peter und Edward Yourdan. *Object-Oriented Design.* Englewood Cliffs, New Jersey: Prentice Hall, 1991.

Digitalk Inc, Hg. *Smalltalk/V Object Oriented Programming System: Tutorial and Programming Handbook.* 2. Aufl. California: Digitalk Inc., 1992.

Dittrich, K.R., U. Dayal, und A.P. Buchmann, Hg. *On Object-Oriented Database Systems.* Berlin u.a.: Springer, 1991.

Eisenecker, Ulrich W., und Robert Hirschfeld. „Eine Einführung in Hewlett-Packards Distributed Smalltalk". *OBJEKTspektrum* (5/1994): 20-28.

Frei, Mattias, und Andrew Wade. „SQL und Objekttechnologie". *OBJEKTspektrum* (4/1994): 34-38.

Goldberg, Adele, und David Robson. *Smalltalk-80: the language and its implementation.* Reading, Mass. u.a.: Addison-Wesley, 1985.

Goldberg, Adele. „Warum Smalltalk?". *OBJEKTspektrum* (5/1994): 66-67.

Heuer, Andreas. „Objektorientierte Anfragesprachen und ihre Optimierung". *OBJEKTspektrum* (6/1995): 74-80.

Hughes, John G. *Objektorientierte Datenbanken.* München, Wien: Hanser, 1992.

Kasper, Evy, und Roland Kasper, Hg. *Objektorientiertes Programmieren mit Smalltalk.* Würzburg: Vogel, 1989.

LPC Consulting Services, Hg. *Database Connectivity for Smalltalk/V: ODBTalk.* Toronto (Canada): LPC Consulting Services, 1994.

Meyer, Bertrand. *Objektorientierte Sortwareentwicklung.* München, Wien: Hanser, 1990.

Naeter, Franz. „Ist Smalltalk zu langsam?". *OBJEKTspektrum* (3/1994): 74-77.

Objectshare Systems Inc, Hg. *WindowBuilder Pro: The New Power in Smalltalk/V Interface Development.* California: Objectshare Systems Inc., 1993.

Objectshare Systems Inc, Hg. *WidgetKit/BusinessGraphics: A Professional Quality Business Graphics Class Library for Smalltalk/V.* California: Objectshare Systems Inc., 1994.

Quellen zu betriebswirtschaftlichen Themen

Arndt, Hans-Knud. „Ein betriebliches Umweltinformationssystem für das Umwelt-Controlling". *Schriftenreihe des IÖW* (69/1993): 71-88.

Balderjahn, Ingo. „Betriebswirtschaftliche Aspekte der Verpackungsverordnung". *DBW* 54 (1994): 481-498.

„Betrieblichen Umweltschutz bewerten". *Umwelt* 23 (1993): 132-133.

Böning, Jeannette. „Ökobilanzierung - ein neues Werkzeug für Controller's Tool-Bag?". *controller magazin* (4/1995): 215-219.

Braunschweig, A., P. Britt, P., M. Herren-Siegenthaler, und R. Schmid. *Ökologische Buchhaltung für eine Stadt: Pilotstudie.* Saarbrücken, St. Gallen: Arbeitsgemeinschaft Umweltökonomie, 1987.

Bundesamt für Umwelt, Wald und Landschaft (BUWAL), Hg. *Methodik für Ökobilanzen auf Basis ökologischer Optimierung.* Schriftenreihe Umwelt Nr. 133. Bern, 1990.

Bundesamt für Umwelt, Wald und Landschaft (BUWAL), Hg. *Ökobilanzen von Packstoffen: Stand Februar 1990.* Schriftenreihe Umwelt Nr.132. Bern, 1991.

„CO_2 aus dem Verkehr steigt an". *Umwelt 23* (1993): 23.

„Das Duale System in der Abfallwirtschaft". *Umwelt* 23 (1993): 440-441.

Dyckhoff, Harald, und Rolf Jacobs. „Organisation des Umweltschutzes in Industriebetrieben". *ZfB* 64 (1994): 717-735.

Dyllick, Thomas. „Erfolgreiche Positionierung mit ökologischer Verpackung." *Thexis*, 5. Jg (1988): 51-55.

Dyllick, Thomas. *Ökologisch bewußtes Management.* Die Orientierung Nr. 96. Bern, 1990.

Dyllick, Thomas. „Ökologisch bewußte Unternehmensführung". *Die Unternehmung*, 46. Jg (1992): 391-413.

„EDV-gestützt planen und entscheiden". *Umwelt* 23 (1993): 556-559.

Förderkreis Umwelt future e.V., Hg. *Leitfaden: Betriebliche Umweltinformationssysteme (UIS).* future.

Glaser, Joachim. „Öko-Audit betrieblich umsetzen". *Umwelt* 23 (1993): 326-327.

Grupp, H. „Die sozialen Kosten des Verkehrs. Grundriss ihrer Berechnung. Teil I", *Verkehr und Technik* (9/1989): 362.

Günther, Edeltraud, und B. Wagner. „Ökologieorientierung des Controlling (Öko-Controlling)." *DBW* 53. Jg (1993): 143-166.

Günther, Edeltraud. *Ökologieorientiertes Controlling.* Controlling Praxis. München: Vahlen, 1994.

Haasis, Hans-Dietrich. „Stand und Weiterentwicklungsmöglichkeiten betrieblicher Umweltschutzinformations- und Managementsysteme". *Schriftenreihe des IÖW* (69/1993): 3-6.

Hallay, Hendric. *Die Ökobilanz: Ein betriebliches Informationssystem*. Schriftenreihe des IÖW (27/1989). Berlin: IÖW, 1990.

Hallay, Hendric. *Öko-Controlling: Umweltschutz in mittelständischen Unternehmen.* Frankfurt, New York: 1992

Hartmann, Gernot. *Volks- und Weltwirtschaftslehre*. Rinteln: Merkur, 1980.

Hopfenbeck, Waldemar, und Christine Jasch. *Öko-Controlling: Umdenken zahlt sich aus! Audits, Umweltberichte und Ökobilanzen als betriebliche Führungsinstrumente*. Landsberg, Lech: Moderne Industrie, 1993.

Hopfenbeck, Waldemar. *Umweltorientiertes Management und Marketing*. Landsberg/Lech, 2. Auflage, 1991.

ICU-Verlag für den Bundesverband Bürgerinitiativen Umweltschutz (BBU) und den Bund für Umwelt und Naturschutz Deutschland (BUND), Hg. „Schwerpunktnummer Produktlinienanalysen und Ökobilanzen." *Informationsdienst Chemie & Umwelt (7/92)*. Freiburg, Köln: ICU, 1992.

Kaas, K.P. „Marketing für umweltfreundliche Produkte." *DBW*, 52. Jg. (1992): 473-487.

Kern, W. „Energie-Betriebswirtschaftslehre: Gedanken zu einer neuen Spezialisierungsrichtung". *DBW*, 49. Jg (1989): 433-443.

Klich, Thomas. „Eignung qualitativer Planungs- und Analyseinstrumente für Zwecke des Umweltschutz-Controlling: Eine Analyse am Beispiel der Umweltverträglichkeitsprüfung". *ZfB* (2/1993): 105-118.

Kramer, Johannes. „Betriebliche Umweltinformationssysteme (BUIS): Voraussetzung effektiven Umweltmanagements". *Schriftenreihe des IÖW* (69/1993): 109-116.

Landesanstalt für Umweltschutz Baden-Württemberg, Hg. *Umweltmanagement in der metallverarbeitenden Industrie - Leitfaden zur EG-Umwelt-Audit-Verordnung.* Grundsatz Ökologie. Landesanstalt für Umweltschutz BW, 1994.

Lott, Andreas, Martin Pauleser, und Werner Strauß. „Umwelt- und Arbeitsschutzmanagementsysteme für den Einsatz in Industrie und Gewerbe". *Schriftenreihe des IÖW* (69/1993): 125-132.

„Management des Umweltschutzes". *Umwelt* 6 (1986): 479-482.

Metzger, Alfred. *Zur Problematik der Berücksichtigung ökologischer Aspekte bei der investitionsrechnerischen Beurteilung von Luftreinhaltemaßnahmen.* Dissertation an der Universität Mannheim, 1987.

Müller-Wenk, Ruedi. *Die ökologische Buchhaltung.* Frankfurt, New York, 1978.

Müller-Witt, Harald, Manfred Wiecken, und Rolf Winkelmann. „Betriebliches Umwelt-Management und das betriebliche Umwelt-Informations-System (BUIS)". *Schriftenreihe des IÖW* (69/1993): 89-108.

Neu, Helmut. „Steuerliche Anreize zur Regulierung von Umweltproblemen des Autoverkehrs". *Zeitschrift für angewandte Umweltforschung* (2/1991): 156-167.

Öko-Institut e.V., Hg. *Produktlinienanalyse und Produkt-Ökobilanzen: Instrumente einer ökologischen Produktpolitik.* Freiburg: Öko-Institut e.V., Mai 1992.

„Ökologie als Herausforderung für die Betriebswirtschaft". *zfo* (2/1993): 126-129.

Page, Bernd, Hg. *Umweltinformatik: Informatikmethoden für Umweltschutz und Umweltforschung.* München, u.a.: Oldenbourg, 1994.

„Pharma-Industrie setzt auf Mehrweg-Transportverpackungen." **future** 5. Jg (1992): 14.

Roenick, Christoph, und René Treibert. „Konzeption von Informationssystemen für den betrieblichen Umweltschutz". *Schriftenreihe des IÖW* (69/1993): 117-124.

Schaltegger, Stefan, und Andreas Sturm. *Ökologieorientierte Entscheidungen in Unternehmen. Ökologisches Rechnungswesen statt Ökobilanzierung: Notwendigkeiten, Kriterien, Konzepte.* Dissertation Basel, 1991. Bern, u.a.: 1992.

Seidel, E. und S. Behrens. „Umwelt-Controlling als Instrument moderner betrieblicher Abfallwirtschaft." *BFuP*, 44. Jg (1992): 136-152.

Sietz, Manfred, Hg. *Umweltbewußtes Management.* Taunusstein: Blottner, 1992.

Sietz, Manfred, und Andres von Saldern, Hg. *Umweltschutz Management und Öko-Auditing.* Berlin, Heidelberg u.a.: Springer, 1993.

Steger, Ulrich. *Umweltmanagement: Erfahrungen und Instrumente einer umweltorientierten Unternehmensstrategie.* Frankfurt, 1988.

Strebel, Schwarz, Polzer. „Umweltwirkungen als Entscheidungskriterium für die Auswahl von Produkten". *io Management* 62 (1993): 75-78.

Tomczak, T., und U. Lindner. „Konfligierende und komplementäre Zielsetzungen von DPR-Konzept und Öko-Marketing im Handel". *Jahrbuch der Absatz- und Verbrauchsforschung*, 38. Jg (1992): 342-357.

Witt, Frank-Jürgen, und Kerin Witt. *Controlling für Mittel- und Kleinbetriebe - Bausteine und Handwerkszeug für Ihren Controllingleitstand.* München: Beck, 1993.

Zabel, Hans-Ulrich. „Ökologieverträglichkeit in betriebswirtschaftlicher Sicht". *ZfB* (4/1993): 351-372.

Sonstige Quellen

Europäischer Industriekreis (ERT), Hg. *Die Krise bewältigen: Eine Charta für die Zukunft der Europäischen Industrie.* Brüssel: Europäischer Industriekreis (ERT), Dez. 1993.

Falbe, Jürgen, und Manfred Regitz, Hg. *Römpp Chemie-Lexikon.* 9., überarb. Aufl. Band 2, 3, 4. Stuttgart: Thieme, 1991.

Hoffmann-La Roche AG, Hg. *Daten und Fakten: Sicherheit und Umweltschutz bei Roche Basel. Tendenzen 1988-1993.* Basel: Hoffmann-La Roche AG, 1994.

Hoffmann-La Roche AG, Hg. *Sicherheit und Umweltschutz: Konzern-Report 1993.* Basel: Hoffmann-La Roche AG, 1994.

Hoffmann-La Roche AG, Hg. *Daten und Fakten: Sicherheit und Umweltschutz bei Roche Basel. 1988-1994.* Basel: Hoffmann-La Roche AG, 1995.

Hoffmann-La Roche AG, Hg. *Sicherheit und Umweltschutz: Konzern-Report 1994*. Basel: Hoffmann-La Roche AG, 1995.

VCD (Verkehrsclub Deutschland e.V.), Hg. *Auto-Umweltliste '95*. Bonn: VCD, 1995.

Anhang

Anhang A: Kontenrahmen einer Schadschöpfungsrechnung

Der Kontenrahmen einer Schadschöpfungsrechnung ermöglicht eine genaue Kontensystematik für eine Ökobilanz. Er ist entstanden aus dem Kontenrahmen des IÖW „Die Ökobilanz" (Hallay 1990, 77ff) und der Systematik von (Schaltegger und Sturm 155f) zusammen mit eigenen Konzepten. Es sind die ersten drei Ebenen dargestellt. Konkrete, fallspezifische Konten werden meist ab Ebene vier in der Hierarchie platziert.

INPUT (in die betrieblichen Abläufe)

- I1 Stoffe
  - I1.1 Rohstoffe
    - I1.1.1 Metalle
    - I1.1.2 Kunststoffe
    - I.1.1.3 Glas
    - I.1.1.4 Papier
    - I.1.1.5 usw. (z.B. Biomasse)
  - I1.2 Hilfsstoffe
    - I1.2.1 Metalle
    - I1.2.2 Kunststoffe
    - I.1.2.3 Glas
    - I.1.2.4 Papier
    - I.1.2.5 usw.
  - I1.3 Betriebsstoffe
    - I1.3.1 Metalle
    - I1.3.2 Kunststoffe
    - I.1.3.3 Glas
    - I.1.3.4 Papier
    - I.1.3.5 usw.
  - I1.4 Kaufteile = Vorprodukte
  - I1.5 Handelsware
  - I1.6 Wasser
    - I1.6.1 Trinkwasser
    - I1.6.2 Rohwasser
    - I1.6.3 sonstiges Wasser
  - I1.7 Luft
  - I1.8 Boden
    - I1.8.1 Überbaute Fläche
    - I1.8.2 Versiegelte Fläche
    - I1.8.3 Nutzfläche
    - I1.8.4 Grünfläche
    - I1.8.5 Naturnahe Fläche
- I2 Energie
  - I2.1 Elektrizität
  - I2.2 Kohle
  - I2.3 Öl
  - I2.4 Gas
  - I2.5 regenerative Energieträger
  - I2.6 chem.
  - I2.7 Strahlung
  - I2.8 mechanisch
  - I2.9 thermisch

OUTPUT (aus den betrieblichen Abläufen)

- O1 Produkte
  - O1.1 Produktgruppe A
    - O1.1.1 Produkt A1
- O2 Stoffliche Emissionen
  - O2.1 Fester Abfall
    - O2.1.1 Metalle
    - O2.1.2 Kunststoffe
    - O2.1.3 Glas
    - O2.1.4 Papier
    - O2.1.5 usw.
  - O2.2 Abwasser
    - O2.2.1 Phosphat
    - O2.2.2 Chlorid
    - O2.2.3 Nitrat
    - O2.2.4 usw.
  - O2.3 Abluft
    - O2.3.1 (NOx) Stickoxide
    - O2.3.2 (SO2) Schwefeldioxid
    - O2.3.3 (CH) Kohlenwasserstoffe
    - O2.3.4 usw.
  - O2.4 Bodenbelastung
- O3 Energieabgabe
  - O3.1 Abwärme
  - O3.2 Lärm
  - O3.3 Radioaktive Strahlung
  - O3.4 Licht
  - O3.5 chemisch
  - O3.6 mechanisch

Anhang B: Systematik für eine Umweltbestandsrechnung

Die Systematik ist angelehnt an (Schaltegger und Sturm 176).

Umweltbestandsrechnung

Boden

- m^2 versiegelt
- m^3 beseitigt
- pH-Wert
- Schadstoffkonzentration
- Art der Bodenstruktur
- Ressourcenbestand
- Nässe/Trockenheit

Luft- und Lokalklima

- Art von Luftaustauschprozessen
- Art und Intensität von Geruchseinflüssen
- Art der Verlärmung in Dezibel
- Schadstoffkonzentration
- Sonneneinstrahlung

Vegatation, Tierwelt, Biotopstruktur

- Anzahl Arten
- Artenzusammensetzung
- Art von Biotopen
- Zerschneidung von Bewegungsräumen von Arten

Oberflächenwasser

- m^3 beseitigt/m^2 trockengelegt
- eingedolt/verrohrt
- Nährstoffgehalt
- Sauerstoffgehalt
- pH-Wert
- Wasserführung
- Fließgeschwindigkeit
- Wasserstandshöhe

Grundwasser

- Grundwasserspiegel
- Nährstoffgehalt
- Sauerstoffgehalt
- pH-Wert
- Änderung Fließrichtung
- Fließgeschwindigkeit

Landschaft

- Art der Vegetationsstruktur
- Art und Größe technisch-konstruktiver Strukturen (Kamine, Hochspannungsleitungen)

Anhang C: Vererbungshierarchie der persistenten Objekte

Die Abbildung zeigt die ECoSys-Klassenhierarchie aller Klassen mit persistenten Instanzen.

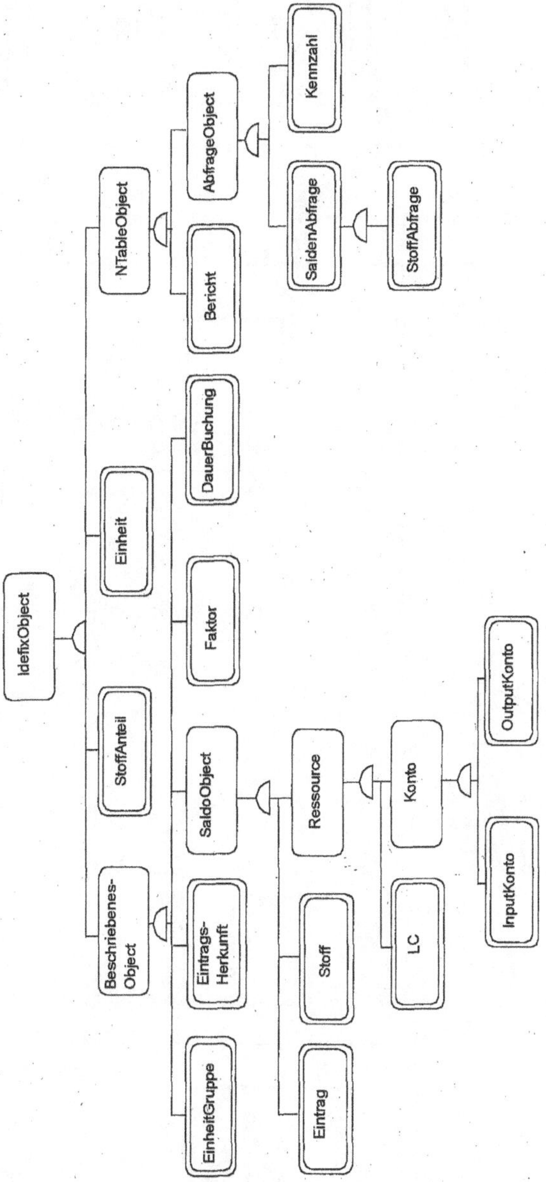

Anhang D: Alle Tabellen der ECoSys-Datenbank „IDEFIX“

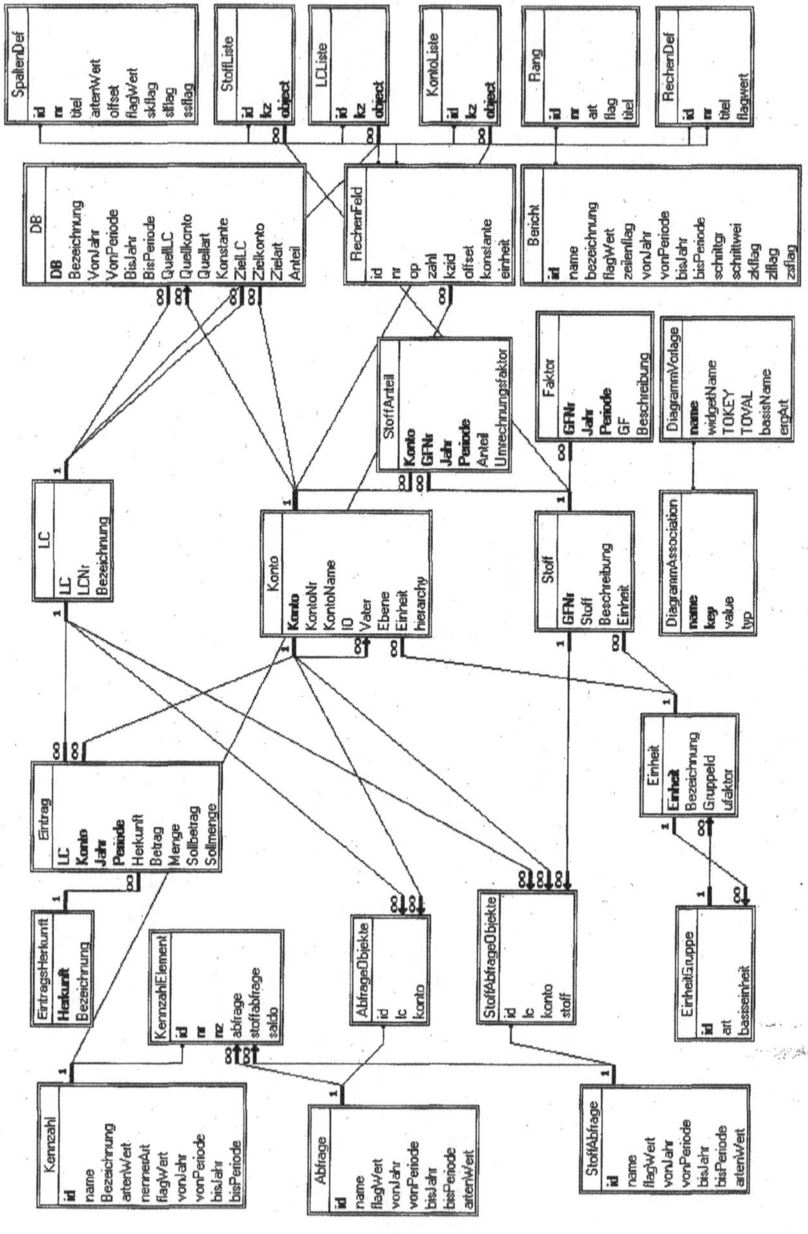

Anhang E: Kurzbeschreibung aller Klassen von ECoSys

Es folgt eine Liste aller Klassen, die im Rahmen von ECoSys entwickelt wurden, mit einer Kurzbeschreibung. Die Klassen sind ihrer Vererbungshierarchie entsprechend eingerückt. Klassen ohne Beschreibung sind vorhandene Klassen der Smalltalk/V Klassenbibliothek. Sie sind nur dann aufgeführt, um die Vererbungshierarchie zu zeigen, wenn ECoSys-Klassen als Unterklassen vorhanden sind.

```
Object
  Collection
    IndexedCollection
      FixedSizeCollection
        Array
          HashKey......................Wird für zusammengesetzte Primärschlüssel
                                         verwendet. Berechnet einen Hashwert.
      OrderedCollection
        BerichtsErgebnis...............Das Ergebnis einer Berichtsberechnung, das
                                         als Inhalt an eine CPColumnarListBox
                                         übergeben werden kann. Die Elemente sind
                                         BerichtsErgebnisZeilen.
        PersistentCollection...........Abstrakte Klasse. Eine Collection von
                                         persistenten Objekten. Sorgt für die
                                         Verwaltung ihrer persistenten Objekte und
                                         kann ihren Owner bei Änderungen (Einfügen,
                                         Löschen) benachrichtigen. Wird vom
                                         ObjectManager bei der Löschung eines
                                         persistenten Objekts benachrichtigt.
          AbfrageCollection............Elemente sind SaldenAbfragen.
            StoffAbfrageCollection.....Elemente sind StoffAbfragen.
          BerichtCollection............Elemente sind Berichte.
          DauerBelegCollection.........Elemente sind Dauerbuchungen.
          FaktorCollection.............Elemente sind (Gewichts-) Faktoren.
          HerkunftCollection...........Elemente sind EintragsHerkünfte.
          KennzahlCollection...........Elemente sind Kennzahlen.
          KontoCollection..............Elemente sind Konten.
          LCCollection.................Elemente sind LCs.
          StoffAnteilCollection........Elemente sind StoffAnteile.
          StoffCollection..............Elemente sind (Inhalts-) Stoffe.
          UniqueCollection.............Abstrakte Klasse. Unterklassen sind
                                         PersistentCollections, von denen nur eine
                                         Instanz existiert. Die Elemente werden,
                                         während ECoSys läuft, nicht aus dem Speicher
                                         entfernt.
            EinheitCollection..........Elemente sind vordefinierte Einheiten aus der
                                         Datenbank.
            EinheitenGruppeCollection...Elemente sind EinheitenGruppen.
          Wachhund.....................Eine Instanz dient dazu, ihren Owner über
                                         gelöschte Objekte zu benachrichtigen.
                                         Dadurch wird es möglich, auch Collections
                                         mit verschiedenen persistenten Objekten
                                         konsistent zu halten.
        WhereList......................Eine OrderedCollection von WhereEntrys.
                                         Dienen zur Beschreibung von WHERE-Klauseln
                                         für SQL-Statements.
    Set
      Dictionary
        AbfrageErgebnis................Enthält die Daten vom Ergebnis einer
                                         SaldenAbfrage und bereit sie zur Ausgabe
                                         vor.
```

StoffAbfrageErgebnis..........Enthält die Daten vom Ergebnis einer Stoffabfrage und bereit sie zur Ausgabe vor.

FastDictionary..................Abstrakte Klasse. Erstellt für Performanz-Tuning. Die Unterklassen entfernen ihre Keys nicht, sondern überschreiben die Values mit nil. Diese nil-Associations werden beim Iterieren über den Inhalt ignoriert.

EintragCollection............Verwaltet Einträge und beschleunigt Zugriffe durch die Verwaltung über eigene Hash-Schlüssel.

UseList.......................ObjectManagement: Verwaltung einer Liste mit persistenten Objekten im Hauptspeicher.

TableInfoCollection............Eine Collection, die den Zugriff auf TableInfo-Objekte vereinfacht.

Typ...........................Objekt dient zur Strukturierung innerhalb einer (Stoff)AbfrageErgebnisZeile. Achtung: BerichtErgebnisZeilen werden über #g1, #g2, ... strukturiert, nicht mittels Typ!

MultiOwner......................Owner einer PersistentColleciton, die mehrere Owner haben kann.

ECSObject.........................Abstrakte Klasse für alle eigenen Objekte, die nicht tiefer in der Hierarchie eingehängt sind.

HilfsObject.....................Abstrakte Klasse. Unterklassen sind (mehr oder weniger) passive Objekte (Datencontainer)

BelegZugriff....................Abstrakte Klasse. Zugriff eines Dauerbelegs auf den Saldo eines Kontos.

BelegQuelle....................Die Quelle, aus der ein Dauerbeleg Werte entnimmt.

BelegZiel......................Das Ziel, auf das ein Dauerbeleg (perioden- oder weiter-) bucht.

BerichtDefinition...............Abstrakte Klasse. Unterklassen einhalten Beschreibungen (Definitionen) für einen Bericht.

ListenDefinition................Abstrakte Klasse. Faßt Gemeinsamkeiten von Zeilen- Spaltendefinitionen eines Berichtes zusammen.

AbfrageDefinition............Diese Klasse enthält die zur Laufzeit eines Berichtes generierte Definition, die zum Berechnen des Ergebnisses in einem Berichtsfeld notwendig ist.

SpaltenDefinition............Diese Klasse beschreibt Inhalte einer Abfragespalte in einem Bericht.

ZeilenDefinition.............Diese Klasse beschreibt die Zeilendefinition eines Berichts.

RangInfo......................Ein Datencontainer, der die Beschreibung einer Gruppenwechselposition eines Berichts ist.

RechenFeld....................Abstrakte Klasse. Beschreibt ein Element einer Rechenvorschrift in einem Bericht.

KennzahlFeld................Beschreibt ein Element in einer Rechenvorschrift, das den Wert einer Kennzahl verwendet.

KonstanteFeld...............Beschreibt ein Element einer Rechenvorschrift, das einen konstanten Wert enthält.

SpaltenFeld.................Beschreibt ein Element einer Rechenvorschrift, das auf eine Spalte des Berichts verweist.

RechenVorschrift..............Eine Spaltendefinition für eine Spalte, die eine Rechenvorschrift in einem Bericht enthält.
SaldoObjectDefinition..........Abstrakte Klasse. Enthält eine Liste mit Verweisen auf SaldoObjects und ein Flagfeld. Wird bei Berichten in Zeilen- und Spaltendefinition benötigt.
KontoDefinition..............Liste enthält Verweise auf Konten.
LCDefinition.................Liste enthält Verweise auf LCs.
StoffDefinition..............Liste enthält Verweise auf Stoffe.
ZeitDefinition...............Die Zeitdefinition eines Berichts (Zeitraum, Schrittgröße, Schrittweite).
ColumnarListBoxZeile.............Ein Datencontainer-Objekt, das alle möglichen Daten halten kann und eine Schnittstelle besitzt, um diese auch in einer Mehrspaltenliste darzustellen.
AbfrageErgebnisZeile...........Ein Datencontainer-Objekt für eine Zeile im Listenfenster eines AbfrageErgebnisses oder eine Protokollzeile.
StoffAbfrageErgebnisZeile.....Ein Datencontainer-Objekt für eine Zeile im Listenfenster eines StoffAbfrageErgebnisses.
AbfrageLadenZeile..............Dient zum schnellen / speichersparenden Laden aller Abfragen aus der Datenbank. Es werden nur einige Informationen zum Anzeigen in der Auswahlliste geladen.
BerichtLadenZeile............Zum Laden von Berichten aus der Datenbank.
KennzahlLadenZeile...........Zum Laden von Kennzahlen aus der Datenbank.
StoffAbfrageLadenZeile.......Zum Laden von StoffAbfragen aus der Datenbank.
BerichtErgebnisZeile...........Eine Zeile eines BerichtsErgebnisses. Kann in CPColumnarListBox dargestellt werden und seine Inhalte zur Verfügung stellen.
DiagrammBeschreibung...........Die Beschreibungen für die Erstellung eines beliebigen Diagramms (auf AbfrageErgebnis).
BerichtDiagrammBeschreibung...Die Beschreibung eines Diagramms, das auf einem BerichtsErgebnis basiert.
TortenBeschreibung...........Die Beschreibung für ein TortenDiagramm auf Basis eines StoffAbfrageErgebnisses (StoffHerkunftTorte).
ColumnInfo........................Informationen über die Spalte einer Datenbanktabelle.
Fehler............................Ein Fehler-Objekt, das zur Kommunikation zwischen Methoden verwendet wird und als Rückgabewert abgefragt werden kann. Es enthält eine Fehlermeldung.
ObjectInfo........................Informationen für ObjectManagement über die Anzahl Reservierungen und Sperrung eines persistenten Objekts.
TableInfo.........................Beinhaltet die Informationen, die der DatenManager über eine Tabelle der Datenbank benötigt.
WhereEntry........................Beschreibung eines Teils einer WhereList (für SQL-Statements).
Zeit..............................Ein Zeit-Objekt, das aus Periode und Jahr besteht.
RelZeit.........................Ein Zeit-Objekt, das aus Periode und Jahr besteht, aber als relative Zeit (Offset) angesehen wird.
ZeitIntervall.....................Ein Zeitraum bestehend aus einer Anfangs- und einer Endzeit.

- ZugriffsArt.......................Objekt, das den Zugriff auf den Saldo eines SaldenObjekts beschreibt. (z.B. Zugriff auf Betrag, Menge, Gewichtung, Soll, Ist, ...)
- ZugriffsObject....................Beschreibt, auf welche Objektklasse bei einem Element einer Dauerbuchung zugegriffen werden soll.
- IdefixObject......................Abstrakte Oberklasse für alle persistenten Datenbankobjekte. Enthält Hauptteil der Implementierung des ObjectManagers.
  - BeschriebenesObject.............Abstrakte Klasse. Objekt in Datenbank mit Feld Beschreibung / Bezeichnung.
    - DauerBuchung..................Dauerbuchungs-Objekt. Für Weitergabe von Beziehungen zwischen Konten.
    - EinheitGruppe.................Eine Gruppe für die Zusammenfassung von Einheiten. (Masse, Länge, ...)
    - EintragsHerkunft..............Eine Herkunft für Datenquellen eines Buchungseintrags.
    - Faktor........................Ein ab einem bestimmten Zeitpunkt gültiger Gewichtsfaktor eines Stoffes.
    - SaldoObject...................Abstrakte Klasse. Diese Objekte können Salden (Betrag, Mengen, Gewichtung) zurückgeben.
      - Eintrag.....................Dieses Objekt repräsentiert einen Buchungseintrag eines Kontos und eines LCs zu einer bestimmten Zeit.
      - Ressource...................Abstrakte Klasse. Objekte, für die Dauerbelege und Einträge erfaßt werden können.
        - Konto.....................Abstrakte Klasse. Steht für ein Konto im Kontenrahmen. Gespeicherte Konten müssen entweder Input- oder Outputkonten sein.
          - InputKonto..............Steht für ein InputKonto im Kontenrahmen.
          - OutputKonto.............Ein OutputKonto im Kontenrahmen
        - LC........................Ein Leistungs-Center. (Kann Schadschöpfungsträger oder -stelle sein.)
      - Stoff.......................Ein Inhaltsstoff, der als Inhaltsstoff eines Kontos zur Gewichtung der Schadschöpfung dient.
  - Einheit.........................Eine Recheneinheit (Dimension), z.B. kg, m^2, SE/t, ...
- NTableObject......................Abstrakte Klasse für Datenbankobjekte, die sich aus mehreren Tabellen zusammensetzen.
  - AbfrageObject...................Abstrakte Klasse für Arten von Abfragen.
    - Kennzahl......................Eine Kennzahl, die ihren Wert aus Abfragen berechnen kann.
    - SaldenAbfrage.................Eine Abfrage für Saldenberechnungen von Konten, LCs.
      - StoffAbfrage................Abfrage für Saldenberechnungen von Konten, LC und Stoffen. (z.B. Stoffmengen)
  - Bericht.........................Ein Bericht, erstellt mit dem Berichtsgenerator.
  - StoffAnteil.....................Der Anteil, den ein Stoff (Inhaltsstoff) bei einem bestimmten Konto ab einer Zeit hat.
- ZugriffHandler....................Abstrakte Klasse. Unterklassen sind Klassen, die Zugriff auf bestimmte Dienste bereitstellen.
  - Datei...........................Klasse regelt das Lesen und Schreiben in eine Textdatei.
  - DatenManager....................Abstrakte Klasse. Verwalter, der über den Aufbau einer Datenbank Bescheid weiß und die Zugriffe (SQL) generiert und absetzt.

```
        Idefix........................Verwalter der Datenbank Idefix. Enthält
                                       datenbankspezifische Informationen für
                                       Daten- und ObjectManager und spezielle
                                       Datenbankqueries.
      DiagrammGenerator...............Abstrakte Klasse. Übernimmt die
                                       Ablaufsteuerung der Masken zum Generieren
                                       von Diagrammen.
        AbfrageDiagrammGenerator.......DiagrammGenerator für Diagramme, die auf
                                       SaldenAbfragen aufgebaut werden.
        BerichtDiagrammGenerator.......DiagrammGenerator für Diagramme, die auf
                                       Berichten aufgebaut werden.
      ECSAbfrageStarter...............Starter zum Laden, Ausführen und Ergebnis
                                       anzeigen von Abfragen.
        ECSKennzahlStarter............Starter zum Laden, Ausführen und Ergebnis
                                       anzeigen von Kennzahlen.
        ECSStoffAbfrageStarter.........Starter zum Laden, Ausführen und Ergebnis
                                       anzeigen von StoffAbfragen.
      ECSBerichtStarter...............Starter zum Laden, Ausführen und Ergebnis
                                       anzeigen von Berichten.
      ECSDiagrammStarter..............Starter zum direkten Aufrufen von Diagrammen.
                                       Dies ist relativ komplex!
      ECSStarter......................Diese abstrakte Klasse ist  für das Starten
                                       von ECoSys mit allen Ressourcen und das
                                       ordnungsgemäße Runterfahren verantwortlich.
                                       Sie verwaltet in der Entwicklungsumgebung
                                       alle eigenen Klassen und Methoden für den
                                       Sourcen-Austausch zwischen den Entwicklern.
      Importeur.......................Diese Klasse führt den Datenimport
                                       (Stapelbuchen) aus einer Datei in die
                                       Datenbank durch.
      Parameter.......................Abstrakte Klasse. Unterklassen stellen
                                       Zugriff auf bestimmte Parameterarten bereit.
        Formate.......................Die Klasse regelt die Erzeugung und das
                                       Format von Formatdateien des Datenimports.
        Systemdaten...................Klasse lädt zu Beginn Systemparameter,
                                       verwaltet und speichert diese.
        Uebersetzung..................Klasse dient zur Pflege der
                                       Übersetzungstabellen des Datenimports.
  Magnitude
   Association
      UeZeile.........................Zeile in der Übersetzungtabelle
   Number
      Wert............................Eine Zahl mit einer Einheit.
  ViewManager
     ECSViewManager....................Abstrakte Oberklasse aller (meist nicht-
                                       modalen) Views von ECoSys. Enthält Methoden
                                       für die Unterklassen und für die Online-
                                       Hilfe.
      AnalogClock.....................Minibeispiel für ereignisgesteuerte
                                       Programme. Die Klasse implementiert eine
                                       Analoguhr.
      ECoSysHauptmenu.................Eröffnungsbildschirm und Hauptmenu von ECoSys
      ECSAbfrageEditor................Fenster zum Erzeugen von Abfragen (Listen)
                                       über Konten, LCs.
        ECSStoffAbfrageEditor.........Fenster zum Erzeugen von StoffAbfragen
                                       (Listen) über Stoffe.
      ECSAbfrageErgebnis..............Fenster zur Darstellung einer Liste
                                       (AbfrageErgebnis)
        ECSBerichtsErgebnis...........Fenster zur Darstellung einer Liste
                                       (BerichtsErgebnis)
        ECSStoffAbfrageErgebnis........Fenster zur Darstellung des Ergebnisses einer
                                       Stoffabfrage.
```

```
ECSAbfrageFehler..................Fenster, das alle Fehlermeldungen anzeigt,
                                    die beim Ausführen einer Abfrage aufgetreten
                                    sind.
  ECSBerichtFehler................Fenster, das alle Fehlermeldungen anzeigt,
                                    die beim Ausführen eines Berichts
                                    aufgetreten sind.
ECSBerichtGenerator...............Hauptbildschirm des BerichtsGenerators mit
                                    Optionen und Zeilendefinitionen.
ECSDauerBuchung...................Fenster zum Anlegen/Ändern/Löschen von
                                    Dauerbuchungen (Dauerbuchungen pflegen).
ECSDiagrammGenerator..............Abstrakte Klasse. Unterklassen sind modale
                                    Fenster (ModalTopPanes) die Schritte des
                                    Diagrammgenerators darstellen.
  ECSDiagrammFixObj...............Fenster, in dem durch Auswahl eines
                                    Titelobjekts die Daten für ein Diagramm
                                    eingeschränkt werden können.
    ECSBerichtDiagrammFixObj......Auswahl eines TitelObjekts auf Basis eines
                                    BerichtsErgebnisses.
      ECSBerichtBubbleFixObj......Auswahl eines TitelObjekts für ein Portfolio
                                    auf Basis eines BerichtsErgebnisses.
    ECSBubbleFixObj...............Auswahl eines TitelObjekts für ein Portfolio
                                    auf Basis eines AbfrageErgebnisses.
ECSEinheitenEditor................Neue Version des Recheneinheiten Editors:
                                    Datenbank, Taschenrechnerartig, Mehr
                                    Funktionen
ECSEinheitenGruppen...............Fenster für die Pflege von Einheitengruppen.
ECSGewichtsfaktor.................Modales Fenster zum Anlegen/Ändern EINES
                                    Gewichtsfaktors für einen Gewichtsstoff.
ECSGrafikFenster..................Abstrakte Klasse. Unterklassen sind Fenster,
                                    die eine BusinessGraphic anzeigen.
  ECSStoffherkunftTorte...........Fenster zum Anzeigen eines Tortendiagramms
                                    für die Stoffherkunft eines Inhaltsstoffes.
  GenerischesDiagramm.............Abstrakte Klasse. Unterklassen enthalten ein
                                    Diagramm, das durch eine Diagramm-
                                    Beschreibung beschrieben wird und durch
                                    einen Diagrammgenerator erzeugt wurde.
                                    Diagrammvorlage kann gespeichert werden.
    AbfrageDiagramm...............Fenster erzeugt und zeigt ein Diagramm, das
                                    mit dem AbfrageDiagrammGenerator erzeugt
                                    wurde.
      BubbleDiagramm..............Fenster erzeugt und zeigt ein
                                    Portfoliodiagramm, das mit dem
                                    AbfrageDiagrammGenerator erzeugt wurde.
    BerichtDiagramm...............Fenster erzeugt und zeigt ein Diagramm, das
                                    mit dem BerichtDiagrammGenerator erzeugt
                                    wurde.
      BerichtBubble...............Fenster erzeugt und zeigt ein
                                    Portfoliodiagramm, das mit dem
                                    BerichtDiagrammGenerator erzeugt wurde.
      BerichtKurve................Fenster erzeugt und zeigt ein KurvenDiagramm,
                                    das mit dem BerichtDiagrammGenerator erzeugt
                                    wurde.
      BerichtTorte................Fenster erzeugt und zeigt eine Tortengrafik,
                                    die mit dem BerichtDiagrammGenerator erzeugt
                                    wurde.
ECSHerkunftPflege.................Fenster für Pflege der Daten-Herkunfts-
                                    Quellen: Anlegen, Ändern, Löschen...
ECSHerkunftVerwendung.............Fenster für Übersicht, welche Datenquellen in
                                    welchen Einträgen verwendet wurden.
ECSInhaltsstoffe..................Fenster zur Pflege der Gewichtsstoffe
                                    insgesamt.
```

ECSInhaltsstoffVerwendung........Fenster für Anzeige, in welchen StoffAnteilen welcher Konten ein Inhaltsstoff verwendet wird.
ECSKennzahlEditor................Fenster zum Erstellen/Bearbeiten von Kennzahlen.
ECSKennzahlElement...............Modales Fenster zum Auswählen eines Kennzahlelements (Stoff- oder SaldenAbfrage).
ECSKennzahlErgebnis..............Textfenster zur Anzeige des Ergebnisses einer Kennzahlberechnung. (Einzelberechnung einer Kennzahl)
ECSKontenPflege..................Fenster für Pflege des Kontenrahmens: Anlegen, Ändern, Löschen.
ECSKontoInhalte..................Fenster zum Ansehen und Ändern der Inhaltsstoffzusammensetzungen eines Kontos.
ECSLCPflege......................Fenster zum Verwalten von LCs.
ECSManBuchung....................Fenster für manuelle Einzelbuchungen im Dialog.
ECSSEProtokoll...................Fenster um ein Protokoll von Berechnungen einer Abfrage oder eines Berichts anzuzeigen.
ImportManager....................Fenster zum Starten des Importvorgangs.
SnBeschreibung...................Fenster zum Pflegen von Formatdateien.
Zuordnung........................Fenster zum Pflegen von Übersetzungstabellen.

TextWindow
ECSASCIIEditor...................Dies ist ein selbstgeschriebener ASCII-Text Editor (auf Deutsch).

WindowDialog
ECSWindowDialog..................Abstrakte Klasse. Enthält gemeinsames Protokoll für alle modalen Dialoge, von ECoSys. Standardisiert Verfahren, um einen beliebigen Rückgabewert aus dem Dialog zu liefern.
ECSAbfrageLaden..................Dialogfenster zum Laden oder Löschen einer Abfrage.
ECSBerichtLaden..................Dialogfenster zum Laden oder Löschen eines Berichts.
ECSDiagrammLaden.................Dialogfenster zum Laden oder Löschen einer Diagrammvorlage.
ECSKennzahlLaden.................Dialogfenster zum Laden oder Löschen einer Kennzahl.
ECSStoffAbfrageLaden.............Dialogfenster zum Laden oder Löschen einer StoffAbfrage.
ECSAbfrageLaeuft.................Ein Fenster, das angezeigt wird, während ECoSys beschäftigt ist. (Abfrage wird ausgeführt...)
ECSAbfrageSpeichern..............Dialogfenster zur Angabe eines Namens vor dem Speichern einer Abfrage.
ECSBerichtSpeichern..............Dialog zur Angabe eines Namens vor dem Speichern eines Berichts.
ECSDiagrammSpeichern.............Dialog zur Angabe eines Namens vor dem Speichern einer Diagrammvorlage.
ECSKennzahlSpeichern.............Dialogfenster zur Angabe eines Namens vor dem Speichern einer Kennzahl.
ECSStoffAbfrageSpeichern.........Dialogfenster zur Angabe eines Namens vor dem Speichern einer StoffAbfrage.
ECSBerichtKommentar..............Dialog um den Kommentar/die Beschreibung für einen Bericht einzugeben.
ECSBerichtListe..................Abstrakte Klasse. Unterklassen sind Dialoge zum Füllen der Objektliste (Konten, LCs, Stoffe) für Zeilen- und Spaltendefinitionen eines Berichtes.

```
    ECSKontenListe................Liste enthält Konten. Klasse verwaltet eine
                                    KontoCollection.
    ECSLCListe....................Liste enthält LCs. Klasse verwaltet eine
                                    LCCollection.
    ECSStoffeListe................Liste enthält Stoffe. Klasse verwaltet eine
                                    StoffCollection.
  ECSDatenLoeschen................Dialog zum Löschen von Buchungen in der
                                    Datenbank.
  ECSEinheitEinrichten............Dialog zur Angabe der Umrechnung einer
                                    Einheit zur Basiseinheit.
  ECSEinheitSpeichernDialog.......Modaler Dialog, der den Benutzer fragt, wie
                                    eine Recheneinheit gespeichert werden soll.
  ECSGrafikDialog.................Abstrakte Klasse. Unterklassen sind Dialoge
                                    des Diagrammgenerators.
    ECSAttributEditor.............Abstrakte Klasse. Unterklassen sind
                                    AttributEditoren für verschiedene
                                    Diagrammarten.
      BubbleAttribEdit............Attribut-Editor für Portfolio
                                    (GsBubbleChart).
      DiagrammAttribEdit..........Attribut-Editor für Diagramme, die keine
                                    besonderen Attribute haben (geht für alle
                                    Diagrammarten).
      FlaechenAttribEdit..........Attribut-Editor für Flächendiagramm
                                    (GsAreaGraph).
        BalkenAttribEdit..........Attribut-Editor für Balkendiagramm
                                    (GsBarChart).
      PlottingAttribEdit..........Attribut-Editor für Liniendiagramm
                                    (GsPlottingWidget).
        ScatterAttribEdit.........Attribut-Editor für Kurvendiagramm
                                    (GsScatterGraph).
      TorteAttribEdit.............Attribut-Editor für Tortendiagramm
                                    (GsPieChart).
    ECSGeneratorDialog............Abstrakte Klasse. Unterklassen sind
                                    Dialogfenster für die einzelnen Schritte des
                                    DiagrammGenerators.
      ECSDiagrammAchsen...........Dialog zum Festlegen der Diagrammachsen auf
                                    Basis eines AbfrageErgebnisses.
        ECSBerichtDiagrammAchsen..Dialog zum Festlegen der Diagrammachsen auf
                                    Basis eines BerichtsErgebnisses.
        ECSBubbleAchsen...........Dialog zum Festlegen der Diagrammachsen eines
                                    Portfolios.
          ECSBerichtBubbleAchsen..Dialog zum Festlegen der Diagrammachsen eines
                                    Portfolios auf Basis eines
                                    BerichtsErgebnisses.
        ECSOneDataSetAchsen.......Dialog zum Diagrammachsen festlegen für
                                    Torten- oder Kurvendiagramme, die nur ein
                                    DataSet haben können.
      ECSDiagrammTitel............Dialog zum Diagrammtitel festlegen, wenn
                                    Auswahl eines TitelObjekts nicht
                                    erforderlich ist.
      ECSDiagrammTyp..............Dialog zum Auswählen eines beliebigen
                                    Diagrammtyps.
        ECSAbfrageDiagrammTyp.....Dialog zum Auswählen eines Diagrammtyps.
                                    Nicht alle Diagramme werden zur Auswahl
                                    angeboten.
    ECSStatistikEditor............Statistische Zusatzlinien für ein Diagramm
                                    auswählen.
    ECSStoffherkunftTorteErstellen.Mini-DiagrammGenerator zum Erstellen eines
                                    Stoffherkunft-Tortendiagramms.
  ECSInfoDialog...................Dialogfenster mit ECoSys Programminformation.
```

```
      ECSKontoEbeneWahl..............Dialog zum Eingeben einer Kontoebene
                                       (Integer). Verwendung im
                                       ECSStoffAbfrageEditor
      ECSKontoVaterDialog............Modales Dialogfenster, das ein Oberkonto
                                       auswählen läßt.
      ECSPeriodenWechsel.............Dialogfenster zum Wechseln der Systemzeit in
                                       die nächste Periode.
      ECSRangdefinition..............Dialog zum Festlegen der Gruppenwechsel bei
                                       Zeilendefinitionen eines Berichtes.
      ECSRechendefinition............Dialog zum Angeben einer Rechenvorschrift
                                       eines Berichtes.
      ECSSpaltenartWaehlen...........Dialog zum Auswählen der Spaltenart beim
                                       Anlegen einer neuen Spaltendefinition eines
                                       Berichtes.
      ECSSpaltendefinition...........Dialog zum Angeben einer Spaltendefinition
                                       einer Abfragespalte eines Berichtes.
      ECSSpaltendefWaehlen...........Dialog zum Reihenfolge
                                       festlegen/Wählen/Anlegen der Spalten-
                                       definitionen eines Berichtes.
      ECSSystemParameter.............Dialogfenster zum Ändern der ECoSys-
                                       Systemparameter.
      MandantenWechsel...............Fenster für Durchführung des
                                       Datenbankwechsels. Wenn Datenbankname in
                                       Systemparametern geändert, dann wird der
                                       Benutzer gefragt, ob er einen
                                       Datenbankwechsel wünscht.
      WeckDialog.....................Bestandteil der AnalogUhr. Fenster zum
                                       Eingeben einer Weckzeit samt Meldung.
    GsPieExplodedWedgesEditor
      ECSTortenExploder..............Modaler Dialog zum Explodieren bei einem
                                       Tortendiagramm.
    GsWidgetColorChooser
      ECSDiagrammFarbe...............Modaler Dialog für Farbfestlegung eines
                                       Diagramms.
    GsWidgetFillPatternChooser
      ECSDiagrammMuster..............Modaler Dialog für Musterfestlegung eines
                                       Diagramms.
      GsWidgetLinePatternChooser
        ECSDiagrammLinienMuster......Modaler Dialog für Linienartfestlegung eines
                                       Diagramms.
    GsWidgetFontChooser
      ECSDiagrammFont................Dialog zum Ändern der Schriftarten eines
                                       Diagramms.
Window
  ApplicationWindow
    TopPane
      ModalTopPane...................TopPane, die es ermöglicht, auch normale
                                       Fenster modal zu öffnen.
  DialogBox
    FileDialog
      ECSFileDialog..................Dialog zum Öffnen einer (Text-) Datei von
                                       ECoSys.
  SubPane
    ControlPane
      ListBox
        ComboBox
          SpecialComboBox............Spezielle Art von ComboBox, die hinter
                                       beliebigen Elementen etwas anzeigen kann.
                                       Möglichkeit der Kennzeichnung von Elementen.
            TypeComboBox.............Diese ComboBox unterstützt zusätzliche Tasten
                                       und besitzt intelligentere Textsuche.
        MultipleSelectListBox
```

```
        SpecialMultipleSelectListBox.Spezielle Art von MultipleSelectListBox, die
                                     hinter beliebigen Elementen etwas anzeigen
                                     kann. Möglichkeit der Kennzeichnung von
                                     Elementen.
       SpecialListBox...............Spezielle Art von ListBox, die hinter
                                     beliebigen Elementen etwas anzeigen kann.
                                     Möglichkeit der Kennzeichnung von Elementen.
        TypeListBox.................Diese ListBox unterstützt zusätzliche Tasten
                                     und besitzt intelligentere Textsuche.
         VerySpecialListBox........Spezielle Art von ListBox, die VOR beliebigen
                                     Elementen etwas anzeigen kann. Möglichkeit
                                     der Kennzeichnung von Elementen.
    GroupPane
      CompositePane
        ECSToolBar..................Symbolleiste des Hauptbildschirms von ECoSys.
    TextPane
      ECSTextPane...................Bearbeitungsfläche des ECoSys-ASCII-Editors
                                     mit deutschem Pulldown-Menü.
SelfInitializingObject
  DeletedStellvertreter.............Steht stellvertretend für ein bereits
                                     gelöschtes Datenbank-Objekt.
    Stellvertreter..................Ein Stellvertreter für ein nicht im
                                     Hauptspeicher verfügbares persistentes
                                     Objekt.
```

Anhang F: Programmdokumentation

Die Installationsdiskette 1 (ECoSys) enthält die Programmdatei von ECoSys (ECOSYS.EXE) mit allen notwendigen DLLs, Dateien und Installationsanleitung für die Laufzeitversion. Die Dateien sind in der selbstentpackenden Datei ECSETUP.EXE enthalten. Auf Installationsdiskette 2 (ECo-Tour) befinden sich die Beispieldatenbank und Dateien, die im Rahmen der Programmeinführung „ECo-Tour“ benötigt werden.

Der Quellcode von ECoSys ist auf Diskette 3 (ECoSys-Quellcode) in der Datei CHANGE.LOG enthalten. Ferner befindet sich dort die zugehörige Imagedatei V.EXE. Beide Dateien sind gepackt in der Datei IMAGE.EXE enthalten, die selbstentpackend ist, wenn sie ausgeführt wird. Um den Quellcode einzusehen und ggf. zu bearbeiten, sollte die Smalltalk-Entwicklungsumgebung verwendet werden.

Dazu geht man folgendermaßen vor:

- Es muß die Smalltalk-Entwicklungsumgebung installiert werden. (16 Bit Version von Digitalk Smalltalk/V 2.0 für Windows 3.1)
- Die Imagedatei V.EXE von Diskette 3 ist in das Verzeichnis der Entwicklungsumgebung (VWIN) zu kopieren. Die bestehende Datei V.EXE wird dabei überschrieben.
- Die Datei CHANGE.LOG von Diskette 3 ist in das VWIN-Verzeichnis zu kopieren. Die bestehende Datei CHANGE.LOG wird dabei überschrieben.
- Das Programm GSW.EXE (Graphics Server) von Diskette 1 ist in das VWIN-Verzeichnis zu kopieren.
- Die Library GSWDLL.DLL von Diskette 1 ist ebenfalls in das VWIN-Verzeichnis zu kopieren.

Wenn die Smalltalk-Entwicklungsumgebung (VW.EXE) gestartet wird, kann nun das ECoSys-Image im Class Hierarchy Browser angezeigt und bearbeitet werden. Die Imagedatei V.EXE ist identisch mit der Programmdatei ECOSYS.EXE von Diskette 1.

ECoSys -
Environmental Controlling System
Version 1.0

ECo-Tour:

Ein Einblick in die Bedienung und Möglichkeiten des Öko-Controlling-Systems

Im Rahmen der Diplomarbeit

im Fachbereich Wirtschaftsinformatik

an der

Fachhochschule Furtwangen

vorgelegt von

Frank Pluschke und Roman Stumm

September, 1995

Inhalt

1 Einleitung

ECoSys ist ein Controllingtool für den Umgang mit ökologisch relevanten Unternehmensdaten. Mit ECoSys ist es möglich, aus den in die Datenbank von ECoSys importierten Daten ökologische und ökonomische Zusammenhänge zu erkennen.

Für den Manager und die Unternehmensleitung liefert ECoSys aussagekräftige Informationen, die durch zusätzliche Transparenz der Daten zur Steuerung des Unternehmens beitragen können:

- eine einheitliche Systematik für Datenerfassung und Bewertungen
- Listen mit verdichteten Daten
- Unternehmenseigene Kennzahlen und Berichte
- Geschäftsgraphiken für firmeninternen Gebrauch oder zur Erstellung eines Unternehmensreports, o.ä.

Um ECoSys erfolgreich einsetzen zu können, ist eine Schulung von einigen Tagen angebracht. Mit diesem Überblick sollte es möglich sein, sich in die Bedienung einzuarbeiten und die gezeigten Beispiele nachzuvollziehen.

Um effektiv mit ECoSys zu arbeiten, benötigen Sie einen PC mit 486er oder 586er CPU mit mindestens 8 MB Hauptspeicher. Das System ist jedoch auch auf einem 386er lauffähig. Es wird vorausgesetzt, daß Sie ECoSys und die Beispieldatenbank erfolgreich installiert haben und MS-Windows 3.1 und MS-ACCESS 2.0 mit ODBC-Unterstützung ebenfalls installiert wurden. Die Beispieldatenbank sollte als ODBC-Quelle „IDEFIX" in der Windows-Systemsteuerung eingerichtet worden sein.

Um dieser Einführung nicht nur von der Programmbedienung, sondern auch von den betriebswirtschaftlichen Möglichkeiten und Hintergründen besser folgen zu können, empfiehlt es sich, zumindest Kapitel 6 „Funktionalität von ECoSys" der Diplomarbeit gelesen zu haben. Die Beispieldatenbank und die folgenden Beispiele beziehen sich zu großen Teilen auf das dort vorgestellte Fallbeispiel der Firma „Lingner + Fischer". Die Datenbank enthält jedoch nicht die Originaldaten des Unternehmens, sondern wurde aus Geheimhaltungsgründen geändert.

Bei diesen Ausführungen wird davon ausgegangen, daß Sie die Schritte und Beispiele parallel zum Lesen mit ECoSys nachvollziehen. **Der Pfeil → und die Schriftart** stellen eine Aktion dar, die Sie am PC durchführen sollten.

Wir wünschen Ihnen viel Spaß bei der Einarbeitung:

2 Hauptbildschirm

Wenn ECoSys korrekt installiert wurde, läßt es sich durch ein ➔ **Doppelklick auf das Programmsymbol** starten, und der Hauptbildschirm öffnet sich nach wenigen Sekunden.

Wenn ECoSys die Datenbank nicht öffnen konnte, erscheint zunächst folgendes Fenster:

Abbildung 2.1: Fenster zum manuellen Login in die Datenbank

Das kann bedeuten, daß Sie die Datenbank nicht als ODBC-Datenquelle „IDEFIX“ in Ihrer Windows-Systemeinstellung eingerichtet haben oder die Datenbank nicht mit dem Standardlogin „Admin“ geöffnet werden kann.[1] (Vielleicht haben Sie Ihr MS-ACCESS mit einem eigenen Kennwort geschützt?). Mit diesem Fenster ist es möglich, durch das Rechtesystem von MS-ACCESS den Datenbankzugriff auch in ECoSys benutzerabhängig zu gestalten, z.B. nur Lesezugriff, etc.

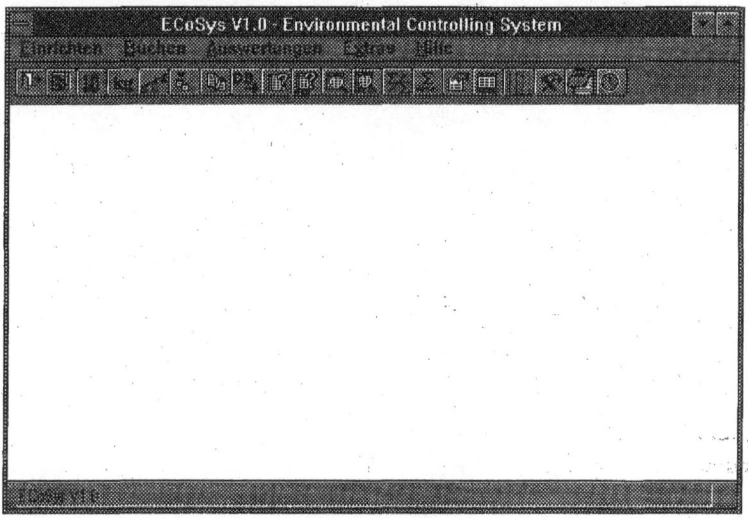

Abbildung 2.2: Hauptbildschirm von ECoSys

[1] Läßt sich die Datenbank nicht öffnen, so könnte sie auch beschädigt sein. Versuchen Sie in diesem Fall, die Datenbank mit MS-ACCESS zu reparieren.

Über die Menüleiste sind alle Funktionen von ECoSys aufrufbar. Die Symbolleiste enthält nochmals die wichtigsten Menüs. Wenn die linke Maustaste auf ein Symbol bewegt wird, kann in der unteren Statusleiste eine Kurzbeschreibung gelesen werden. Auch für jeden Menüpunkt wird eine Kurzbeschreibung in der Statusleiste angezeigt, während sich die Maus auf dem Menüpunkt befindet.

Das Hauptmenü gliedert sich in die Obermenüs

- **Einrichten**: Stammdatenverwaltung und ECoSys beenden
- **Buchen:** Einspeichern von Buchungssätzen (Import, Manuell, Dauerbuchung, Journal)
- **Auswertungen**: Erstellen und Aufrufen von Abfragen, Kennzahlen, Berichten, Graphiken
- **Extras:** Diverse Hilfsmittel (Texteditor, Analoguhr) und Einstellungen
- **Hilfe** Unvollständige Online-Hilfe

3 Stammdaten (Menü: „Einrichten“)

In diesem Kapitel lernen Sie die Stammdaten von ECoSys kennen. Sie erhalten einen Einblick in den Kontenplan und die Leistungscenter, die die Entsprechung zu Konten und Kostenträgern/-stellen in einem herkömmlichen Buchhaltungssystem darstellen. Sie lernen die Möglichkeiten von ECoSys zur Verwaltung von physikalischen Einheiten und Datenquellen kennen. Die Inhaltsstoffe, die die Grundlage für Bewertungen in ECoSys sind, werden vorgestellt.

3.1 Kontenplan und Leistungscenter

3.1.1 Kontenpflege

Werfen Sie zunächst einen Blick auf den Kontenplan. Das Fenster zum Einrichten der Konten des Kontenplans wird über das ➔ **Menü „Einrichten.Öko-Kontenplan pflegen“** aufgerufen. Sie sehen zunächst das Fenster mit den Inputkonten in der linken Listbox:

I1 Prime Cost
I2 Advertising
I3 Promotion
I3.1 Sales Promotion
I3.2 Other Marketing

Eingerückte Konten sind Unterkonten, z.B. I3.1 und I3.2 als Unterkonten von I3. Konten in ECoSys sind Stoffflußkonten; die gebuchten Daten sind Stoffflußdaten und zwar einerseits Mengen und andererseits Geldbeträge. Während die physikalische Einheit von Geldbeträgen einheitlich ist (z.B. „DM“), hängt sie bei Mengen vom jeweiligen Konto ab.

Wechseln Sie nun bitte zu den Outputkonten, indem Sie den ➔ **Radiobutton „Outputkonten“** in der Gruppenbox „Kontenart“ betätigen. Die linke Listbox des Fensters zeigt nun die Outputkonten an. Während Inputkonten Stoffflüsse enthalten, die in die Wertschöpfungsprozesse des Unternehmens eingehen, sind Outputkonten für Stoffflüsse, die Abgaben (Outputs) der Wertschöpfungsprozesse an die Umwelt darstellen. Die Outputkontenklasse **O1 Produkte** enthält erwünschten Output, die Kontenklasse **O2 Verpackung** unerwünschten, aber dennoch entstehenden Output.

Wählen Sie nun das ➔ **Konto „O2.1.1.5 Kunststoff“** an, indem Sie den Inhalt der Listbox mit dem Rollbalken nach unten verschieben. Wenn Sie das Konto ➔ **einmal anklicken**, sehen Sie die Kontenfelder in der Maske „Ausgewähltes Konto“. Abbildung 3.1 zeigt die Bildschirmdarstellung.

Sie erkennen, daß die Einheit des Kontos „Kunststoff“ „kg“ ist. Die anderen Konten können Sie auf die gleiche Weise betrachten, indem Sie sie jeweils einmal anklicken. Die Unterkonten des Kontos „Grüner Punkt“ sind in die drei Gruppen „Materialien“, „Volumen“ und „Fläche“ aufgeteilt, was auch dem Gebührenschema der DSD[2] entspricht. Die Unterkonten von „Materialien“ sind die Stoffarten, die in den Verpackungen der

[2] Duales System Deutschland GmbH

unterschiedlichen Produkte vorkommen können und die mit dieser Datenbank untersucht werden.

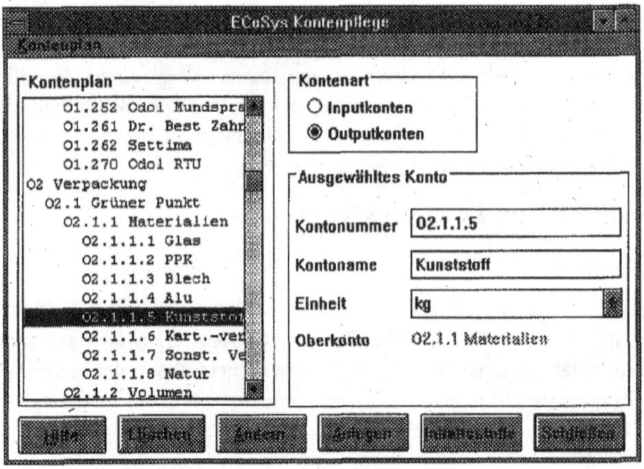

Abbildung 3.1: Kontenpflege mit Konto "Kunststoff"

Das Fenster für die Kontenpflege wird in späteren Abschnitten noch einmal eine Rolle spielen. Für einen Einblick in den Kontenrahmen genügte das Gezeigte bereits. ➔ **Schließen Sie das Fenster** daher nun, indem Sie den Button „Schließen“ oder das Schließsymbol des Kontenpflege-Fensters betätigen.

3.1.2 Leistungscenter

Nun sollen die Leistungscenter angezeigt werden. Während der Kontenplan mit ECoSys eine hierarchische Ordnung hat, sind die Leistungscenter in einer flachen Liste geordnet. Um das Fenster für die Einrichtung und Bearbeitung der Leistungscenter aufzurufen, wählen Sie das ➔ **Menü „Einrichten.Leistungscenter pflegen“** im Hauptmenüfenster.

Ein Leistungscenter in ECoSys entspricht einer Kostenstelle oder einem Kostenträger. In der Ausdrucksweise des Öko-Controllings werden Kostenstellen als Schadschöpfungsstellen und Kostenträger als Schadschöpfungsträger bezeichnet. Jedes Leistungscenter besteht nur aus einer eindeutigen Nummer und einer etwas ausführlicheren Bezeichnung. Alle Leistungscenter der Datenbank sind in der Mehrspaltenliste „Leistungscenter“ aufgeführt. Auch hier können Sie ein Leistungscenter anklicken, um es in den Eingabefeldern oberhalb der Liste zu bearbeiten.

Sie haben nun einen Einblick in die Konten und Leistungscenter der Beispieldatenbank erhalten. ➔ **Schließen Sie das Fenster für die Leistungscenter-Verwaltung** nun wieder. Auch dieses Fenster wird zu einem späteren Zeitpunkt nochmals verwendet. Wir fahren zunächst mit einem Überblick über die Stammdaten von ECoSys fort.

3.2 Einheitenverwaltung

Von unterschiedlichen physikalischen Einheiten war bereits im Zusammenhang mit dem Kontenplan die Rede. ECoSys bietet die Möglichkeit, beliebige Einheiten zu verwalten. Darunter fallen folgende Möglichkeiten:

- Eintragen beliebiger Einheiten

- Rechnen mit beliebigen Einheiten
- Gruppieren von Einheiten in bestimmte Einheitengruppen
- Umrechnungen zwischen Einheiten
- Einrichten und Verändern der Einheitengruppen.

3.2.1 Anlegen einer Einheit in der Datenbank

Zum Eintragen und Einrichten von Einheiten dient der „Einheiten Editor“, den Sie mit dem ➔ **Menü „Einrichten.Einheiten Editor“** aufrufen können. Das Fenster des Einheiten Editors ist in Aussehen und Bedienung einem Taschenrechner nachempfunden. Im Folgenden werden die Eingabeschritte beschrieben, die Sie durchführen können, um eine neue Einheit in der Datenbank anzulegen.

Die Einheit, die angelegt werden soll, ist die zusammengesetzte **Einheit „DM/kg“.** Dabei können Sie beobachten, wie ECoSys mit vorhandenen Einheiten rechnet.

➔ **Klicken Sie die Einheit „DM“** an, die in der Liste vorhanden ist.
Die Einheit wird in das Eingabefeld „Eingabeausdruck“ übertragen.

➔ **Klicken Sie nun den Button „/“** an. Wie bei einem Taschenrechner merkt sich der Einheiten Editor jetzt, daß eine Division durchgeführt werden soll. Das Divisionszeichen erscheint neben dem Fenster „Neue Einheit“.

➔ **Klicken Sie die Einheit „kg“** an, die in der Liste vorhanden ist. Sie müssen dazu die Liste ein wenig nach unten verschieben. (Sie können alternativ auch „kg“ in das Eingabefeld „Eingabeausdruck“ eintippen.)

➔ **Klicken Sie nun den Button „=“.** Der Einheiten Editor führt den Berechnungsschritt (Division) durch und trägt das Ergebnis in das Feld „Neue Einheit“ ein. Das Fenster, das Sie nun sehen sollten, ist in Abbildung 3.2 dargestellt.

➔ Um die neue Einheit in der Datenbank anzulegen, **klicken Sie „Speichern“** .

➔ Da die neue Einheit neu angelegt werden soll, bestätigen Sie den Dialog mit **„Neu“**

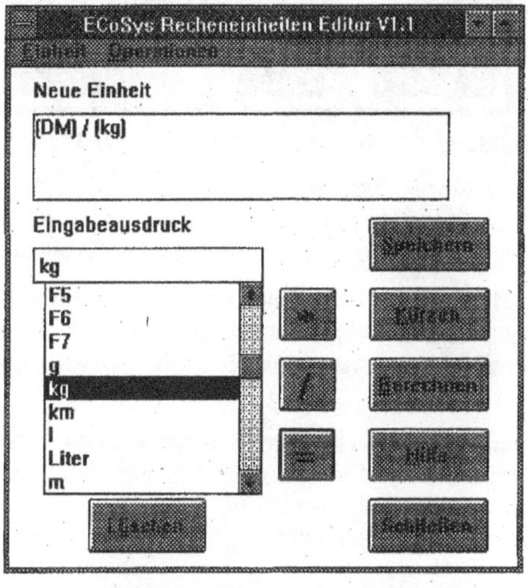

Abbildung 3.2: Einheiten Editor mit neuer Einheit „DM/kg“

3.2.2 Gruppieren und Umrechnen von Einheiten

Das Umrechnen zwischen Einheiten, die sich nur durch einen konstanten Faktor unterscheiden, beherrscht ECoSys automatisch, z.B. Umrechnungen zwischen einer Einheit „m/(2*sec)“ und „m/sec“. Damit ECoSys auch zwischen Einheiten Umrechnungen durchführen kann, denen das Programm den Zusammenhang nicht „ansieht“, können Sie mit dem Einheiten Editor diese Angaben explizit eintragen.

Sie können jede Einheit einer Einheitengruppe zuordnen. Eine Einheitengruppe besitzt eine Basiseinheit. Für jede Einheit einer Einheitengruppe kann angegeben werden, durch welchen Faktor sie in die zugehörige Basiseinheit der Gruppe umzurechnen ist. Um z.B. festzulegen, wie die Einheit „kg“ in „t“ (Tonnen) umzurechnen ist, gehen Sie folgendermaßen vor:

➔ **Klicken Sie die Einheit „kg“ doppelt** an, die in der Liste vorhanden ist oder klicken Sie sie einfach an und wählen dann im Menü „Einheit“ den Menüpunkt „Einrichten“. Es öffnet sich nun die folgende Maske zur Einrichtung der Einheit „kg“.

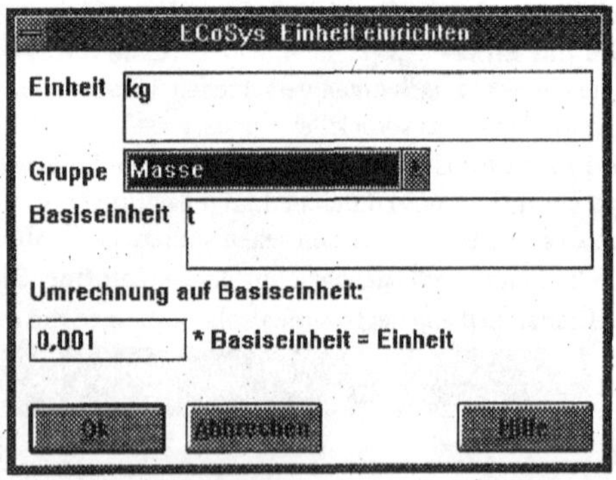

Abbildung 3.3: Maske zum Einrichten der Einheit „kg“

Sie sehen, daß die Einheit „kg“ der Einheitengruppe „Masse“ angehört. Sie können die Zugehörigkeit zu einer Gruppe ändern, indem Sie eine andere Gruppe in der Combobox auswählen. Die Combobox „Gruppe“ zeigt alle verfügbaren Einheitengruppen.

Sie sehen weiterhin, daß die Basiseinheit der Gruppe „Masse“ die Einheit „t“ ist. Den Umrechnungsfaktor von Tonnen auf Kilogramm trägt man ins Eingabefeld ein: 0,001 * t = kg. ➔ **Bitte schließen Sie nun das Einheit-einrichten-Fenster und den Einheiten Editor.**

Auf diese Art können Gruppen und Umrechnungsfaktor auch für alle anderen Einheiten festgelegt werden. Um eine neue Einheitengruppe einzurichten oder die Basiseinheit einer Einheitengruppe festzulegen, können Sie im Hauptmenüfenster das Menü „Einrichten.Einheitengruppen pflegen“ aufrufen.

3.3 Datenquellenverwaltung

Das Modul zur Datenquellenverwaltung ist eines der kleinsten von ECoSys. Da das Öko-Controlling-System im Regelfall Daten aus verschiedenen EDV-System enthalten wird, um diese für die Controllingarbeit zu verdichten und auszuwerten, ist die Angabe einer Datenquelle beim Datenimport sinnvoll. Durch die Angabe einer Datenquelle bei einer Buchung kann auch nach dem Import nachvollzogen werden, welche Buchungen aus welchem System stammten. Damit die Datenquellenangaben von ihrer Bezeichnung her nicht in Wildwuchs ausufern und nicht planlos aus irgendwelchen Systemen Daten importiert werden können, werden alle möglichen Datenquellen zentral verwaltet.

Das Fenster zur Datenquellenverwaltung wird mit dem ➔ **Menü „Einrichten.Datenquellenverwaltung" mit Hauptmenüfenster** aufgerufen. Jede mögliche Datenquelle ist in der Listbox „Datenquellen" aufgeführt. Eine Datenquelle besteht nur aus einer eindeutigen Bezeichnung, die im Eingabefeld „Beschreibung" geändert werden kann.

Durch die Buttons „Anlegen", „Ändern" und „Löschen" können Sie die Liste mit Datenquellen pflegen. Wenn Sie sehen wollen, welche Buchungen aus einer Datenquelle stammen, können Sie den Datenquellen-Verwendungsnachweis aufrufen, indem Sie das ➔ **Menü „Datenquellen.Verwendungsnachweis" in der Datenquellenverwaltung** wählen.

Durch ➔ **Anklicken einer Datenquelle** in der Combobox „Datenquellen" können Sie in der Mehrspaltenliste Konto LC alle Konten-Leistungscenter-Paare finden, für die Buchungen aus dieser Datenquelle vorhanden sind. Durch ➔ **Anklicken einer Konto + LC Zeile** in der Mehrspaltenliste Konto LC können Sie die Perioden sehen, in denen Buchungen für diese Datenquelle vorhanden sind.

➔ **Bitte schließen Sie nun den Verwendungsnachweis und die Datenquellen verwaltung.**

3.4 Inhaltsstoffe und Gewichtsfaktoren

Kommen wir nun zu dem Teil der Stammdatenverwaltung, der die Grundlage für Bewertungen (Gewichtungen) in ECoSys ist. ECoSys kann eine Liste von Inhaltsstoffen verwalten, die als Zusammensetzung von Konten verwendet werden können. Ein Konto kann sich anteilsmäßig aus mehreren Inhaltsstoffen zusammensetzen. Zur Berechnung von Gewichtungen kann jedem Inhaltsstoff ein Gewichtungsfaktor zugeordnet werden.

➔ **Rufen Sie das Menü „Einrichten.Ökologische Gewichtsfaktoren" auf.**

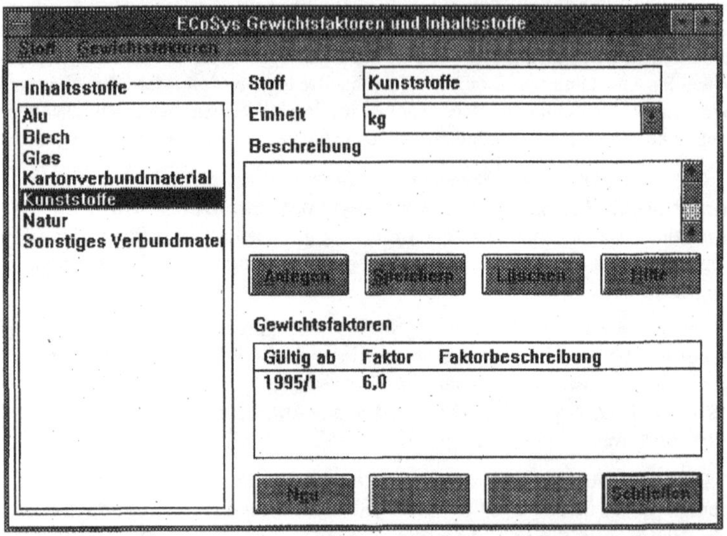

Abbildung 3.4: Fenster für "Ökologische Gewichtungsfaktoren"

Das Fenster aus Abbildung 3.4 erscheint und zeigt Ihnen die Liste aller Inhaltsstoffe, die in der Datenbank vorhanden sind. Wenn Sie einen Inhaltsstoff, z.B. ➔ **Kunststoffe wählen,** so sehen Sie in der Maske die Informationen des Stoffes. Für dieses Fenster ist eine kurze Online-Hilfe verfügbar.

Genau wie jedes Konto, kann auch jeder Stoff seine eigene Einheit besitzen. Die Liste der Stoffe ist jedoch eine flache Liste ohne hierarchische Untergliederung. Auf der Ebene einzelner Stoffe kann eine Bewertung als Zahl (Gewichtsfaktor) vergeben werden. Jeder Gewichtsfaktor gilt, bis er durch einen aktuelleren abgelöst wird. Die Gewichtsfaktoren von Stoff „Kunststoffe" werden in der Mehrspaltenliste „Gewichtsfaktoren" dargestellt - in diesem Fall ist nur ein Faktor vorhanden, der seit Januar 1995 noch immer gültig ist. Je höher ein Faktor, desto schlechter die Bewertung. Um die Bewertung der anderen Stoffe zu sehen, klicken Sie den jeweiligen Stoff einfach an. Um einen neuen Gewichtsfaktor einzutragen, drücken Sie den Button „Neu". (Das Fenster zum Anlegen eines neuen Faktors wird hier nicht beschrieben.)

Um zu sehen, in welchen Konten ein Stoff vorkommt, ist auch hier ein Verwendungsnachweis verfügbar. ➔ **Wählen Sie den Menüpunkt „Stoff.Verwendungs nachweis" im Fenster „Gewichtsfaktoren und Inhaltsstoffe".**

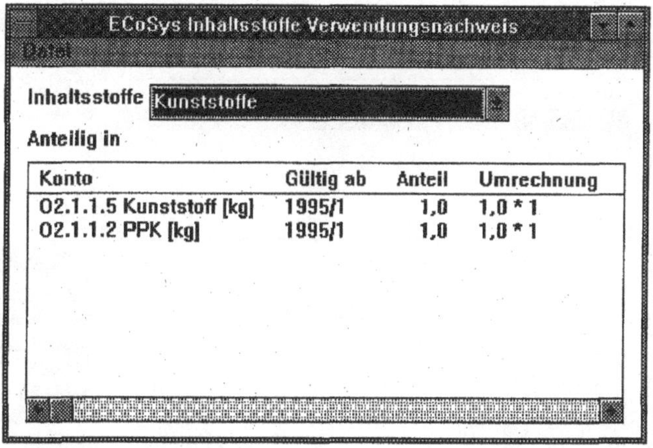

Abbildung 3.5: Verwendungsnachweis für "Kunststoffe"

Es erscheint das Fenster aus Abbildung 3.5. Wenn Sie z.B. den ➔ **Inhaltsstoff Kunststoffe wählen**, erkennen sie, daß Kunststoffe in den Konten „Kunststoff" und „PPK" mit dem Anteil 1,0 vorkommt, d.h. diese Konten bestehen zu 100% aus dem Inhaltsstoff „Kunststoffe".

Vielleicht fragen Sie sich jetzt, wo angegeben werden kann, aus welchen verschiedenen Inhaltsstoffen sich ein Konto zusammensetzt? - Die Angabe der Stoffzusammensetzung muß in der Kontenpflege gemacht werden, die in Abschnitt 3.1.1 bereits aufgerufen wurde:

➔ Rufen Sie nochmals die Kontenpflege auf (Hauptmenü **„Einrichten.Öko-Kontenplan pflegen "**).

➔ Klicken Sie den **Radiobutton „Outputkonten"**

➔ Klicken Sie das **Outputkonto „02.1.1.5 Kunststoff"**

➔ Drücken Sie den **Button „Inhaltsstoffe"** neben dem „Schließen"-Button. Nun erscheint die Maske aus Abbildung 3.6.

Wenn Sie die Angaben in der Mehrspaltenliste „Inhaltsstoffe" mit den Angaben des Verwendungsnachweises aus Abbildung 3.5 vergleichen, sehen Sie den Zusammenhang: Im Fenster aus Abbildung 3.6 kann eingetragen werden, aus welchen Inhaltsstoffen sich ein Konto zusammensetzt.

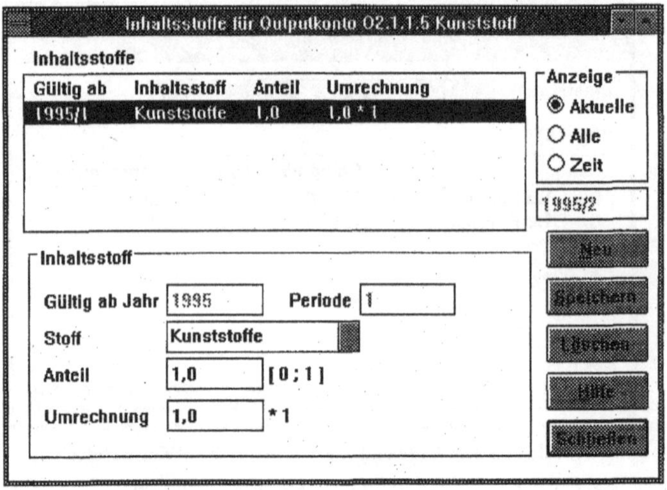

Abbildung 3.6: Angabe der Inhaltsstoffe eines Kontos

Die Anzeige zeigt die aktuell gültige Zusammensetzung. Auch für die Zusammensetzungen kann eine Historie entstehen, da sie ihre Gültigkeit verliert, wenn ein neuer Inhaltsstoff im Konto angegeben wird. In der Datenbank sind jedoch keine anderen Inhaltsstoffe des Kontos „O2.1.1.5 Kunststoff" vorhanden. Um den Stoffanteil zu verändern, müssen Sie die Zeile in der Mehrspaltenliste doppelklicken und können dann in der Maske „Inhaltsstoff" Änderungen vornehmen und diese mit dem „Speichern"-Button speichern.

➔ **Schließen Sie nun alle offenen Fenster außer dem Hauptmenü.**

Als Überblick über die Stammdaten von ECoSys soll dies bis hierhin genügen. In den folgenden Ausführungen wird davon ausgegangen, daß Sie die Stammdaten (Kontenplan, Inhaltsstoffzusammensetzung, etc.) in der Datenbank nicht weiter verändert haben. Änderungen haben natürlich Auswirkungen auf die Ergebnisse von Abfragen und Berichten.

4 Bewegungsdaten (Menü: „Buchen“)

In diesem Kapitel werden zwei Möglichkeiten demonstriert, wie Buchungsdaten in ECoSys eingegeben werden können, nämlich Datenimport oder manuelles Buchen. Für die Beispiele aus Kapitel 5 ist es erforderlich, den Datenimport durchgeführt zu haben.

4.1 Datenimport

Bevor mit der Controllingarbeit begonnen werden kann, müssen die Daten, ggf. aus verschiedenen EDV-Systemen, nach ECoSys importiert werden. In diesem Abschnitt wird beschrieben, wie ein Datenimport durchgeführt wird und mit Hilfe der Fehlerdatei aufgetretene Fehler erkannt und behoben werden können. In der Beispieldatenbank fehlen ca. 100 Buchungssätze, die benötigt werden. Die Buchungssätze sind in der ASCII-Datei „Import.dat“ enthalten. Diese Datei soll nun importiert werden.

4.1.1 Eine Formatdatei ansehen

Zum Datenimport benötigt ECoSys, außer der Datei mit den Daten („Import.dat“), noch eine Beschreibung über das Format dieser Datei. Die Formatbeschreibung ist ebenfalls in einer Datei abgelegt („Import.ecf“). Um sich die Formatbeschreibung anzusehen, ➔ **wählen Sie das Menü „Buchen.Importmodule.Importformate bearbeiten“.** Es öffnet sich die Dialogbox aus Abbildung 4.1

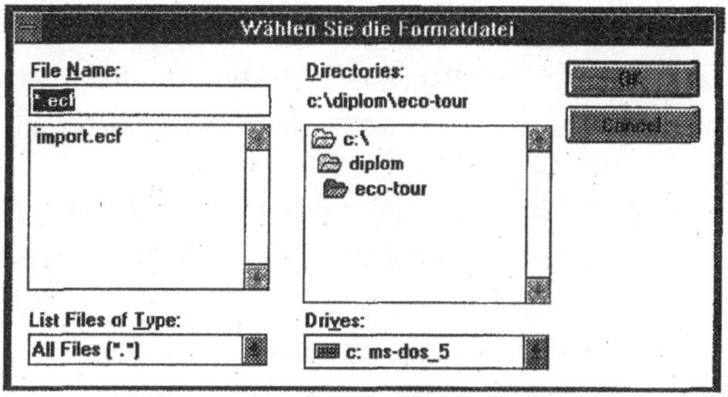

Abbildung 4.1: Auswahl einer Formatdatei

➔ **Bitte wählen Sie das Verzeichnis, in dem Sie die Datei „Import.ECF“ gespeichert haben,**

➔ **wählen Sie die Datei „Import.ecf“ aus und bestätigen Sie mit „OK“.**

Die Datei wird geladen und im Fenster aus Abbildung 4.2 können Sie die Schnittstellenbeschreibung dieser Formatdatei ansehen und bearbeiten.

Achtung: Bitte verändern Sie die Schnittstellenbeschreibung nicht, da sonst der Datenimport evtl. nicht funktioniert! Die Zahlen in den Eingabefeldern stellen die Positionen der entsprechenden Angabe in einer Zeile der Datendatei dar. Für dieses Fenster ist auch eine Online-Hilfe verfügbar. ➔ **Bitte schließen Sie das Fenster nun wieder.**

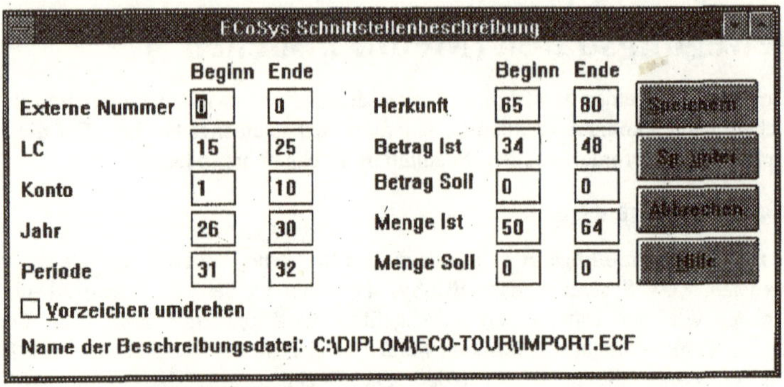

Abbildung 4.2: Formatfestlegung für die Importdatei

4.1.2 Datendatei importieren

Die Formatdatei aus dem vorigem Abschnitt beschreibt das Format der Buchungsdatendatei „Import.dat“. Um den Datenimport durchzuführen,

1. ➔ **wählen Sie bitte das Menü „Buchen.Import module.Datenimport“.**

   Sie sehen das Fenster in Abbildung 4.3. Hier wird nun die Angabe der Datendatei und der Formatdatei erwartet. Damit die Dateinamen nicht manuell eingegeben werden müssen,

2. ➔ **drücken Sie den -Button, für die Datendatei** . (Daten aus Datei)
3. ➔ **Wählen Sie die Datei „import.DAT“ und bestätigen Sie mit OK.**
4. ➔ **drücken Sie den -Button, für die Importformatdatei** .
5. ➔ **Wählen Sie die Datei „import.ECF“ und bestätigen Sie mit OK.**

   Nun kann der Datenimport beginnen:

6. ➔ Drücken Sie dazu den **OK-Button im Datenimport-Fenster** .

   (Eine Übersetzungsdatei wird nicht benötigt.)

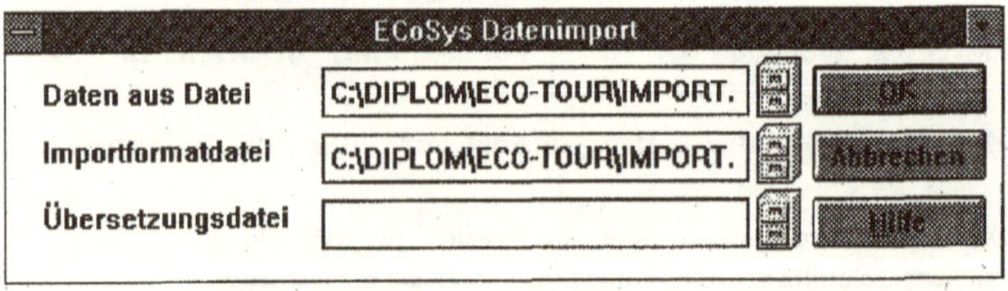

Abbildung 4.3: Fenster für den Datenimport

Es erscheint ein Fenster, das den Verlauf des Datenimports anzeigt. Sie sehen, wieviel % der Sätze bereits in die Datenbank verbucht sind.

Achtung: **Die Datendatei enthält 3 fehlerhafte Sätze!** Wenn der Datenimport beendet ist, ertönt ein Signal und die Fenster schließen sich automatisch. Da der Datenimport nicht fehlerfrei war, wurde eine Fehlerdatei („Import.ece") erstellt, die Sie sich mit jedem ASCII-Editor ansehen können.

4.1.3 Fehlerdatei ansehen und Fehler beheben

Um die Fehlerdatei anzusehen, die auch eine Beschreibung der Fehlerursache enthält, können Sie den ECoSys-eigenen ASCII-Editor verwenden.

➔ **Wählen Sie im Hauptmenü „Extras.ASCII Editor"**
➔ **Wählen Sie im ECoSys ASCII Editor das Menü „Datei.Öffnen" und**
➔ **Öffnen Sie die Datei „Import.ece"**

Die angezeigte Fehlerdatei „Import.ece" sollte folgenden Inhalt haben:

IMPORT.ECE:
O2.1.1.5 80011999 1995 8 -399,90 200 DSD Meldung | Zeile 86: LC 80011999 nicht vorhanden.
O2.1.1.5 80011999 1995 7 -9,90 10 DSD Meldung | Zeile 87: LC 80011999 nicht vorhanden.
O2.1.1.5 80011999 1995 7 -19,90 20 DSD Meldung | Zeile 94: LC 80011999 nicht vorhanden.

Es sind die 3 fehlerhaften Sätze aus der Importdatei enthalten. Nach dem „|" folgt die Angabe der Fehlerursache: „LC 80011999 nicht vorhanden". Es fehlt zum Import dieser Sätze also ein Leistungscenter in den Stammdaten. (Möglicherweise sind die Stammdaten nicht auf dem neuesten Stand.) Um die Sätze doch noch importieren zu können, beheben Sie den Fehler folgendermaßen:

➔ **Wählen Sie im Hauptmenü „Einrichten.Leistungscenter pflegen"**
➔ **Tragen Sie das fehlende Leistungscenter „80011999" ein.** Abbildung 4.4 zeigt Ihnen die Angaben. Es sei angenommen, daß es sich bei dem LC um ein neues Produkt handelt, das daher in den Stammdaten noch nicht erfaßt war.
➔ **Drücken Sie den Button „Anlegen"** , um Ihre Eingaben zu speichern
➔ **Schließen Sie die Leistungscenter-Pflege**

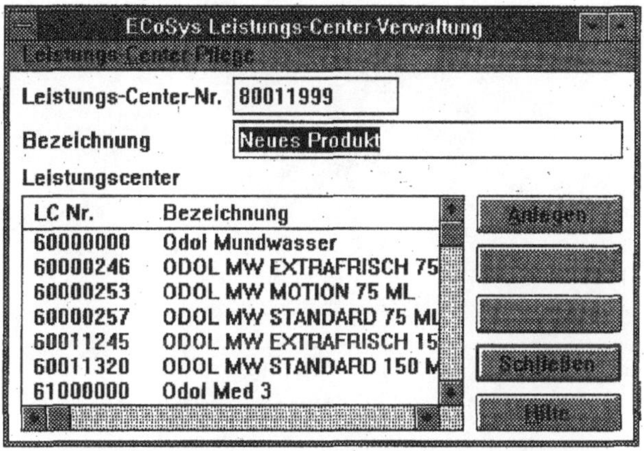

Abbildung 4.4: Das fehlende LC wird angelegt

Den Datenimport können Sie nun wiederholen, wie er in Abschnitt 4.1.2 beschrieben wurde, mit dem Unterschied, daß Sie anstelle der **Datendatei** nun die Datei **„import.ECE"**, also die Fehlerdatei, importieren[3]:

➔ Wiederholen Sie Schritt 1 und 2 aus Abschnitt 4.1.2

➔ Schritt 3 lautet nun: Wählen Sie die Datei „import. ECE".

➔ Wiederholen Sie Schritt 4 bis 6 aus Abschnitt 4.1.2

Dadurch werden die drei fehlerhaften Sätze nun hoffentlich korrekt importiert. Die Fehlerdatei „import.ECE" sollte nach erfolgreichem Import leer sein. (Das können Sie wieder, wie in Abschnitt 4.1.3 beschrieben, mit dem ASCII Editor überprüfen.)

Sie haben nun eine Datei mit Buchungsdaten in die ECoSys-Beispieldatenbank importiert. Alle Buchungssätze werden in der Journaldatei geführt. Jeder Buchungssatz hat außerdem eine eindeutige Belegnummer erhalten. Um die Journaldatei anzusehen, **➔ wählen Sie im Hauptmenü „Buchen.Journal".** Es dauert einige Sekunden, bis die Datei angezeigt wird.

➔ Schließen Sie nun alle offenen Fenster außer dem Hauptmenü.

4.2 Manuelles Buchen

Außer der Möglichkeit, Daten aus einer ASCII-Datei zu importieren, können auch manuell Buchungen vorgenommen werden. Es wird nun beschrieben, wie manuelle Buchungen eingegeben werden können. **➔ Wählen Sie im Hauptmenü „Buchen.Manuelle Buchungen"** Es erscheint das Fenster aus Abbildung 4.5.

Um nun einige Daten manuell einzubuchen, ist die Auswahl eines LCs und eines Kontos erforderlich. Unter „Buchen als" legen Sie fest, ob als Ist-Wert oder als Soll-Wert (Budget) gebucht werden soll. Sie können einen Mengen- und einen Betragswert buchen und sowohl eine Herkunft (Datenquelle) als auch einen kurzen Belegtext für die Journaldatei angeben.

Den Buchungsvorgang lösen Sie mit dem Button „Buchen" aus. Alle Buchungen können Sie im Journal nachvollziehen, wie dies im vorigen Abschnitt schon gezeigt wurde.

---

[3] Importieren Sie keinesfalls die Datei „Import.DAT" ein weiteres Mal, da die Mengen und Beträge sonst doppelt in der Datenbank verbucht sind! ECoSys addiert die Daten beim Datenimport auf die bestehenden Periodensalden in der Datenbank auf.

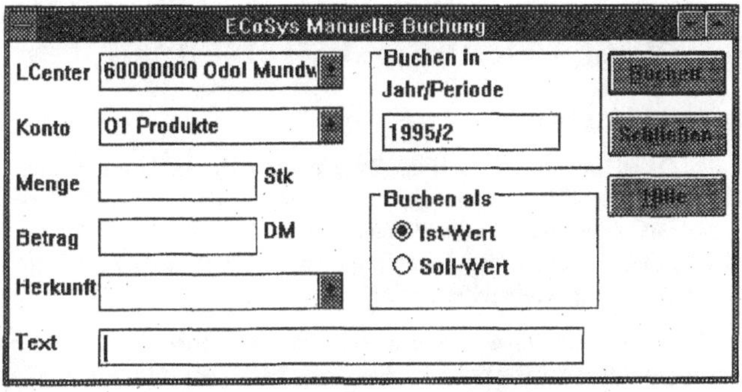

Abbildung 4.5: Fenster für manuelles Buchen

4.3 Dauerbuchung

Beispiele für die Anwendung und Einrichtung von Dauerbuchungen sind in der Diplomarbeit in Abschnitt 6.[illegible].3 erklärt. Hier wird daher auf die Besprechung der Dauerbuchung verzichtet. Sie können sich bei Interesse anhand der Diplomarbeit in dieses Modul einarbeiten.

➔ Schließen Sie nun alle offenen Fenster außer dem Hauptmenü.

Das Importieren und Buchen von Bewegungsdaten und das Einrichten von Dauerbuchungen sind die Vorbereitungen, die zur Durchführung der Controllingarbeit erforderlich sind. Die folgenden Kapitel beschäftigen sich mit den Auswertungsmöglichkeiten und Darstellungsformen von Daten in ECoSys, also der eigentlichen Controllingfunktionalität.

5 Controlling (Menü: „Auswertungen")

5.1 Eine Saldenabfrage

Nachdem die Daten im Öko-Controlling-System verbucht sind, sollen nun anhand einer Saldenabfrage die gebuchten Werte abgefragt werden. Der Saldenabfrage-Editor ist ein Werkzeug von ECoSys, das es erlaubt, einfache Saldenabfragen zu formulieren. Für die Abfrage der Werte, die durch den Datenimport in die Beispieldatenbank gelangt sind, ist bereits eine Saldenabfrage vorbereitet worden.

Um diese Saldenabfrage auszuführen, ➔ **wählen Sie im Hauptmenü „Auswertungen.Saldenabfragen.Saldenabfragen ausführen".** Es wird das Fenster aus Abbildung 5.1 geöffnet.

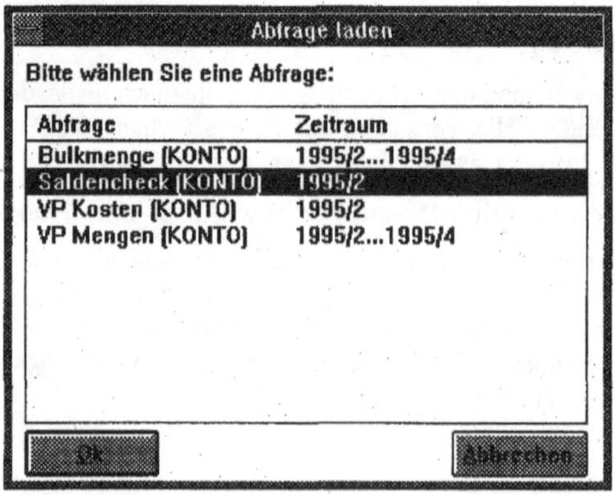

Abbildung 5.1: Laden und Ausführen einer Saldenabfrage

➔ **Wählen Sie die Abfrage „Saldencheck (KONTO)"**, wie in der Abbildung gezeigt, und bestätigen Sie mit „OK". Es erscheint das „Bitte warten..."-Fenster und nach einiger Zeit erscheint das Abfrageergebnis in einer Mehrspaltenliste, dargestellt in Abb. 5.2.

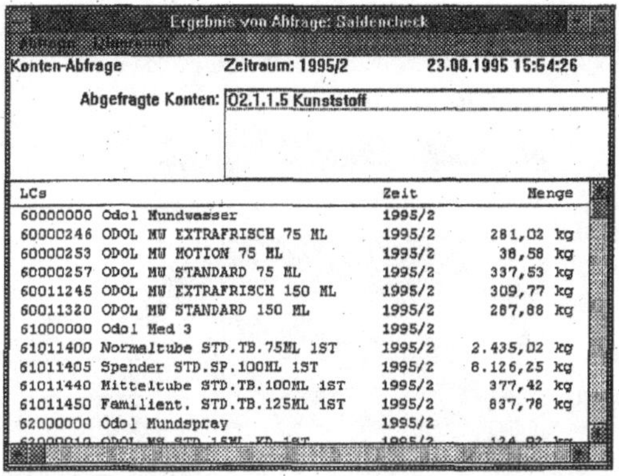

Ergebnis von Abfrage: Saldencheck
Konten-Abfrage
Zeitraum: 1995/2
23.08.1995 15:54:26
Abgefragte Konten:
02.1.1.5 Kunststoff
LCs
Zeit
Menge
60000000 Odol Mundwasser 1995/2
60000246 ODOL MW EXTRAFRISCH 75 ML 1995/2 281,02 kg
60000253 ODOL MW MOTION 75 ML 1995/2 38,58 kg
60000257 ODOL MW STANDARD 75 ML 1995/2 337,53 kg
60011245 ODOL MW EXTRAFRISCH 150 ML 1995/2 309,77 kg
60011320 ODOL MW STANDARD 150 ML 1995/2 287,88 kg
61000000 Odol Med 3 1995/2
61011400 Normaltube STD.TB.75ML 1ST 1995/2 2.435,02 kg
61011405 Spender STD.SP.100ML 1ST 1995/2 8.126,25 kg
61011440 Mitteltube STD.TB.100ML 1ST 1995/2 377,42 kg
61011450 Familient. STD.TB.125ML 1ST 1995/2 837,78 kg
62000000 Odol Mundspray 1995/2

Abbildung 5.2: Abfrageergebnis von Abfrage „Saldencheck“

Das Ergebnis der Abfrage zeigt eine Liste von Leistungscentern und die im Monat 1995/2 gebuchten Mengen und Beträge von Konto „02.1.1.5 Kunststoff“. Bei den Feldern des Abfrageergebnisses handelt es sich also um jeweils einen Buchungseintrag. Diese Daten sind erst durch den Datenimport aus Abschnitt 4.1.2 in die Datenbank gelangt. Sollten Sie den Datenimport nicht durchgeführt haben, so wäre das Abfrageergebnis ohne Inhalt.

Wenn Sie selbst eine Saldenabfrage erstellen wollen, oder vorhandene ändern, muß der Saldenabfrage-Editor aufgerufen werden.

➔ Schließen Sie die offenen Fenster bis auf das Hauptmenü und

➔ Wählen Sie das Menü „Auswertungen.Saldenabfragen.Saldenabfrage Editor“

Um die Abfrage „Saldencheck“, die Sie eben ausgeführt haben, zu laden, **➔ wählen Sie im Abfrage Editor Menü „Abfrage.Laden“ und Saldencheck.** Abbildung 5.3 zeigt den Bildschirm nach dem Laden der Abfrage.

Bei Saldenabfragen gibt es zwei Möglichkeiten, die Sie unter „Abfrageart“ wählen können:

- Konten-Abfrage oder
- Leistungscenter-Abfrage

Bei **Konten-Abfrage** können Sie mehrere Konten summieren und eine Liste von Leistungscentern im Abfrageergebnis erhalten, wie dies in Abbildung 5.2 für die geladene Abfrage der Fall war. Wählen Sie in der Combobox „Konto“, die alle Konten des Kontenplans enthält, jeweils ein Konto aus und drücken dann den Button „>>“, um das Konto in die Listbox „summiert“ zu übertragen. (Mit dem „<<“-Button können Sie gewählte Konten wieder aus der Listbox herausnehmen.) Für die Auswahl der Leistungscenter, die in den Zeilen des Abfrageergebnisses aufgeführt werden sollen, wählen Sie in der Listbox „Salden über“ die Leistungscenter oder drücken die Checkbox „alle“, um alle Leistungscenter auf einmal zu wählen.

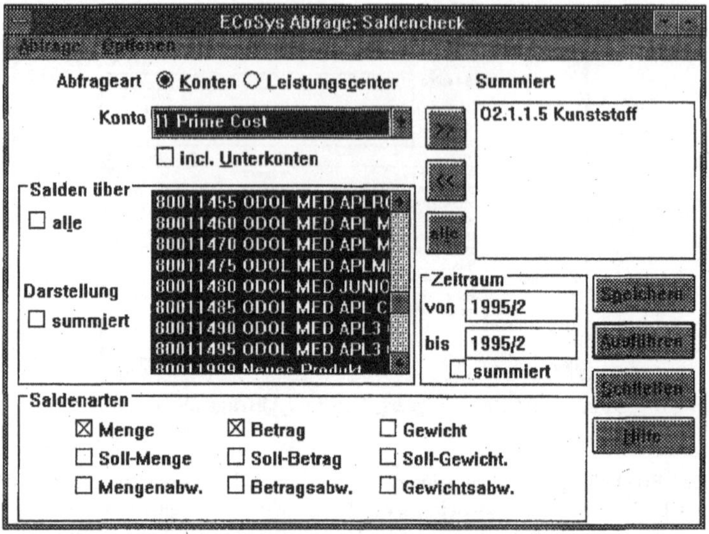

Abbildung 5.3: Saldenabfrage Editor mit Abfrage „Saldencheck“

Bei **Leistungscenter-Abfragen** drehen sich Konten und Leistungscenter um, d.h. Sie erhalten eine Liste von Konten, summiert über die Leistungscenter, die Sie mit dem „>>“-Button in die „summiert“-Listbox übertragen haben.

Den Abfragezeitraum legen Sie in den Eingabefeldern „Zeitraum von - bis“ fest. Für jede gewählte Saldenart (Menge, Betrag, etc.) erhalten Sie eine eigene Spalte im Abfrageergebnis. Die Option „Protokoll anzeigen“ im Options-Menü ist nur von Bedeutung, wenn Sie als Saldenart Gewicht, Soll-Gewicht oder Gewichtsabweichung gewählt haben. Sie erhalten dann, zusätzlich zum Abfrageergebnis, noch ein Protokollfenster. (siehe Diplomarbeit Abschnitt 6.4.2 für ein Beispiel des Protokollfensters).

Experimentieren Sie, wenn Sie wollen, mit dem Saldenabfrage-Editor. Um eine neue Abfrage zu erstellen, wählen Sie zuvor das Menü „Abfrage.Neu“. Sie können die von Ihnen gemachten Einstellungen speichern (Button „Speichern“ oder im Menü „Speichern“ oder „Speichern unter...“) und ausführen (Button oder Menü „Ausführen“).

➔ **Schließen Sie die offenen Fenster bis auf das Hauptmenü**

5.2 Eine Stoffabfrage

Ähnlich wie Saldenabfragen, ist die Aufgabe bei Stoffabfragen, schnell zu einem Ergebnis zu kommen ohne viele Einstellungen (verglichen mit dem Berichtsgenerator) machen zu müssen. Die Fragestellung der Stoffabfragen ist sehr spezialisiert und wird seltener benötigt als die Saldenabfrage. Es ist mit Hilfe der Stoffabfrage möglich, nicht nur Konten, Leistungscenter und Zeit für eine Abfrage einzuschränken, sondern auch bis auf einzelne Inhaltsstoffmengen abzufragen.

Um den Stoffabfrage Editor aufzurufen, ➔ **wählen Sie im Hauptmenü „Auswertungen.Stoffabfragen.Stoffabfrage Editor“.** ➔ **Laden sie nun die**

Stoffabfrage „Kunststoff-Nachweis“ in den Editor (Menü „Abfrage.Laden“).

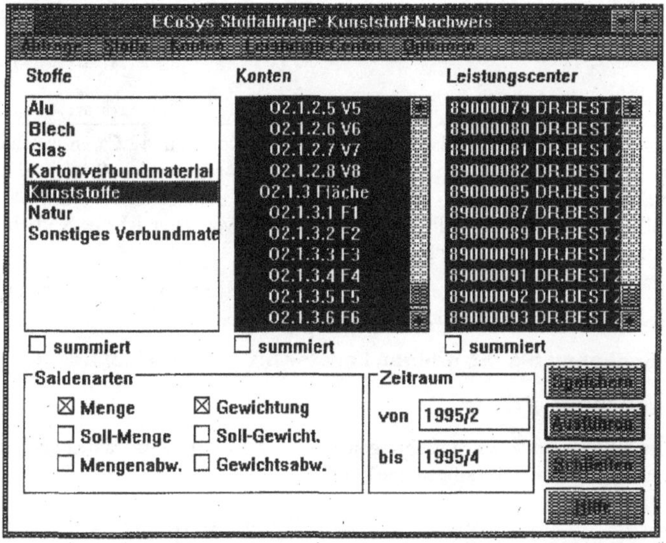

Abbildung 5.4: Stoffabfrage Editor mit Stoffabfrage „Kunststoff-Nachweis“

Abbildung 5.4 zeigt den Editor mit der geladenen Stoffabfrage „Kunststoff-Nachweis“. Auf der linken Seite können die Inhaltsstoffe gewählt werden, für die eine Abfrage erstellt werden soll. In der mittleren Listbox können die Konten und in der rechten die Leistungscenter für die Abfrage eingeschränkt werden. Wenn jeweils „Summiert“ angewählt wird, erscheint anstatt einer Auflistung der Einzelpositionen eine Summe für die gewählten Positionen. Zu beachten ist dabei, daß die Inhaltsstoffsicht keine Geldbeträge kennt.

Wenn Sie diese Stoffabfrage ausführen (➔ **Button „Ausführen“**), erhalten Sie folgendes Ergebnis:

```
Ergebnis von Stoffabfrage: Kunststoff-Nachweis
Zeitraum: 1995/2...1995/4   23.08.1995 16:57:38

Stoff        Konto              LC                                       Menge Gewichtung
-----------------------------------------------------------------------------------------
-
Kunststoffe 02.1.1.2 PPK       63000064 ODOL NICE BON.PEPP.BOX 1ST    4.532,32 kg  27.193,92
                               63000065 ODOL NICE BON.MINT BOX 1ST    2.997,12 kg  17.982,72
                               63000066 ODOL NICE BON.EUKA BOX 1ST    2.815,28 kg  16.891,68
                               63000067 ODOL NICE KAUG.SPEAR.1ST      1.108,84 kg   6.653,04
                               63000068 ODOL NICE KAUG.PEPP.1ST       1.189,30 kg   7.135,80
                               63000069 ODOL NICE KAUG.SPICE.1ST        892,33 kg   5.353,98
                               69000095 ODOL MED3 KAUG.STD.1ST       12.726,07 kg  76.356,40
                               69000096 ODOL MED3 KAUG.MINT 1ST         502,32 kg   3.013,92
                               71012250 Raucher ZC 50ML 1ST           1.886,86 kg  11.321,17
                               72012200 Medizinische ZC 25ML 1ST      1.218,60 kg   7.311,58
                               Summe                                 29.869,04 kg 179.214,21

            02.1.1.5 Kunststoff 60000246 ODOL MW EXTRAFRISCH 75 ML      785,68 kg   4.714,10
```

```
                        60000253 ODOL MW MOTION 75 ML              99,97 kg     599,83
                        60000257 ODOL MW STANDARD 75 ML         1.038,57 kg   6.231,42
... und so weiter ...
                        Summe                                 118.471,00 kg 710.826,03

         Summe                                                148.340,04 kg 890.040,24

Total                                                         148.340,04 kg 890,040,24
```

Sie sehen eine genaue Auflistung, aufgeteilt nach Konten und LCs, in welchen Mengen und mit welcher Gewichtung (Bewertung, Schadschöpfung) der Stoff „Kunststoffe" vorkommt. Wie bereits der Stoff-Verwendungsnachweis aus Kapitel 3.4 gezeigt hat, kommt „Kunststoffe" in den Konten „PPK" und „Kunststoff" vor. Hier ist die Aufteilung jedoch noch zusätzlich nach Leistungscentern untergliedert.

Auch mit dem Stoffabfrage Editor können Sie experimentieren. Es ist eine weitere Stoffabfrage in der Beispieldatenbank, die Sie aufrufen können.

➔ Schließen Sie die offenen Fenster bis auf das Hauptmenü

5.3 Kennzahlen-Editor

Aus Saldenabfragen und/oder Stoffabfragen können in ECoSys Kennzahlen gebildet werden. Eine Kennzahl hat immer die allgemeine Form:

$$\text{Kennzahl} = \frac{\sum_i \text{Saldo}(\text{Abfrage}_i)}{\sum_j \text{Saldo}(\text{Abfrage}_j)}$$

In der Beispieldatenbank sind einige einfache Kennzahlen gespeichert, die jeweils nur eine Saldenabfrage im Zähler und eine Saldenabfrage im Nenner beinhalten. Der Kennzahlen-Editor dient zum Erstellen und Berechnen einzelner Kennzahlen. Diese Kennzahlen können jedoch auch in Berichte eingebunden werden und müssen daher nicht immer als einzelne Werte betrachtet werden. Sie können die Kennzahlen in der Datenbank ausführen, indem Sie im **➔ Hauptmenü „Auswertungen.Kennzahlen.Kennzahlen berechnen" wählen und eine Kennzahl im Dialog wählen.** Wenn Sie z.B. die Kennzahl „Verpackungseffizienz" gewählt haben, erhalten Sie folgendes Ergebnis:

```
Zähler:
VP Mengen (Menge) 1995/2...1995/4 = 74.632,33 kg
-------------------------------------------
Zähler = 74.632,33 kg
Nenner:
Bulkmenge (Menge) 1995/2...1995/4 = 391.697,98 Liter
-------------------------------------------
Nenner = 391.697,98 Liter
===========================================
Kennzahl Verpackungseffizienz = 0,19 (kg) / (Liter)
```

Die Kennzahl gibt die Verpackungseffizienz von Zahncreme in kg Müll pro Liter Bulk im Zeitraum 1995/2 bis 1995/4 an. Das bedeutet, daß für einen Liter verkaufter Zahncreme durchschnittlich 0,19 kg Verpackungsabfall erzeugt werden.

Mit dem Kennzahlen-Editor können Sie nachvollziehen, wie diese Kennzahl definiert wurde.

➔ Wählen Sie im Hauptmenü „Auswertungen.Kennzahlen.Kennzahlen-Editor".

➔ und laden Sie die Kennzahl „Verpackungseffizienz" mit dem Kennzahlen-Editor (Menü „Kennzahl.Laden").

Sie erhalten folgende Bildschirmdarstellung (Abbildung 5.5):

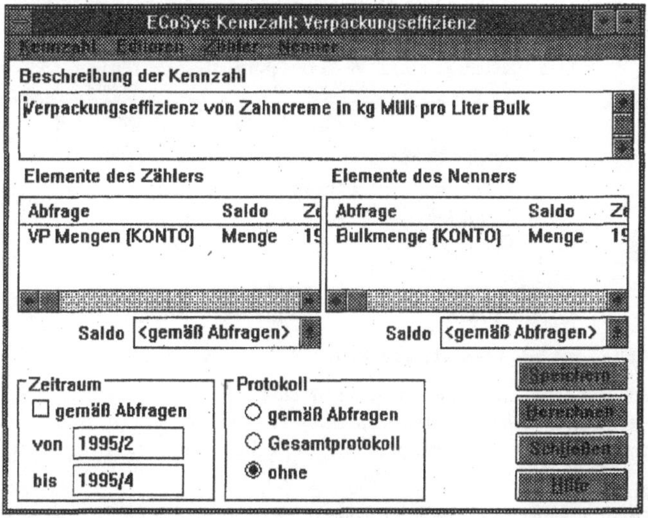

Abbildung 5.5: Kennzahlen-Editor mit Kennzahl „Verpackungseffizienz"

Die Abfrage für den Zähler („VP Mengen") sehen Sie in der Mehrspaltenliste „Elemente des Zählers", die Abfrage für den Nenner der Kennzahl („Bulkmenge") in der Mehrspaltenliste rechts daneben. Von beiden Abfragen wird die Menge (Saldo: Menge) zur Kennzahlenberechnung verwendet. Die Elemente des Zählers werden aufaddiert - in diesem Fall ist es ja nur eine Abfrage - und durch die Summe der Elemente des Nenners dividiert. Auch der Zeitraum wird auf die schon beschriebene Weise eingeschränkt. Da Abfragen selbst eine Zeitraumdefinition besitzen, kann mit Checkbox „gemäß Abfragen" in der Gruppenbox „Zeitraum" festgelegt werden, ob die Zeiträume der Abfragen („gemäß Abfragen") oder die darunterstehende Zeitangabe für die Berechnung der Kennzahl verwendet werden soll. Gleiches wird auch für die gewünschte Saldoart mit den Comboboxen „Saldo" bezweckt.

Um nun eine weitere Abfrage zur Kennzahldefinition hinzuzufügen oder die bestehende Definition zu verändern, braucht nur im Kennzahlen-Editor-Menü „Zähler", bzw. „Nenner" die entsprechende Auswahl getroffen zu werden: **➔ Wählen Sie nun „Element hinzufügen" im Zähler-Menü:**

Es öffnet sich eine weitere Maske (siehe Abbildung 5.6). Hier können Sie die Salden- oder Stoffabfrage auswählen, die Sie in den Zähler der Kennzahl hinzufügen möchten. Klicken Sie dafür einfach eine Abfrage an. Außerdem können Sie die Saldenart wählen, mit der das Abfrageergebnis in die Kennzahlenberechnung eingehen soll. (Beachten Sie: Bei Stoffabfragen stehen keine Beträge zur Verfügung!) Wenn Sie diese Maske mit „OK" verlassen, wird die Abfrage der Kennzahlendefinition im Kennzahlen-Editor hinzugefügt.

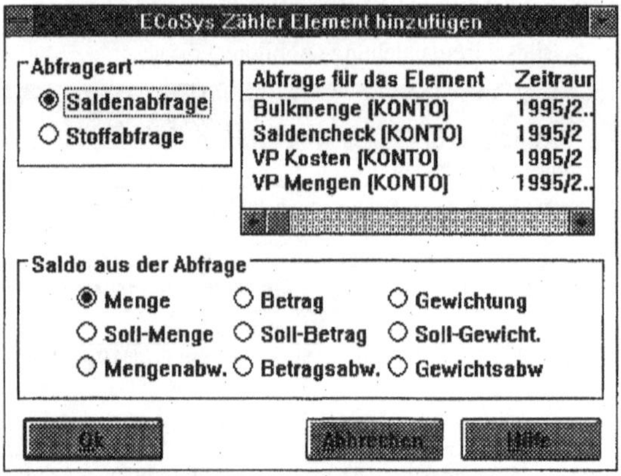

Abbildung 5.6: Eine Abfrage für den Zähler einer Kennzahl hinzufügen

Durch die freie Gestaltungsmöglichkeit einzelner Kennzahlen aus Abfragen ist es möglich, auch Kennzahlen darzustellen, die mit dem Berichtsgenerator nicht einfach berechnet werden können. Es kann praktisch jede beliebige Kennzahl aus Abfragen gebildet werden.

Auch mit dem Kennzahlen-Editor können Sie experimentieren. Hier einige Vorschläge, wie Sie die vorhandenen Kennzahlen modifizieren können. Beobachten Sie dabei, wie sich das Kennzahlenergebnis verändert:

- Verändern Sie den Zeitraum von Kennzahl „Verpackungseffizienz" auf:
  1995/2 bis 1995/2 (Kennzahlenergebnis nach Änderung: 0,19 kg/Liter)
  1995/3 bis 1995/3 (Kennzahlenergebnis nach Änderung: 0,20 kg/Liter)
  1995/4 bis 1995/4 (Kennzahlenergebnis nach Änderung: 0,18 kg/Liter)
- Wählen Sie im Zähler als Saldo „Gewichtung" (Kennzahlenergebnis: 1,38 SE/Liter in der Zeit von 1995/2 bis 1995/4).
  Sie erhalten damit die Gewichtung von Zahncreme pro Liter Bulk, was der in der Datenbank enthaltenen Kennzahl: „Gewichtung pro Liter" entspricht.
- Sie können auch Zähler und Nenner vertauschen (Ergebnis 5,25 Liter/kg in der Zeit von 1995/2 bis 1995/4)
- Vielleicht erstellen Sie eigene Abfragen für andere Leistungscenter und entwerfen daraus eine neue Kennzahl...?

➔ Schließen Sie die offenen Fenster bis auf das Hauptmenü

5.4 Der Berichtsgenerator

Der Berichtsgenerator bietet mehr Flexibilität als die Abfrageeditoren. Es sind alle Fragestellungen und Gruppierungen abfragbar. Es müssen jedoch mehr Einstellungen gemacht werden, um einen vollständigen Bericht zu erhalten. In der Diplomarbeit ist in Kapitel 4.7 das Konzept eines Berichts erklärt. Kapitel 6.7.1 der Diplomarbeit führt Sie am Beispiel von Herkommer & Bangerter durch die Masken des Berichtsgenerators bis zum fertigen Bericht.

Sie werden im Folgenden noch einmal kurz durch einige Masken des Berichtsgenerators geführt. Starten Sie nun den Berichtsgenerator, indem Sie ➔ **im Hauptmenü "Auswertungen.Berichte.Berichtsgenerator" wählen.**

Es erscheint das Fenster, in dem Sie die Globaldefinitionen für einen Bericht festlegen können. In der Diplomarbeit wird das Ergebnis des Berichts "Verpackungsanalyse Zahncreme" als Anwendungsbeispiel im Kapitel 6.7.3 ausführlich interpretiert. Dieser Bericht ist sehr umfangreich und eignet sich daher, einen umfassenden Überblick über die Möglichkeiten des Berichtsgenerators zu erhalten. Laden Sie daher den Bericht "Verpackungsanalyse Zahncreme" in den Berichtsgenerator:

➔ **Wählen Sie im Berichtsgenerator das Menü "Bericht.Laden. Bericht" und dann "Verpackungsanalyse Zahncreme"** Sie sehen den Bildschirm in Abbildung 5.7.

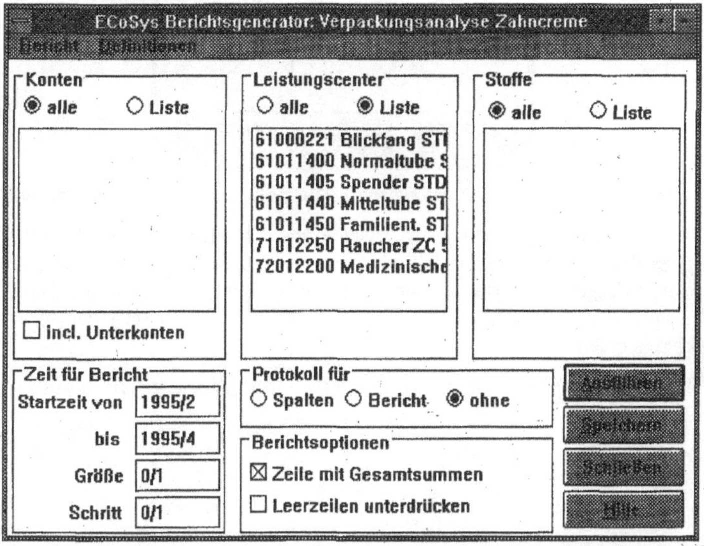

Abbildung 5.7: Berichtsgenerator mit Bericht "Verpackungsanalyse Zahncreme"

Bitte beachten Sie, daß für die Berichte in der Diplomarbeit stets der Zeitraum 1994/1 bis 1994/12 angegeben ist. Dies dient nur dazu, die Geheimhaltung der Lingner + Fischer Daten zu gewährleisten. Im Berichtsgenerator sehen Sie jedoch den echten Zeitraum: 1995/2 bis 1995/4. Bis auf diesen Unterschied entsprechen die Berichte in der Beispieldatenbank den Ausführungen in der Diplomarbeit.

(➔ Drücken Sie den "Hilfe"-Button. Sie erhalten eine Beschreibung des aktuellen Fensters.)

Die weiteren Definitionen, die zu diesem Bericht gehören, werden in anderen Masken eingegeben. Diese werden über das "Definitionen"-Menü aufgerufen:

Für jede der Masken ist eine Online-Hilfe verfügbar.

Um die Definitionen der einzelnen Berichtsspalten einzusehen, **➔ wählen Sie im Menü „Definitionen" den Menüpunkt „Spalten".** Es erscheint der Dialog aus Abbildung 5.8.

Abbildung 5.8: Spalten des Berichts "Verpackungsanalyse Zahncreme"

Sie sehen die Überschriften aller Spalten des Berichts. (Für eine Beschreibung des Dialogs, ➔ drücken Sie bitte den Hilfe-Button). Bei den Spalten 1 - 5 handelt es sich um sogenannte Abfragespalten. Die Spalten 6 - 8 sind Rechenvorschriften. Die Definition von Abfragespalte 3 "Abfallmenge" können Sie betrachten, indem Sie entweder in der Listbox doppelklicken oder

➔ in Listbox "3. Abfallmenge" wählen und „Bearbeiten" drücken.

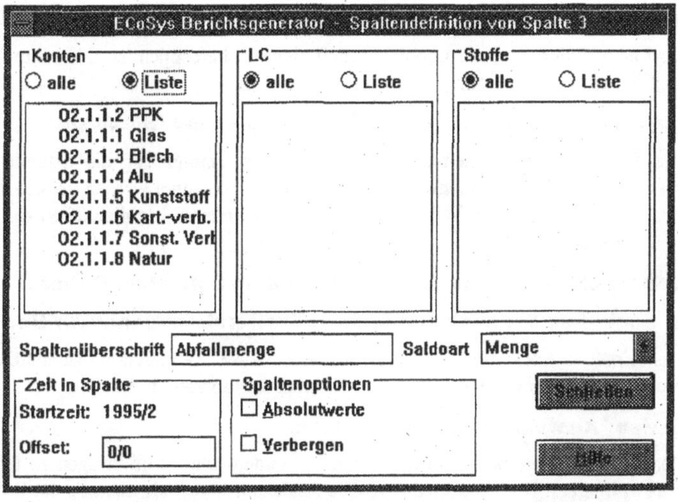

Abbildung 5.9: Definition der Abfragespalte 3: "Abfallmenge"

Abbildung 5.7 zeigte die Globaldefinition des Berichts. Dort waren keine Konten eingeschränkt. In Abbildung 5.9 ist zu sehen, daß in Spalte 3 des Berichts nur bestimmte Konten (nämlich Abfallkonten) vorkommen sollen. Da jede einzelne Zeile des Berichtsergebnisses ein Leistungscenter enthalten wird (festgelegt durch den Gruppenwechsel siehe "Definitionen.Gruppenwechsel"), werden in Spalte 3 also die Abfallmengen dieser Leistungscenter erscheinen. (Für eine Beschreibung des Dialogs, ➔ drücken Sie bitte den Hilfe-Button).

Rechenvorschriften werden mit einem anderen Dialog festgelegt. Um diesen aufzurufen **➔ schließen Sie bitte den Dialog mit dem Schließen-Button** , und

➔ rufen Sie (mit dem Bearbeiten-Button) den Dialog für Spalte 6: „Verpackungseffizienz“ auf . Es erscheint der Dialog aus Abbildung 5.10.

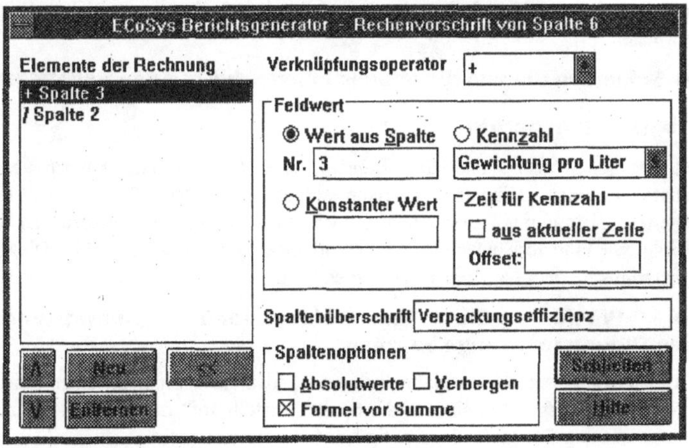

Abbildung 5.10: Definition der Rechenvorschrift, Spalte 6: "Verpackungseffizienz"

Dort ist definiert, wie die Verpackungseffizienz zu berechnen ist. Die Formel ist in der Listbox „Elemente der Rechnung“ zu sehen:

Verpackungseffzienz = Spalte 3 / Spalte 2, d.h. Bulkmenge / Abfallmenge

Die Formel einer Rechenvorschrift bezieht sich immer auf die aktuelle Zeile im Berichtsergebnis. Mit den Spaltenwerten der Zeile kann gerechnet werden, so wie dies für die Berechnung der Verpackungseffizienz der Fall ist. Die weiteren Möglichkeiten werden in der Online-Hilfe beschrieben.

➔ Schließen Sie bitte den Dialog mit dem Schließen-Button.

➔ Schließen Sie auch den Dialog „Spaltendefinitionen für Bericht“.

Das Ergebnis des Berichts "Verpackungsanalyse Zahncreme" ist bereits in der Diplomarbeit in Kapitel 6.7.3 abgebildet. Sie können es aufrufen, indem Sie

➔ den "Ausführen"-Button drücken.

Der Berichtsgenerator ist in der Lage, auch Salden- und Stoffabfragen zu laden. Diese werden dann in einen Bericht konvertiert. Die Saldenabfrage "Saldencheck" ist Ihnen bereits in Abschnitt 5.1 vorgestellt worden. Sie können sie in den Berichtsgenerator laden, damit Sie sehen, welche Einstellungen des Saldenabfrageeditors Einstellungen im Berichtsgenerator entsprechen. (➔ Wählen Sie im Berichtsgenerator das Menü "Bericht.Laden.Saldenabfrage" und dann "Saldencheck"). Gleiches ist auch mit Stoffabfrage "Kunststoff-Nachweis" möglich. (➔ Wählen Sie im Berichtsgenerator das Menü "Bericht.Laden.Stoffabfrage" und dann "Kunststoff-Nachweis").

Sie können mit dem Berichtsgenerator alle Sichten auf die Daten darstellen. Experimentieren Sie mit dem Berichtsgenerator, indem Sie z.B. einen eigenen Bericht erstellen, der die Kosten der Konten „I3.1 Sales Promotion“ und „I3.2 Other Marketing“ im Zeitraum 1995/2...1995/4 gegenüberstellt. Es sind noch weitere Berichte in der Beispieldatenbank enthalten, die Sie laden und verändern können, z.B. die Berichte „Kennzahlenvergleich“ und „Abfall Normaltube 94“, die in der Diplomarbeit vorgestellt werden. Der Bericht „Kennzahlenvergleich“ zeigt z.B., wie die Kennzahlen, die Sie in Abschnitt 1.3 „Kennzahlen-Editor“ kennengelernt haben, in einen Bericht eingebunden werden können.

➔ Schließen Sie nun die offenen Fenster bis auf das Hauptmenü

5.5 Diagrammgenerator

Auf jedes Berichtsergebnis oder dem Ergebnis einer Saldenabfrage können verschiedene Diagramme mit dem Diagrammgenerator aufgebaut werden. Die in der Datenbank gespeicherten Diagrammvorlagen können auch direkt aufgerufen werden. Es wird nun beschrieben, wie eine vorhandene Diagrammvorlage aufgerufen wird und das Diagramm mit dem Diagrammgenerator nachbearbeitet werden kann.

➔ Wählen Sie im Hauptmenü „Auswertungen.Diagramme.Diagramm vorlage aufrufen“

Es erscheint eine Mehrspaltenliste mit allen Diagrammvorlagen, die in der Beispieldatenbank gespeichert sind. In der Spalte „Erstellt auf“ ist außerdem der zugehörige Bericht bzw. die zugehörige Abfrage zu finden.

➔ Wählen Sie die Diagrammvorlage namens „Tort V4" und drücken Sie den „OK-Button"

Um das Diagramm darzustellen, muß der zugehörige Bericht zuvor ausgeführt werden. ECoSys fragt daher nach, ob der Bericht „Verpack.-Analyse Zahncreme 2" ausgeführt werden soll. **➔ Bestätigen Sie mit „Ja".** Nach kurzer Zeit erscheint das Diagramm aus Abbildung 5.11.

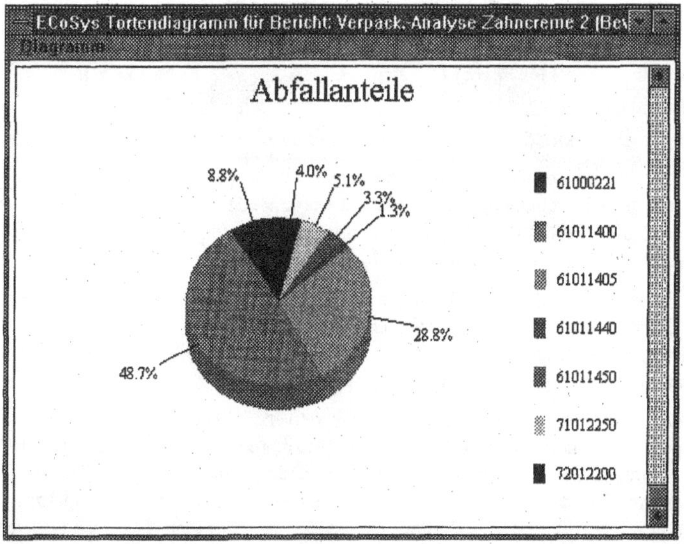

Abbildung 5.11: Diagramm „Tort V4" für Bericht „Verpack.-Analyse Zahncreme 2"

Es ist die anteilsmäßige Zusammensetzung der Bewertungen der Abfälle verschiedener Produkte dargestellt. Um die zugehörige Berichtsdefinition zu sehen, können Sie den Bericht mit dem Berichtsgenerator laden. Sie können dieses Diagramm auch aufrufen, wenn Sie den Bericht ausführen und im Berichtsergebnisfenster das Menü „Diagramm.Verknüpfte Diagrammvorlagen" oder „Diagramm.Diagrammvorlage aufrufen" wählen. Auch im Diagrammfenster sind der Diagrammgenerator und weitere Diagrammvorlagen, die zu diesem Bericht gehören, aufrufbar.

➔ Wählen Sie im Diagrammfenster „Diagramm.Diagrammgenerator". Sie gelangen dadurch in den Diagrammgenerator, dessen Dialogschritte in der Diplomarbeit (Kapitel 6.8.1) an einem Beispiel gezeigt werden. Wenn Sie die Dialoge nun einfach mit dem „Weiter-Button" bestätigen, sehen Sie, welche Einstellungen für das Diagramm aus Abbildung 5.11 gemacht wurden. Durch Wählen des „Zurück-Buttons" gelangen Sie in die vorige Maske.

➔ Drücken Sie im Dialog „Wählen Sie einen Diagrammtyp" den Weiter-Button.

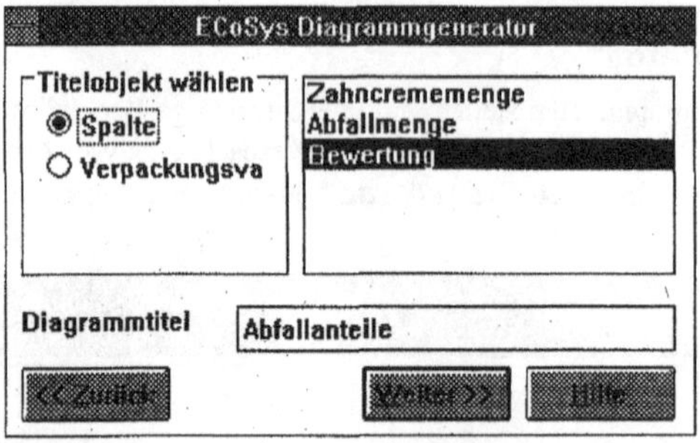

Abbildung 5.12: Auswahl einer Datenreihe für das Tortendiagramm

Sie erhalten den Dialog aus Abbildung 5.12. Dort ist beispielsweise zu erkennen, daß die Daten des Diagramms aus der Spalte „Bewertung“ des Berichtsergebnisses stammen - das Diagramm also die ökologischen Gewichtungen verwendet. Sie können jetzt z.B. die Spalte „Abfallmenge“ oder „Zahncrememenge“ verwenden, was ebenfalls sinnvoll wäre.

➔ **Wenn Sie alle Dialoge des Diagrammgenerators mit „Weiter“ oder „OK“ bestätigt** haben, erhalten Sie ein Tortendiagramm, das die Werte aus der von Ihnen gewählten Spalte darstellt. (Es wird ein neues Diagramm geöffnet - das alte Diagrammfenster bleibt weiterhin offen.)

Die vielfältigen Einstellungsmöglichkeiten der Diagrammtypen können Sie selbst erkunden. Sie können z.B. mit dem Attributeditor (im Diagrammfenster: Menü „Diagramm.Attribute“) experimentieren oder andere Diagrammtypen testen. Um weitere Diagramme für den gleichen Bericht anzuzeigen, wählen Sie „Diagramm.Verknüpfte Diagrammvorlagen“. Alle Diagramme aus der Diplomarbeit sind auch in der Beispieldatenbank enthalten.

➔ **Schließen Sie nun die offenen Fenster bis auf das Hauptmenü**

6 Die Extras (Menü: „Extras")

Hier finden Sie eine Kurzbeschreibung der Tools des „Extras"-Menüs von ECoSys.

6.1 ASCII-Editor

Es handelt sich dabei um einen vollständigen Texteditor, mit dem beliebige Textdateien erstellt und bearbeitet werden können. Die Integration des Texteditors in ECoSys ist für die praktische Arbeit mit dem Öko-Controlling-System sinnvoll.

6.2 Analoguhr

Eine Analoguhr, die die Systemzeit anzeigt. Die integrierte Weckfunktion ist ein Zusatzfeature von ECoSys.

6.3 Systemparameter

Sie können die Parameter verändern, die für alle Module in ECoSys gelten. **Achtung:** Ohne Kenntnis über die Wirkung eines Parameters kann es zu unerwarteten Folgen kommen! Gefahrlos ändern können Sie, z.B. „Font bestimmen" oder „Anzahl Nachkommastellen".

Für die Systemparameter ist eine Online-Hilfe verfügbar. (Button „Hilfe")

6.4 Periodenwechsel

Da sich in der Beispieldatenbank keine zeitgesteuerten Dauerbuchungen befinden, ist dieses Feature hier unbedeutend. Es wird die Systemzeit (aktuelle Periode) um 1 erhöht.

6.5 Daten löschen

Diese Funktion dient dazu, Buchungsdaten in der Datenbank zu löschen, wenn ECoSys bereits über längere Zeit im Einsatz war und alte Daten nicht mehr benötigt werden. Die Beispieldatenbank enthält jedoch nur wenige Buchungen.

6.6 Garbage Collection

Mit dieser Funktion veranlassen Sie das interne ECoSys-Objektmanagement (siehe Diplomarbeit Kapitel 5), alle nicht mehr reservierten persistenten Objekte aus dem Hauptspeicher zu entfernen. Der Vorgang kann, abhängig von der Leistung Ihres PCs, sehr lange dauern. Es wird jedoch vorher die Maximalzeit angezeigt und auf eine Bestätigung gewartet.

Für den Anwender ist diese Funktion von ECoSys ohne Bedeutung, da die Garbage Collection bei zu vollem Hauptspeicher (d.h. zu kleinem Cache für Stammdaten) automatisch ausgeführt wird.

Diese Funktion ist nur zu Demonstrationszwecken noch in ECoSys enthalten. Wenn keine weiteren ECoSys-Fenster mehr offen sind, müßte die Garbage Collection (evtl. nach mehrfachem Aufruf) alle Objekte entfernen können. Es müssen genau zwei PersistentCollections im Hauptspeicher bleiben. Damit kann überprüft werden, ob das Objektmanagement noch richtig funktioniert.

7 Zusammenfassung

Wenn Sie allen Anregungen dieser Führung durch das Öko-Controlling-System ECoSys gefolgt sind, haben Sie bereits einen recht vollständigen Überblick über die Funktionalitäten des Systems gewonnen. Mit Hilfe der Ausführungen der Diplomarbeit und der Online-Hilfe können weitere Feinheiten oder das selbständige Recherchieren in der Beispieldatenbank geübt werden. Gerade der Berichtsgenerator und der Diagrammgenerator bieten noch viele Varianten, die hier nicht gezeigt werden konnten.

Wir hoffen, daß Ihnen das Experimentieren mit ECoSys Spaß gemacht hat. Für Anregungen sind wir auch weiterhin offen.

www.ingramcontent.com/pod-product-compliance
Lightning Source LLC
La Vergne TN
LVHW092331060326
832902LV00008B/582